良法善治

城市边缘社区三治融合研究

聂圣　著

中国社会科学出版社

图书在版编目（CIP）数据

良法善治：城市边缘社区三治融合研究 / 聂圣著.
北京：中国社会科学出版社，2024．10．—— ISBN 978-7-
5227-4322-6

Ⅰ．D669.3

中国国家版本馆 CIP 数据核字第 2024LV2675 号

出 版 人	赵剑英	
责任编辑	党旺旺	马婷婷
责任校对	夏慧萍	
责任印制	张雪娇	

出　　　版	中国社会科学出版社
社　　　址	北京鼓楼西大街甲 158 号
邮　　　编	100720
网　　　址	http://www.csspw.cn
发 行 部	010 – 84083685
门 市 部	010 – 84029450
经　　　销	新华书店及其他书店

印　　　刷	北京明恒达印务有限公司
装　　　订	廊坊市广阳区广增装订厂
版　　　次	2024 年 10 月第 1 版
印　　　次	2024 年 10 月第 1 次印刷

开　　　本	710×1000　1/16
印　　　张	20.5
插　　　页	2
字　　　数	273 千字
定　　　价	128.00 元

前　言

　　党的二十大报告对城市社区治理提出"打造宜居、韧性、智慧城市""提升社会治理法治化水平""健全共建共治共享的社会治理制度，提升社会治理效能"等一系列要求。这升华了自党的十九大以来形成的"健全党组织领导的自治、法治、德治相结合的城乡基层治理体系"理论思想，也对《法治社会建设实施纲要（2020—2025 年)》中"以良法促进社会建设、保障社会善治"的法治社会建设战略提出了新要求。城市社区治理作为社会治理的关键内容，已经成为以三治融合实现新时代国家治理和社会治理现代化的重要研究领域。但是，国家治理和社会治理面对的是不均衡发展的城市社区。处于城市边缘劣势地带、治理资源贫乏的城市边缘社区尚未得到当前研究的足够关注。

　　鉴于此，本书在良法善治视角下，将城市边缘社区三治融合作为研究对象，以湖北省武汉市 Q 社区、重庆市 M 社区和广东省深圳市 L 社区三个公租房社区为分析样本，在描述三个典型样本社区三治融合实践样态的基础上，归纳总结城市边缘社区三治融合面临的挑战，构建良法善治视角下城市边缘社区三治融合的分析框架，对城市边缘社区三治融合的关系构造和三治融合实现城市边缘社区善治的机制优化展开分析。

　　从 Q、M、L 三个样本社区三治融合的实践样态来看，以城市边缘社区住房开发建设和配租准入的主体居民为基础形成的总体性治理模式深刻影响着社区治理主体和治理规范的状况，而这些状况又进一步影响着城市边缘社区采取何种三治融合治理模式以及各种模式的效果。城市边缘社区三治融合的治理实践因城市边缘社区产权关联弱、异质性强和行政性强的特点，面临着治理主体积极性缺乏、治理方式融合性有限、治理规范衔接性不足三个方面的挑战。

为从理论上回应城市边缘社区三治融合面临的挑战，本书将城市边缘社区善治界定为通过三治融合实现城市边缘社区政治秩序和谐。城市边缘社区善治的改进方向是从"宜居"走向"安居"，即通过降低治理成本或者提高治理稳定性来实现低成本高稳定型善治。城市边缘社区善治研究应当根植于"强国家—强社会"的新理论范式，将国家与社会互动主义和政党中心主义相结合。当前理论研究提供了三治融合的三条善治理路：以"组合框"理论为代表的结构整合论、以"箱式治理"结构分析为代表的功能协同论、以"指数"三维模型为代表的系统衔接论。拓展既有理论分析模型，可以形成一个能够包容结构整合论、功能协同论和系统衔接论的结构化理论，为三治融合实现城市边缘社区善治提供分析框架。

良法善治视角下城市边缘社区三治融合的关系构造，在治理主体方面表现为党组织、政府、居委会、居民、物业管理公司与运营机构等多元主体共治，在治理方式方面呈现出以自治为法治和德治基础、以法治为自治和德治保障、以德治为自治和法治先导的治理方式有机融合样态，在治理规范方面体现为作为"元治理"依据的正式规范和作为"软法"约束的非正式规范之间的规范互补互动。针对城市边缘社区三治融合面临的挑战，三治融合实现善治需要优化激励机制，调动治理主体的积极性；优化民主决策程序和联动执行机制，保证治理行动过程连贯稳定；优化三治功能，深化治理方式的融合，提升治理效能；优化治理规范，确保治理规范的衔接性，保持治理秩序。

本书对城市边缘社区三治融合的挑战与优化研究，得出的主要结论有以下几点：其一，无论是 Q、M、L 三个样本社区三治融合的实践样态，还是良法善治视角下城市边缘社区三治融合的关系构造，都表现出多元合一的特征；其二，良法善治对社区三治融合提出治理方式现代化转型的内在要求，包括自治由"为民做主"向"居民自主"转变、法治由"社会控制"向"规范治理"转变、德治由"礼俗之治"向"公德之治"转变；其三，党领导下的"强国家—强社会"良性互动是包括城市边缘社区在内的资源贫乏社区实现良法善治的必由之路。

在国家治理现代化背景下，促进自治、法治、德治相融合，已经成为实现城市社区善治，建设社会治理共同体，提升社会治理效能的重要路径。城市社区善治是社会治理法治化和国家治理现代化的必要条件，而城市社会能否达到善治则取决于诸如公租房社区等资源贫乏社区能否通过三治融合达到良法善治的状态。本书的研究有助于深化城市边缘社区三治融合的理论认识，为当前城市边缘社区三治融合提供"典型模式"的经验启示。

目　录

导　　论

　　治理是在一定的空间场域内渐续展开的政治过程和法律现象。由于治理资源在不同空间场域中的不均匀分布，各治理单元中治理主体的权力强弱有别、治理对象的要素禀赋各异、治理规范的框架不同，进而导致自治、法治、德治的融合呈现不同的样态，最终形成不同的治理之道。当前，国家和社会的治理面对的是不均衡发展的城市社区。基于空间区位的不同，城市社区可以区分为位于中心优势地带的以商品房社区为主的自有房社区和位于边缘劣势地带的公租房社区。相较于自有房社区，公租房社区的经济、社会和政治等治理资源贫乏，虽然社区的治理能够通过三治融合在实践中免于混乱无序，但这种治理资源先天不足条件下的三治融合仍然面临诸多挑战，其是否能够实现善治还缺乏强有力的理论支撑和实践检验。良法善治视角下社区三治融合治理之道的探寻不能仅在自有房社区展开，也应当给予边缘社区足够的关注，以三治融合实现城市边缘社区善治。这既是推进国家治理体系和治理能力现代化，发展完善中国特色社会主义道路的客观要求，也是完善共建共治共享的社会治理格局，实现城市社区善治的题中应有之义，还是实现法治社会建设与人民日益增长的美好生活需要相适应的应然选择。

一 问题的提出

党的十九大提出要"自治、法治、德治相结合"，首次在党的决策层面正式提出三治融合，体现出三治融合对于基层社会治理的重要意义。之后，党的十九届四中、五中全会进一步提出要"健全党组织领导的自治、法治、德治相结合的城乡基层治理体系"，城市基层社会治理的三治融合成为推进国家治理现代化，建设社会治理共同体的重要路径。城市社区三治融合成为政治学和法学研究的重要议题。三治融合作为新时代以"以人民为中心"为根本价值立场，以国家与社会关系转型为总体驱动力，以基层治理单元治理方式优化为具体路径而生成的新治理逻辑，是城市社区治理实现其最终目标——善治的必由之路。《法治社会建设实施纲要（2020—2025 年)》为法治社会建设做了顶层设计和战略安排，提出要"坚持法治、德治、自治相结合"，"以良法促进社会建设、保障社会善治"，同样将三治融合作为实现善治的重要途径。

党的二十大报告对城市社区治理提出"打造宜居、韧性、智慧城市""提升社会治理法治化水平""健全共建共治共享的社会治理制度，提升社会治理效能"等一系列要求。这升华了自党的十九大以来形成的"健全党组织领导的自治、法治、德治相结合的城乡基层治理体系"理论思想，也对《法治社会建设实施纲要（2020—2025 年)》中"以良法促进社会建设、保障社会善治"的法治社会建设战略提出了新要求。城市基层治理的顶层设计最终需要在单个的城市社区具体实施，国家和社会的治理逻辑也只有在单个城市社区治理具体实践中才能被检视和反思。诚如徐勇教授所言，起点决定路径，原型规制转型。[①] 在治理资源丰富程度低于自有房社区的城市边缘社区，三治融合的实践面临着治理

[①] 徐勇：《中国家户制传统与农村发展道路——以俄国、印度的村社传统为参照》，《中国社会科学》2013 年第 8 期。

资源贫乏导致的各种治理挑战，为实现善治而形成的三治融合治理模式可能因此变异，生成新的路径或者发生一定程度的转型。鉴于此，本书试图在良法善治视角下，以三个典型公租房社区作为分析样本，探寻城市边缘社区三治融合治理之道。

（一）研究缘起

社会科学研究的开展总是穿梭于实践经验与理论知识之间。本书将以公租房社区为代表的城市边缘社区作为研究的空间场域，与笔者研究公租房开发建设与准入退出过程中深入湖北省、广东省和重庆市等地方的公租房社区，关注其三治融合实践活动的经历密切相关。而本书以善治为研究视角探求城市边缘社区三治融合治理之道，则是笔者关注三治融合与善治关系的理论诉求，期待三治融合实现城市边缘社区善治，保证城市边缘社区居民住有所居、生活和谐安宁的价值关怀使然。

2017 年 9 月，笔者在参与国家社科基金项目"公共租赁住房开发建设与准入退出的法律规制研究"的过程中，首次进入湖北省武汉市的公租房社区开展调研。虽然调研的主题是"公租房使用退出的法律规制"，但是城市边缘社区三治融合实践样态以及城市边缘社区特点对其三治融合造成的影响引起了笔者的兴趣。此次调研结束后，笔者开始认真对待城市边缘社区的三治融合实践，先后走访了湖北省武汉市、宜昌市、鄂州市、黄冈市，以及重庆市、杭州市等城市的部分边缘化社区，观察城市边缘社区三治融合的实践过程以及存在的问题，并结合从书刊文献和互联网络中收集的城市边缘社区三治融合实践材料，发掘值得研究的议题和个案。

2019 年 6 月，笔者带队到湖北省武汉市 Q 社区调研公租房社区三治融合治理实践，并同时调研了 Q 社区邻近的 A、B 两个自有房社区作为对照。此次调研让笔者积累了更多城市边缘社区三治融合治理实践的经验材料。城市边缘社区与邻近社区的对照研究也使笔者意识到城市边缘社区三治融合治理中具有不同于自有房社区的特色和问题，并且这些特色和问题尚未得到现有研究的重视。于是，笔者选择城市边缘社区作为研究的空间场域，以如何才能通过三治融合让城市边缘社区实现良法善治作为研究议题，并将武汉市 Q 社区作为第一个深入观察和分析的个案样本。之后，笔者怀着通过少量典型来概括或者反映总体情况的研究期许，在全国范围内选定重庆市 M 社区和深圳市 L 社区进行调研，以期通过观察几个城市边缘社区三治融合的全过程以及存在的问题，发现更具一般性研究价值的理论问题。

（二）问题意识

任何科学研究都始于问题，问题为科学研究指明了目标与方向。本书以良法善治作为分析视角，将城市边缘社区三治融合治理作为分析对象，欲解决具有逻辑关联的一系列问题：城市边缘社区三治融合实践是什么样？城市边缘社区的特点对三治融合造成了哪些挑战？我们应当以怎样的研究视角对这些挑战展开理论分析？如何进行理论分析？基于理论分析，我们应当如何回应城市边缘社区三治融合面临的挑战？这些问题归纳起来可以表述为一个问题：良法善治视角下城市边缘社区三治融合治理之道是什么？这里的"道"有"道理"和"道路"两重含义。前者指向对于良法善治视角下城市边缘社区三治融合的理论研究，解决的核心问题是城市边缘社区三治融合的善治理路，关注城市边缘社区三治融合与善治的理论关系问题；后者指向通过三治融合实现城市边缘社区善治的实践观照，解决的关键问题是三治融合实现城市边缘社区善治的机制优化，关注三治融合实现城市边缘社区善治的实践路径。

但是，提出问题并不意味着研究具有问题意识，因为不是任何问题都可以或者值得进行科学研究的。社会科学研究的问题必须是可以由社会科学理论来解答，并且具有一定研究价值的问题。就可解答性而言，本书提出的问题，在实践方面可以通过实证分析方法，深入作为典型样本的三个公租房社区调查研究获得答案，在理论方面可以基于政治学和法学关于良法善治、社区治理、三治融合的相关理论展开分析得到答案，并做进一步的理论拓展。就价值性而言，本书的研究兼具理论价值与现实意义，具体表现为以下两点。

一是有助于深化对城市边缘社区三治融合的理论认识。本书基于研究对象的扩展而对现有的善治理论和三治融合理论进行了一定程度的拓展。国内外学者对于城市社区治理的研究主要关注位于中心优势地带的自有房社区，位于边缘劣势地带的城市边缘社区存在的治理问题较少得到理论关怀。一方面，既有的良法善治视角下的社区三治融合理论关注的是社区治理的一般性问题，在分析和解决城市边缘社区三治融合问题时，会或多或少地出现不能用、不宜用、不好用的情况；另一方面，城市边缘社区三治融合实践经验蕴含的理论创新价值也因为城市边缘社区数量相较于自有房社区微不足道①而难以得到研究者的认真对待，往往被有意或无意地忽视了。本书能够在一定程度上补充和发展当前以自有房社区为治理对象的社区治理理论研究，在增强其对城市边缘社区三治融合实践经验解释力的同时，使城市边缘社区三治融合实践中蕴含的理论创新价值得到发掘。

如果将本书提出的问题置于更加宏大的国家治理现代化话语体系下，城市边缘社区其实是住房市场化改革打破单位福利分房制度以来，

①　尽管因为统计方式和口径的差异，针对我国住房自有率的调查结果存在差异，但统计数据都支持我国是一个住房自有率很高的国家的结论。2010 年第 6 次人口普查中 10% 抽样的住房调查得到的城市住房自有率为 69.8%，国家统计局住户调查办公室 2011 年发布的住房自有率为 89.3%，西南财经大学的中国家庭金融调查中心 2017 年调查结果为住房自有率为 90.2%，北京大学中国家庭追踪调查中心 2018 年的统计数据表明住房自有率为 74.9%，中国人民银行调查统计司 2020 年 4 月下旬发布的城镇居民资产调查报告显示我国城镇居民住房拥有率为 96%，即使是收入最低的 20% 的家庭住房自有率也达到了 89.1%。高住房自有率必然导致我国的城市社区绝大多数为自有房社区。参见赵奉军《高住房自有率的经济社会含义及其数据争议》，《中国房地产》2020 年第 19 期。

住房保障剩余化产生的治理资源相对贫乏的城市边缘社区的缩影。良法善治视角下的公租房社区三治融合治理之道将有助于我们进一步理解国家治理怎样在城市边缘开展并最终通过三治融合实现社区善治。本书对于良法善治视角下城市边缘社区三融合治理之道的理论提炼还将有助于我们在外来经典理论与本土经验理论之间架设一座桥梁，围绕治理方式开展多中心治理、集体行动、适应性治理、精英治理等舶来理论与整体性治理、参与动员、协同治理、能人治理等本土理论的有效对话和沟通，为"中国特色社会主义法治建设"和"中国特色政治学"① 的理论发展略尽绵薄之力。

二是为当前城市边缘社区三治融合提供来自"典型模式"的经验启示。当前国家层面和地方实践都在积极探索通过基层三治融合实现善治的有效路径，形成了一些具有典型意义的经验模式，如"枫桥经验""桐乡经验"等。针对城市社区尤其是城市边缘社区治理的实践需求，仍然需要进一步探索发现更多新的具有借鉴意义的典型模式，同时也需要对因为不同类型社区不同底色对三治融合实现善治造成的挑战进行相应的理论思考，并基于这种理论思考提出通过三治融合实现善治的优化改进之策。笔者选择我国不同地域的三个公租房社区作为个案，开展多案例的比较研究更具说服力和推广性，提高了研究的"内在效度"和"外在效度"。② 基于个案研究发现的典型模式与地方政府行政实践中以"树典型"为核心的"典型治理"案例并不完全相同。虽然二者都希望通过塑造典型形成示范效应，但是典型治理的行政逻辑更加关注政府特定行政目标的达成，而个案研究探索典型模式的理论根据，将重点放在典

---

① 徐勇、任路：《构建中国特色政治学：学科、学术与话语——以政治学恢复重建历程为例》，《中国社会科学》2021 年第 2 期。

② Eisenhardt, K. M., "Better Stories and Better Constructs: The Case for Rigor and Comparative Logic", *Academy of Management Review*, Vol. 16, No. 3, 1991, pp. 620 – 627.

型模式为什么是这样以及应当怎样做的内在逻辑上。

当然，个案研究的意义并不局限于对个案的理解，个案研究的真正价值在于跳出个案本身，走向宏大场景。[①] 随着我国城镇保障性安居工程的推进，2012—2018 年，包括公租房在内的保障房开工建设保持在每年 600 万套以上，基本建成数量保持在每年 550 万套以上，开工建设目标完成率和基本建成目标完成率每年都超过 100%，2017 年的基本建成目标完成率甚至高达 183.97%，到 2018 年年底我国被审计地区公租房保障家庭已经达到 518.54 万户。[②] 对于城市边缘社区三治融合实践经验的研究需要超越个案本身，通过对于城市边缘社区三治融合治理之道的探寻，让"典型模式"在更大范围内为数量日益增长的城市边缘社区乃至所有治理资源贫乏的保障房社区的治理实践提供经验启示。本书对于我国国家治理在城市边缘社区这样的基层社会开展的逻辑进行了尝试性解读，能够为我国城市社区三治融合政策和公租房政策的制定和执行服务，也为我国城市边缘社区乃至其他治理资源贫乏社区通过三治融合实现善治的实践服务。

二　文献综述

文献综述既是对前人研究成果的尊重，也是通过"对标"既有理论明确自己研究可能创新之处的基础性工作。基于本书的问题意识，笔者将着重梳理并简要评析学界有关城市边缘社区治理、三治融合和善治理论的研究。

（一）城市边缘社区治理的研究

尽管"城市边缘社区"作为一个学术概念因在不同学科领域被广泛使用而出现内涵约化和外延泛化的趋势，但"空间隔离、社会脆弱

[①] 卢晖临、李雪：《如何走出个案——从个案研究到扩展个案研究》，《中国社会科学》2007 年第 1 期。

[②] 参见 2013—2019 年审计署发布的各年《保障性安居工程跟踪审计结果》。

性、被污名化和社会排斥、权利弱势构成城市边缘社区的区别性特征"仍然是理论上对城市边缘社区最基本的共识。① 相较于主流社区，城市边缘社区由于弱势群体大规模集中居住，在事实上形成城市空间分异和贫困集中化，并且因为治理薄弱而日益成为城市风险的聚集地。在"全域城市化"时代，加剧、加速和失衡的变化在城市边缘区常常形成一个混乱和失序的交界面，暴露出一系列不利于可持续发展的问题（Abramson，2016）②。许多学者开始关注城市周边城市与农村之间的过渡地区，但是，理解城市边缘区的理论基础仍然薄弱（Fridemann，2011）③。当前有关城市边缘社区的研究具体可以划分为纵向研究和横向研究两类。

1. 城市边缘社区治理的纵向研究

无论是以城镇住房制度改革历程看待保障房制度的变迁，还是聚焦于住房制度的演进历程，保障房都被视为在推行住房市场化、商品化和社会化过程中，为解决中低收入群体住房困难而提供的一种实物保障。④ 虽然保障房社区与商品房社区一样，都是由城镇住房制度改革催生的，但是在住房市场化的改革导向下，住房福利模式走向剩余化（马秀莲、范翻，2020），⑤ 以商品房社区为代表的自有房社区居于中心地位，保障房社区逐渐被边缘化，成为城市边缘社区。尽管党和国家提出"多渠道保障"，致力于建立保障房和商品房"租购并举"的"大保障"或者说"全保障"住房制度，但长期以来保障房被政府视为城镇住房

---

① 史春玉：《城市边缘社区：一个关系性概念分析框架的构建》，《中共天津市委党校学报》2021 年第 1 期。

② Abramson，Daniel Benjamin，"Periur banization and the politics of development – as – city – building in China"，*Cities*，Vol. 53，2016.

③ Fridemann，John，"Beooming urban：periurban dynamics in Vietnam and China——introduction"，*Pacific Affairs*，Vol. 84，No. 3，2011.

④ 李克武、聂圣：《从实物配租到货币配租：我国公租房制度的理性选择》，《江西社会科学》2019 年第 8 期；聂晨：《比较视野下的中国住房体制的演进趋势——基于公共住房边缘化程度的分析》，《公共行政评论》2018 年第 2 期。

⑤ 马秀莲、范翻：《住房福利模式的走向：大众化还是剩余化？——基于 40 个大城市的实证研究》，《公共管理学报》2020 年第 1 期。

制度改革的补充性、调控性工具，因而造成了其长效机制缺失，城市边缘社区治理也长期处于被国家治理和社会治理忽视的状态。尽管贺东航、孔繁斌①对于公共政策执行的研究总结得到的"高位推动—层级性治理—多属性治理"的中国经验可以为住房保障公共政策如何在社区基层得到执行并最终实现城市边缘社区治理提供一种自上而下的一般性解释框架，但是城市边缘社区治理的基层实践如何影响住房保障政策还缺乏有解释力的理论观点。

笔者认为，良法善治视角下的城市边缘社区三治融合研究通过对社区法治与自治结合的观察，解释正式规范与非正式规范的互动关系，能够为住房保障政策顶层设计与城市边缘社区治理基层实践之间的互动关系提供一种自下而上的解释路径。

2. 城市边缘社区治理的横向研究

张波运用 Bicomb 2.0 共词分析软件分析了 2017 年之前知网的 1352 篇文献后，总结出包括公租房在内的保障房社区的四个核心议题：一是保障房的空间选址与住房隔离，二是保障房社区公共服务与社区治理，三是保障房居住满意度及其影响因素，四是保障房社区邻里互动与社会融合。② 空间选址与住房隔离作为政治议题，体现着保障房社区的治理资源分配，和保障房社区邻里互动与社会融合议题密不可分。因而，第一个议题和后两个议题可以合并在一起，视为保障房社区治理的效能问题，关注的是保障房社区治理能否有效实现。至于第二个议题，其本质是对于保障房社区治理模式的归纳总结。因此，笔者从治理模式、居住满意度和社会融合三个方面回顾当前的研究成果并做简要评析。

就城市边缘社区的治理模式而言，Luo Fang Fang 总结新加坡模式、

①　贺东航、孔繁斌：《公共政策执行的中国经验》，《中国社会科学》2011 年第 5 期。
②　张波：《保障性住房社会研究：回顾与展望》，《浙江工商大学学报》2017 年第 2 期。

重庆模式和上海模式发现，这些治理模式均具有政府主导、社会参与的合作治理特征。[①] 陈淑云、彭银则创造性地提出四螺旋协同治理体系和跨部门协同治理机制等治理模式理论。[②] 这些模式分析总结了一些城市边缘社区治理过程中的独特经验，但是由于模式划分标准不一且均不以自治、法治和德治三种治理方式的具体运用情况作为主要标准，笔者需要在研究城市边缘社区三治融合治理之道的过程中抽取这些研究中的三治融合因素并对经验成果进行重整。

就城市边缘社区居住满意度而言，由于外国尤其是美、德等发达国家的保障房[③]制度起步较早，国外研究者较早就建立起了比较完整的保障房社区居住满意度测评模型，并将这一模型运用于测评发展中国家城市边缘社区的居住满意度。Mohit 等学者在评价吉隆坡市新建公共廉租房社区居住满意度时，提出居住满意度由住宅户型结构、住宅配套设施、公共设施、社会环境和日常生活设施五个方面的因素构成。[④] Yuliastuti 和 Widiastomo 基于印度尼西亚社会住房社区 100 位住户的问卷调查测评了社会住房的各项要素满意度和整体平均满意度。[⑤] Vale 以美国、智利和印度尼西亚的四个可负担住房社区的住房满意度研究为基础，进一步总结出实现保障房社区支持城市复兴计划实施的条件在于能够保障居民的基本生活、降低社会环境压力、提高稳定居住的安全感和

[①] Luo Fang Fang, "Stady on Operation and Monogement Mode of Public Rental Housing in China, Taking Shanghai City and Choqging City for Example", *American Journal of Sociological Research*, Vol. 4, No. 3. 2014.

[②] 陈淑云、彭银:《保障房居住区协同治理创新研究——以四螺旋协同治理体系为视角》,《湖北行政学院学报》2016 年第 3 期。

[③] 外国的保障房通常被称为可负担住房（Affordable Housing）、公共廉租房（Public Low - cost Housing）、公共住房（Public Housing）、社会住房（Social Housing）。

[④] Mohit M. A., Ibahim. M. and Rashid Y. R., "Assessment of Residential Satisfaction in Newly Designed Public Lav - cost Housing in Kuala Lumpur, Malaysia", *Habitat International*, Vol. 34, No. 1, 2010.

[⑤] Yuliastuti, N. and Widiastomo. Y., "Towards Better Social Hausing Policy Based on Residents' Satisfiction: A Case Study at Sendangmulyo, Semarag, Indonesia", *Journal of Sustainable Development*, Vol. 8, No. 2, 2015.

增强居民参与自治的能力。[1]

国内学者借鉴国外研究者的方法，对城市边缘社区居住满意度进行了评估。其中，王锐的研究具有代表性，她选择小区、物业、社区服务和住房获取价格作为测评的维度，按照"非常不满意"到"非常满意"分级分类分别赋值，通过对浙江省问卷数据的分析发现平均居住满意度结果接近"比较满意"。[2] 当前研究对城市边缘社区居住满意度的测度是一种对社区治理"硬件"与"软件"的综合测度，最终回归居民对住房保障的获得感，本质是居民对城市边缘社区治理效能的主观感受。鉴于城市边缘社区三治融合治理之道的研究重在关注城市边缘社区治理的"软件"，笔者无意于建立详细的城市边缘社区居住满意度测评体系，而是直接调研城市边缘社区居民的居住满意度，并将调研满意度作为评价城市边缘社区三治融合治理成效的重要指标。

社会融合一直都是困扰城市边缘社区有效治理的难题。Akerlof 和 Kranton 发现，社区居住分异会严重损害弱势群体的利益，降低居民的收入增长速度和消费水平，而这会进一步造成社区弱势群体的福利损失，并且通过代际传递产生持续的影响。[3] 发达国家在保障房社区建设初期采取大规模集中建设方式，造成保障房社区逐步衰败为"贫民窟"。[4] 例如，美国大规模建设公共住房的弊病在 20 世纪 60 年代集中爆发，造成了席卷全美的"城市危机"，其中的典型案例是圣路易斯市普鲁伊特—伊戈公共住房项目。1951 年该项目建设之初被称赞为现代化建筑的典范，然而到 1967 年该项目的公共住房不仅造成了严重的贫困集中而

---

[1] Vale, Lawrence J., et al., "What Affordable Housing Should Afford: Housing for Resilient Cities", *Cityscape*, Vol. 16, No. 2, 2014.

[2] 王锐：《政府保障性住房的满意度研究——基于浙江的案例分析》，《浙江工商大学学报》2016 年第 4 期。

[3] Akerlof G. and Kranton R., "Jdontity Economics: How Our Identities Affect Our Work, Wages and Well-being", *The Quarterly Journal of Economics*, Vol. 115, No. 3, 2000.

[4] 李莉、王旭：《美国公共住房政策的演变与启示》，《东南学术》2007 年第 5 期。

且滋生了大量的违法犯罪活动，最终被政府拆除。徐建总结出区位、人口、资源和管理是发达国家城市边缘社区衰败的关键因素，提出以混居作为解决方案。① 谢颖的研究还发现以城市边缘社区为代表的保障房社区出现了"贫困符号化"的现象，导致社区的凝聚力和整合性降低。② 李梦玄、周义应用居住分异理论实证检验武汉市保障房社区居住空间的分异程度，同样提出应大力推广配建混合居住模式，让高、低收入家庭互帮互助的政策建议。③ 笔者认为，混居只是直接解决方案之一，而并非根本方案，根本性的解决方案是通过三治融合的治理实现社区善治，消解城市边缘社区治理主体、方式和规范等要素之间的内在紧张关系。

社区共同体营造是学界为实现城市边缘社区有效治理提供的又一剂良方。在斐迪南·滕尼斯提出社区理论④时，社区就被视为人们以有机方式按照其意志互相结合的、兼具地域性和社会性的生活共同体。张波主张保障房社区的根本问题是居民从之前的居住环境迁入保障房社区后造成的社区生活形态"断裂"，因此应当从主体、优势、利益、机制以及互助等方面营造"保障房社区共同体"，实现保障房社区的有效治理。⑤ 邓锋将重点放在主体参与的维度，认为解决问题的关键在于中下阶层的居民是否愿意参与社区治理，主张建立住户自治组织，通过各种渠道扩大社会组织的活动能力和范围。⑥ 林晓艳等则从社区社会资本切

---

① 徐建：《国外保障房集中社区衰败的机理及其治理研究——兼论对中国保障房建设的启示》，《上海城市管理》2018 年第 6 期。

② 谢颖：《保障性住房社区居民的社区认同感分析——以广州市为例》，《人民论坛》2012 年第 20 期。

③ 李梦玄、周义：《保障房社区的空间分异及其形成机制——以武汉市为例》，《城市问题》2018 年第 10 期。

④ ［德］斐迪南·滕尼斯：《共同体与社会——纯粹社会学的基本概念》，林荣远译，北京大学出版社 2010 年版，第 2 页。

⑤ 张波：《营造保障房社区共同体：理论、困境与路径》，《华侨大学学报》（哲学社会科学版）2017 年第 5 期。

⑥ 邓锋：《公租房小区的特征及治理》，《城市问题》2012 年第 8 期。

入，基于对福州、厦门、上海、重庆等城市保障房社区社会资本的测度，发现保障房社区社会资本总体偏低，提出以"多主体协同治理"提升保障房社区社会资本，从而实现有效治理的建议。① 笔者认为，这些研究实质上都是对保障房社区"社会治理共同体"的探索。这与本书将三治融合实现社区善治作为解决保障房社区治理困境根本方案的主张具有一致性，不过这些研究主要是从主体维度切入的。

综合而言，城市边缘社区治理的研究虽然逐渐聚焦于社区治理本身，分别从政策环境、治理资源、参与主体和治理方式等维度寻求实现社区有效治理之道，但是尚未找到城市边缘社区治理基层实践与住房保障政策顶层设计互动关系的有效解释路径，也缺乏系统的城市边缘社区治理模式与治理效能分析框架。尽管既有研究为城市边缘社区三治融合治理之道的研究奠定了一定的基础，对城市边缘社区善治具有启发和借鉴意义，但良法善治视角下城市边缘社区三治融合的外在特征和内在原理还需要本书进一步揭示。

（二）三治融合的研究

面对乡村治理过程中存在的各种问题和矛盾，实践中和理论上都在思考一种能够将不同治理方式融合，实现乡村有效治理的治理体系。自2013年浙江桐乡率先推出"三治"建设共同促成社会治理新格局，形成了可复制、可推广的"桐乡经验"以来，"三治"开始成为学术研究主题，学者们开始探讨如何在基层社会，尤其是农村基层社会将自治、法治、德治三种治理方式融合起来。2017年，"自治、法治、德治相结合"被写入党的十九大报告，三治融合已经成为国家权威认可和基层社会日益呼唤的新型乡村治理体系。② 之后召开的党的十九届四中、五中

---

① 林晓艳、陈守明、黄贞：《保障房社区社会资本测度与比较》，《东南学校》2018年第6期。
② 张明皓、豆书龙：《党建引领"三治结合"：机制构建、内在张力与优化向度》，《南京农业大学学报》（社会科学版）2021年第1期。

全会重申了在基层社会治理中应当"自治、法治、德治相结合"，并强调三治融合治理中的"党组织领导"。三治融合成为学术研究的重要理论增长点，基层社会治理研究聚焦于三治融合的研究。同时，地方实践又形成了浙江"枫桥经验"、安徽肥西模式和湖北宜都模式等丰富的三治融合实践样本，为理论研究提供了丰富的素材，研究成果爆炸式增长。从已发表文献来看，学界关于三治融合的研究可以分为关系论、要素论和发生学三个方面的研究。

1. 三治融合的关系论研究

三治的关系是学界在辨析"三治融合"概念之时就已经关注的基础性问题，也是学界讨论最充分的问题。在党的文件正式提出"三治融合"之前，学界将自治、法治、德治组合在一起的治理方式称为"三治合一"或者"三治一体"，将其视为一种整体性治理经验。党的十九大之后，学术话语逐步统一到"三治结合"和"三治融合"，三治的关系也在这种话语概念变迁过程中成为讨论的重点。钟海、任育瑶将当前学界对于三治关系的诸多观点归结为一体两翼论、三治融合论和多类型组合论三种，并认为"三治"是方法，"融合"是内容，以后的研究要注重三治的深度融合。① 这是对当前研究的一个较为全面的总结，但是笔者认为三治关系的研究其实存在层次差异，各层次之间的研究观点表述有差异但理念并不冲突，按层次总结三治关系可以更加清晰地认识三治融合的研究现状。

三治关系的研究存在三个层次：第一个层次是关于三治各自地位的研究，通常表述为"自治为（是）××、法治为（是）××、德治为（是）××"，例如，左停、李卓认为三治融合是"以自治为基础、以法治为原则、以德治为特色"②，黄君录、何云庵则认为"自治是本体和

---

① 钟海、任育瑶：《"三治融合"乡村治理体系研究回顾与展望》，《西安财经大学学报》2020 年第 4 期。
② 左停、李卓：《自治、法治和德治"三治融合"：构建乡村有效治理的新格局》，《云南社会科学》2019 年第 3 期。

核心，法治是基本方略和重要保障，德治是价值基础和道德支撑"①。中共中央、国务院印发的《乡村振兴战略规划（2018—2022 年)》则将三者之间的关系表述为"自治为基、法治为本、德治为先"。第二个层次是关于三治各自功能的研究，如张文显认为，在三治关系之中，自治是基本，法治是原则，德治是特色②；郁建兴则主张，三治中的自治是基础，法治是边界和保障，德治是较高追求，德治以前两者为基石，并为前两者提供补充。③ 第三个层次的研究尝试建立三治的关系结构模型，如邓大才提出三治融合的"组合框"理论④；何阳、孙萍主张三者是"一体两翼"关系，其中，自治为体，法治和德治是两翼⑤；丁文、冯义强认为自治是整体、法治与德治为其部分。⑥

上述研究表明，三治的关系结构在实践中其实可能存在多种实践样态，而没有一定之规。在地方实践的特定要素禀赋条件下和资源环境中，这些具体的实践样态都能够在一定程度上实现善治。在良法善治视角下城市边缘社区三治融合的研究中，三治关系并不是在这些观点中做选择题，而是需要根据实践样态总结出三治之间的关系结构，否则就可能陷入"形式主义"的误区。

2. 三治融合的要素论研究

三治融合的要素论将三治融合治理体系视为一个有机整体，从主体、方式、规范和技术等构成要素维度开展研究。

① 黄君录、何云庵：《新时代乡村治理体系建构的逻辑、模式与路径——基于自治、法治、德治相结合的视角》，《江海学刊》2019 年第 4 期。
② 张文显：《"三治融合"的桐乡经验具有独立价值》，《治理研究》2018 年第 6 期。
③ 郁建兴：《自治法治德治研究的新议题》，《治理研究》2018 年第 6 期。
④ 邓大才：《走向善治之路：自治、法治与德治的选择与组合——以乡村治理体系为研究对象》，《社会科学研究》2018 年第 4 期。
⑤ 何阳、孙萍：《"三治合一"乡村治理体系建设的逻辑理路》，《西南民族大学学报》(人文社科版) 2018 年第 6 期。
⑥ 丁文、冯义强：《论"三治结合"乡村治理体系的构建——基于鄂西南 H 县的个案研究》，《社会主义研究》2019 年第 6 期。

就主体而言，三治融合强调多元主体参与的协同治理。李亚东将三治融合的多元主体区分为以村委会为代表的自治主体、以派出法庭和社区律师为代表的法治主体、以新乡贤和乡村精英为代表的德治主体。①笔者认为，将社区治理主体做上述划分具有理论创新意义，但是缺乏充分的理论和现实基础，例如村委会并不能简单被视为自治主体，理论和现实中村委会都被视为法治和德治的重要实施主体。也有部分学者聚焦于单个或者某一类主体在三治融合治理体系中的地位和作用。例如，田先红指出村民小组有较强的治理能力，其治理功能需要被重新发掘②；李章军探讨了法院在三治融合中的职能定位③；高其才、陈寒非和柳海松提出"乡土法杰"的概念，并对乡土法杰在国家法治和乡约民治衔接机制中的作用进行了专题研究。④

这些研究虽然揭示了社区三治融合治理中某些主体的地位和作用，但是并没有采取整体性思维，对多元共治的主体结构缺乏系统性研究。本书试图补齐这一研究短板，解读城市边缘社区三治融合治理主体的多元共治关系，对其激励机制优化提出自己的见解。

规范是三治融合不可或缺的构成要素。杰克·奈特认为，规范是社会制度的表现形式，实践中社会制度可以分为国家强制实施的正式法律制度，被称为"正式规范"或者"国家法"；行为人协议创建的非正式习俗和规则以及法律性契约，被称为"非正式规范"或者"民间法"。⑤

① 李亚冬：《新时代"三治结合"乡村治理体系研究回顾与期待》，《学术交流》2018年第12期。
② 田先红：《村居小组治理：传统与变迁——基于成都平原W村的案例研究》，《中国法律评论》2018年第4期。
③ 李章军：《推进"三治融合"助力村振兴》，《人民法院报》2018年9月12日第5版。
④ 高基才：《全面推进依法治国中的乡土法杰》，《学术交流》2015年第11期；陈寒非：《乡土法杰与村规民约的"生长"》，《学术交流》2015年第11期；柳海松：《乡村法杰在国家法律实施中的作用》，《学术交流》2015年第11期。
⑤ ［美］杰克·奈特：《制度与社会冲突》，周伟林译，上海人民出版社2017年版，第203页。

我国学者研究三治融合规范要素的共识是规范并不限于以国家政策和法律为代表的正式规范，亦包括民间习惯、乡规民约等非正式规范，并且正式规范与非正式规范之间存在互动关系。但凡是对于我国法治有着实践关怀的研究都认为，我国的法治必须注重传统与实际，因为这是我国法治不可或缺的"本土资源"。① 规范的健全和有效实施是实现三治融合的必要条件，而三治融合追求正式规范与非正式规范共同作用的有序治理。张明皓认为，德治与法治的融合其实是内在自我修养与外在强制规范相结合，治理规则应当以村民自治规则为根本，融合法治的外部规则和德治的内部规则可以弥补三治规则的断层。② 陈涛、李华胤主张法律与道德是自治的两种元制度，以德、法规范的强弱为标准，将治理类型划分为"德主法辅型自治""法主德辅型自治"和"德法均衡型自治"三种类型，并认为最后一种治理类型具有更高效的实践效应。③ 关注三治融合中具体规范类型的研究主要聚焦于乡规民约，如唐鸣、朱军主张村规民约是三治融合的集中体现，完善村规民约是实现三治融合的有效途径④；陈寒非、高其才认为村规民约促进了国家法与公序良俗的有机连接，关注到了乡规民约对于保障基层社会的民主治理、公共事务处理符合国家法律规定与社会善良风俗要求的有效治理存在积极的作用。⑤

本书同样基于正式规范与非正式规范二分且互动的共识，借鉴学者对于三治融合类型划分的理论，探讨正式规范与非正式规范在城市边缘社区三治融合中各自的地位和作用，以期对城市社区三治融合中社会规

---

① 苏力：《法治及其本土资源》，北京大学出版社 2015 年版，第 6 页。

② 张明皓：《新时代"三治融合"乡村治理体系的理论逻辑与实践机制》，《西北农林科技大学学报》（社会科学版）2019 年第 5 期。

③ 陈涛、李华胤：《"箱式治理"：自治、法治与德治的作用边界与实践效应——以湖北省京山市乡村振兴探索为例》，《探索》2019 年第 5 期。

④ 唐鸣、朱军：《关于村规民约的几个问题》，《江汉论坛》2019 年第 7 期。

⑤ 陈寒非、高其才：《乡规民约在乡村治理中的积极作用实证研究》，《清华法学》2018 年第 1 期。

范体系的研究有所裨益。

就技术而言，三治融合强调技术治理的运用与嵌入。技术治理随着信息技术和智能技术的广泛应用，逐步从设想走向现实。朱政认为，技术治理是当下基层治理的制度体系和制度执行能力的核心要素，可运用科学技术工具执行政策法律和管理公共事务。[①] 孙明扬研究发现，"村级治理行政化、治理对象规则化和资源分配规范化保证了技术治理的社会适配性，使技术能够较好地嵌入治理体系之中，并发挥实质性作用"，提出要加强大数据智能化技术，如网络政治参与在三治融合中的应用。[②] 郑晓华、沈旗峰提出编制三治融合的地方标准，引入全面质量管理工具；设计参政和评议制度，从而提高居民参与积极性；建立居民利益诉求的表达和回应机制，有效提升社会凝聚力。[③] 其中，党建引领三治融合的治理模式研究值得重视。张振洋认为，推进三治融合需要通过党建共同体机制嵌入，实现政府与社会力量的合作治理。基层治理主体应当在基层党委统一领导下，整合与共享相关治理资源，实现三治融合。[④] 韦少雄深入分析了"党群共治"模式，认为"党治"与"自治"能够实现良性互助，通过村民自治下移能够创新基层自治的有效形式。[⑤]

可见，学界对于技术治理嵌入三治融合及其运用进行了较为全面的研究，工具理性得到彰显，但是这些研究的价值理性不足。尽管陈天祥、徐雅倩已经开始关注"国家如何形塑技术治理"的问题，并试图

① 朱政：《技术治理嵌入"干部国家"：基层社会治理的二元结构》，《学习与探索》2020 年第 9 期。

② 孙明扬：《技术治理的运行条件与治理效果——以苏南地区农村低保政策实践为例》，《学习与探索》2020 年第 9 期。

③ 郑晓华、沈旗峰：《德治、法治与自治：基于社会建设的地方治理创新》，《马克思主义与现实》2015 年第 4 期。

④ 张振洋：《破解科层制困境：党建引领城市基层社会治理研究——以上海市城市基层党建实践为例》，《内蒙古社会科学》2020 年第 3 期。

⑤ 韦少雄：《村域基层党建创新与村民自治有效实现——基于广西河池市"党群共治"模式的分析》，《求实》2016 年第 8 期。

提出"超越技术治理"的构想①，但社区治理过程中技术工具和方法模式如何为国家治理和社会治理所形塑并最终影响三治融合的治理成效，还缺乏具有解释力的分析框架。在笔者看来，技术是一项"运用性"的要素，而不是"内生性"的要素，故本书无意于探讨技术治理与国家治理和社会治理关系的深层逻辑。当然，探讨良法善治视角下城市边缘社区的三治关系构造和善治实现路径必然会涉及对该问题的思考，并形成基于实践的经验观念。

3. 三治融合的发生学研究

三治融合的发生学研究试图回答为什么会或者为什么要三治融合的理论问题，关注三治融合的生成逻辑。钟海、任育瑶将既有研究总结为倒逼论、优化论、善治论、回应论四类观点。② 笔者认为，这四类观点还可以进一步整合为回应论和优化论两类观点。前者综合了倒逼论与优化论的观点，关注外因，主张三治融合是因为外部环境的要求和对现实困境的回应；后者综合了善治论和回应论的观点，关注内因，认为三治融合是因为基层治理体系结构优化以实现有效治理的追求。无论外因还是内因，都是事物发展的原因，并且外因通过内因起作用。回应论与优化论对于三治融合的生成逻辑都具有解释力，三治融合实现自身体系结构优化是在不断回应外部环境和现实困境的过程中逐步完成的。至于价值追求善治论的观点，笔者将在善治理论的研究中总结评述。

持回应论的研究者认为，三治融合是对于国家治理现代化的重大变革背景下基层社会治理各种现实困境的一般性回应。当今世界正在经历一场深刻的治理革命，中国亦然，甚至更为激荡磅礴。三治融合是我国

---

① 陈天祥、徐雅倩：《技术自主性与国家形塑：国家与技术治理关系研究的政治脉络及其想象》，《社会》2020 年第 5 期。

② 钟海、任育瑶：《"三治融合"乡村治理体系研究回顾与展望》，《西安财经大学学报》2020 年第 4 期。

基层社会治理变革的表现。尤尔根·哈贝马斯提出，社会的国家化与国家的社会化是同步进行的，国家与社会存在互构关系。[①] 陈鹏认为，改革开放后，我国的国家与社会关系经历了"包办—管理—治理"的发展过程，亦即将国家视为治理主体而将社会置于客体地位，国家一开始是强制"管控"社会，之后逐渐变为"管理"社会，及至当下已经演变为"治理"社会。[②] 从党的十三大报告中的"下放"到党的十九大报告中的"下移"，国家与社会之间经历了"放（授）权"与"收（受）权"，"公共事务下沉"与"公共事务承接"的关系重构过程，国家愈来愈青睐和信任社会的自行管理，社会也愈来愈从国家"分离"出来，自主性得到迅速成长。但是，李春根、罗家为研究发现，国家权力习惯的延续以及社会市场发育的滞后导致基层治理遭遇了行政化和"大众化"的"政社失灵"问题。[③] 对此，胡文木认为，应当因循自上而下的"授权赋能"和自下而上的"增权强能"这两条同时展开、齐头并进的国家和社会治理路径，建立"强国家—强社会"的国家与社会互构关系，回应当前基层社会治理的失灵。[④]

三治融合作为推进基层社会治理现代化的关键举措，通过三治融合实现"强国家—强社会"的双向互动，从自上而下和自下而上两个方向积极回应当前基层治理面临的困境。本书同样关注三治融合对基层治理现实困境的回应，将三治融合当作一个在回应现实问题过程中发展完善的治理之道。基于城市边缘社区三治融合实践经验，在国家治理现代

---

① ［德］尤尔根·哈贝马斯：《公共领域的结构转型》，曹卫东等译，学林出版社1999年版，第171页。

② 陈鹏：《中国社会治理40年：回顾与前瞻》，《北京师范大学学报》（社会科学版）2018年第6期。

③ 李春根、罗家为：《从总体性支配到社会化整合：新中国70年基层治理现代化的演进逻辑——国家与社会关系的分析视角》，《华中师范大学学报》（人文社会科学版）2020年第3期。

④ 胡文木：《强国家—强社会：中国国家治理现代化的结构模式与实现路径》，《学习与实践》2020年第2期。

化的理论背景下，检视国家与社会关系的理论范式，探索三治融合回应基层治理困境的逻辑。

持优化论的研究者将三治融合视为基层治理的一个渐进性的系统工程，主张构建整体性的现代化基层治理体系是三治融合的根本力量来源。在研究乡村治理走向问题时，郎友兴认为，我国基层社会治理的症结在于治理逻辑没有贯彻总体性治理的思路，呈现出多元化与碎片化特征，未来应当走向系统性、整体性、全面性、协同性的总体性治理。①刘学认为，相较于以往"头痛医头，脚痛医脚"的针对具体问题的零散性回应，乡村善治的实现是一个系统工程，应当体系化地把握主体、规则、工具等各项治理要素，进行总体性建构。② 当下，面临愈来愈繁复庞杂的基层治理问题，以三治融合推动基层社会治理发生整体性变革无疑是治疗快速城市化产生的"城市病"，实施乡村振兴战略，推动基层社会治理现代化的重要法门。

本书赞同基层社会治理困境的破解和治理成效的持续优化需要建立整体性治理理论，并认为三治融合是整体性治理理论的核心内容。城市边缘社区治理的三治融合是基层整体性治理理论在城市边缘社区治理过程中的具体表现，本书的研究将丰富基层整体性治理理论。

（三）善治理论的研究

虽然我国的《汉书·董仲舒传》和《管子·枢言》就在"善于治理"和"善政"的意义上使用过"善治"，但是彼时没有现代意义上的善治理念，更无善治理论可言。一般认为，现代意义上的"善治"作为"好的治理"（Good Governance）的理念，是由世界银行在 1989 年

---

① 郎友兴：《走向总体性治理：村政的现状与乡村治理的走向》，《华中师范大学学报》（人文社会科学版）2015 年第 2 期。

② 刘学：《回到"基层"逻辑：新中国成立 70 年基层治理变迁的重新叙述》，《经济社会体制比较》2019 年第 5 期。

关于非洲发展的报告中首次提出。世界银行在报告中提出了一系列善治应当具备的特点，主要包括有效率的公共服务、多元的制度框架、代议制立法机关、独立的法律框架和司法系统、负责公共资金的官僚体系、独立的公共监督、独立的媒体。① 显然，这个"善治"是以西方国家提出的"好的治理"为模板的。正如卡蓝默指出的那样，善治是在新自由主义的背景下为大家熟知的。② Rhodes 更是直接将"善治"总结为一种把"新公共管理"与"自由民主"嫁接到一起的产物。③ 此后，善治作为一种意识形态色彩明显的理论体系，频繁出现于西方国家具有双边性质的援外机构文件中。福山直言不讳地评价，善治是按照西方国家的国家—市场关系削弱国家结构，以推动东欧国家和第三世界国家的多党制民主化。④ 福山还认为应当去探求一个对权威政体和民主政体都起作用的综合性政府测度，并提出关于政府善治的四个测度：程序测度、投入测度、产出测度和官僚自治测度。⑤ 这意味着原初的现代善治理论带有明显的西方意识形态色彩，其对于我国治理实践的适用性值得怀疑。使用"善治"作为治理的最终目标，需要结合我国的具体实践重构善治的话语体系。

党的十八届四中全会指出"法律是治国之重器，良法是善治之前提"，这是"善治"一词首次正式进入党和国家的政治话语体系。善治理论因此得到了学界更多的关注，善治被认为是承载着国家治理的理想状态，对于善治的讨论主要集中于国家治理的宏观层面。我国较早研究

① World Bank，"Govenance and Development"，Washington D. C.：World Bank，1992.

② ［法］皮埃尔·卡蓝默：《破碎的民主：试论治理的革命》，高凌瀚译，三联书店 2005年版，第 5 页。

③ Rhodes，R. A.，"Uuderstanding Govornance：Policy Netuorks，Governance，Reflexivity and Accountabitity"，Philadelphia，PA：Open University Press，1997，p. 50.

④ Francis Fukugama，"Statl－Builbing：Governance and World Drder inteh 21st Century"，Ithaca，New York：Cornell Uniuersity Press，2004.

⑤ Francis Fukuyama，"What is Govornance"，Governance，Vol. 26，No. 3，2013.

善治并对后续研究产生重要影响的学者是俞可平，他将"善治"理解为一个使公共利益最大化的社会管理过程，将其视为一种国家与社会的新颖关系，主张其本质特征是政府与公民的合作治理，是国家与社会的最佳状态。① 经过对善治理论的体系化研究，俞可平进一步指出善治应当有许多必备要素，包括公正、参与、稳定、责任、回应、廉洁等。② 吴畏通过对不同国际组织和学者提出的善治原则进行分析比较，发现认可度最高的四项是问责、效能与效率、开放性/透明、法治。③ 但最具影响力的善治理论还是俞可平的"十要素说"。此外，在我国的善治理论话语体系下，善治理论的意义已经超越了治理成效的评判，成为政治合法性的重要基础，如俞可平就提倡以善治作为"人类在 21 世纪最重要的政治合法性来源"④。

　　学术是争鸣的。俞可平的善治理论也遭到了一些学者的批评。其中，最激烈的批评来自法学界。周安平认为，善治概念中的"善"其实只是一个"抽象的善"，而不是一个"具体的善"；是一个"赋予的善"，而不是一个"自带的善"。⑤ 评价主体不同，对善治的认识和表述就有所不同。相对而言，法治是一个具象的实体性概念，法治的善是确定的、民主共识的、客观的、可预期的善。善治优于法治，使法治工具化，执政者用自以为是的善治替代民主和法治存在隐忧。从国家治理的层面来看，相较于"善治优于法治"的表述，更为准确而安全的表述应为"法治是最大的善治"。李龙、范兴科⑥则详细地分析了俞可平善

---

　　① 俞可平：《治理与善治引论》，《马克思主义与现实》1999 年第 5 期。
　　② 俞可平的善治理论可概括为"十要素说"。参见俞可平《增量民主与善治》，社会科学文献出版社 2005 年版，第 146—147 页。
　　③ 吴畏：《善治的三维定位》，《华中科技大学学报》（社会科学版）2015 年第 2 期。
　　④ 俞可平：《敬畏民意：中国的民主治理与政治改革》，中央编译出版社 2012 年版，第 184 页。
　　⑤ 周安平：《"善治"是什么概念——与俞可平先生商榷》，《浙江社会科学》2015 年第 9 期。
　　⑥ 李龙、范兴科：《关于"善治"的三个追问》，《法制与社会发展》2017 年第 1 期。

治的十个基本要素，认为善治与法治是不可分的，二者相互包含，相互作用；善治内含很多有益的道德判断，但要最终实现这些价值，必须依靠法治，应当坚持"法治优位"。

笔者认为，作为治理的"最终目标"，善治是一个包含事实判断与价值判断的抽象概念，需要将其具体化为若干要素才能界定其内涵与外延，才能作为"终极标准"。这当然会使善治带有主观色彩，但这是善治理论的内在张力决定的，也是善治以法治为要素之一却又不局限于法治的根本原因。作为城市边缘社区治理的最终目标或者说理想形态，善治应当理解为包含法治但又不限于法治，其中还包括自治与德治的因素。单纯强调"法治就是善治"的观点忽视了基层社会长期存在并被实践证明有益的自治和德治因素，难免对基层社会善治的认识失之偏颇。当然，不可否认的是，法治是善治的必要条件，善治不可缺少法治。

善治一旦具体化，就是可以描述的、可以度量的、可以评价的。程广云将善治等同于良序，借用"政治压力"概念，建立权力—自由—平等模型，从向度、强度和效应三个方面来考察善治，发现有序状态存在两种情况：一是增加治理成本实现的，权力最大化而自由、平等最小化的有序，这种有序属于劣序，相应的治理则为恶治；二是降低治理成本实现的，权力和自由均衡的有序，这种有序才属于良序，相应的治理才是善治。① 邓大才认为，基层社会的善治应当考虑秩序性、参与性、成本性、稳定性四个方面的需求，并且可以根据需求满足情况形成一个"无序—劣序—良序—基本型善治—改进型善治—最优型善治"的治理成效从低到高的类型序列。他还专门探讨了自治、法治与德治的选择与组合实现善治的路径，认为三种治理方式在一定的条件下各自可以实现善治，两两组合、三者组合也可以实现善治，只是善治的质量和水平不

---

① 程广云：《良序如何可能——善治模型试探》，《江汉论坛》2019 年第 2 期。

同——"单一治理式善治"小于"两两组合式善治"，后者又小于"三者组合式善治"——并且主张在实践中不应该追求"最优善治""最佳善治"，而应该追求"最适宜的善治"。①

笔者认为，善治意味着良序，但良序并不是善治的全部内容，良序模型对于善治具有解释力，但是这种解释并不充分。比较而言，将三治融合与善治理论相结合形成的"组合型善治"理论更具启发意义。当前，学者们主要从国家治理的层面来定义"善治"，并基于此讨论善治理论。只有邓大才教授等少数学者关注到了基层社会治理层面的善治，但对城市边缘社区这样的基层治理单元需要何种善治理论的理论关怀不足。当下的善治理论研究成果为本书将善治作为研究视角奠定了基调，但是并没有真正输出一个能够直接阐明善治与三治融合的"中层理论"供本书作为分析的理论框架。鉴于此，本书将在后文对善治与城市边缘社区善治进行更为详细的界定，并在此基础上选择城市边缘社区善治研究的理论范式，构建城市边缘社区三治融合的善治理路。

三　概念界定

概念是构建理论体系的基石，是解决问题必不可少的工具，是展开学术研究和进行学术对话的基础。中国的学术创新要改变被动地位，必须从创造概念做起。② 本书试图为城市社区治理的学术创新略尽绵薄之力，当然需要对治理、善治、三治融合等概念做出清晰界定。

（一）治理与善治

1. 治理

"治理"一词我国古已有之，指"治国理政"，强调统治和管理国

---

① 邓大才：《走向善治之路：自治、法治与德治的选择与组合——以乡村治理体系为研究对象》，《社会科学研究》2018 年第 4 期。

② 徐勇：《学术创新的基点：概念的解构与建构》，《文史哲》2019 年第 1 期。

家事务，如"吾欲使官府治理，为之奈何"（《孔子家语·贤君》）；"明分职，序事业，材技官能，莫不治理"（《荀子·君道》）；"壹切治理，威名远闻"（《汉书·赵广汉传》）；"遍告天子治理之言也"（《史记正义》）；"帝王克勤天戒，凡有垂象，皆关治理"（《池北偶谈·谈异六·风异》）。西方的"治理"（Governance）一词源于古希腊，原为操纵、控制和引导之意，常常与"统治"（Government）一词混用，指代管理国家公共事务的政治活动。正如马克思所言，当人类社会因为利益冲突而陷入不可解决的自我矛盾中时，就需要一种凌驾于社会之上的力量（即国家），来缓和冲突。① 无论是我国还是西方的传统语境下，治理都是国家权力的具体表现，是国家权力掌握者管理国家事务和控制社会生活的政治活动。

随着新公共管理运动的推进，"新治理"或"现代治理"概念被提出，公司管理的原则和模式被引入公共管理领域，政府部门、企业和非营利组织通过互信机制形成了供给公共物品以及公共服务的"自我组织的组织间治理网格"②。这种多元协同参与的治理网格被视为现代治理的最典型特征。③ 全球治理委员会将"治理"定义为公共或私人处理其公共事务方式的总和，充分表达出"新治理"的特征，成为治理最常用的定义。④ 研究者已经达成基本共识：治理不再局限于国家统治意义上的"国家治理"，更加强调国家与社会力量合作创新"社会治理"，从而实现国家治理现代化。但是，研究视角的不同导致学界关于治理定义的分歧远大于共识。如福山就指出，治理在国际治理、公共行政和无政府的

---

① 《马克思恩格斯选集》第四卷，人民出版社 1995 年版，第 166 页。

② Stephen Bell, Andrew Hindmoor, *Rethinking Governance: The Centrality of the State in Modern Society*, Cambridge: Cambridge University Press, 2009, pp. 29 – 31.

③ Mark Bevir, R. A. W, Rhodes, *Interpreting British Governance*, Basingstoke: Rouledge, 2003, pp. 55 – 56.

④ The Commission on Global Governance. *Our Global Neighbourhood*, Oxford: Oxford University Press, 1995, p. 4.

治理三个层面被广泛使用且缺乏概念共识，三者依次指国际合作、政策执行和非政府组织管理社会三类行为。① 有学者经过研究认为，西方提出的现代治理理论主要有以市场、网络和国家为中心的三种不同治理理论。② 前两者均强调去国家中心化的多元参与治理，后者则认为现代国家及其机构仍然占据着治理的主导地位，政府对政策目标的制定和执行仍然是治理有效性的关键影响因素。面对"治理"一词广泛和模糊使用造成的定义困难，有学者提出治理正在成为一个"空洞的能指"，在不同用法中由于指称对象的不确定和含义的多样性而成为连接各种理论和思想的桥梁。③ 也有学者进一步提出"元治理"的概念，即为克服治理失灵而由各治理主体进行自我管理或自我组织，追求科层制、市场和网格三种治理间协调的"治理的治理"。④ 可见，现代治理概念的核心在于多元主体对公共事务的协作共治。

现代的"治理"概念于 20 世纪末被引入我国，并在 21 世纪成为我国学术界的重要话语。最早将"Governance"译介到国内的文献是《Governance：现代"治道"新概念》，将"Governance"翻译成"治道"，意为管理公共事务的效能，驾驭经济发展的能力。⑤ 徐勇教授认为，"治道"的翻译值得商榷，主张"Governance"是指"在管理一国的经济和社会资源中运用公共权力的方式"，宜译为"治理"。⑥ 之后，俞可平教授借助"公共权威"和"公共需求"两个核心概念，从政治

① Francis Fukuyama, Governance："What Do We Know, and How Do We Know it?", *Annual Review of Political Science*, Vol. 19, No. 2, 2016.

② 李泉：《治理理论的谱系与转型中国》，《复旦学报》（社会科学版）2012 年第 6 期。

③ Claus Offe, "Governance：An Empty Signifier", *Constellations：An International Journal of Critical& Democratic Theory*, Vol. 16, No. 4, 2009.

④ Bob Jessop, "The Rise of Governance and the Risks of Failure：The Case of Economic Development", *International Social Science Journal*, Vol. 50, No. 155, 1998.

⑤ 智贤：《GOVERNANCE：现代"治道"新概念》，载刘军宁《市场道德与国家观念》，生活·读书·新知三联书店 1995 年版，第 55—56 页。

⑥ 徐勇：《GOVERNANCE：治理的阐释》，《政治学研究》1997 年第 1 期。

过程的维度全面地阐述了治理的概念，并将其特征归结为以下四个方面：其一，治理是一种过程，而非一套规则或活动；其二，以协调作为整个过程的基础；其三，不但关涉公共机构，还与私营机构有关；其四，治理意味着持续的互动。① 当前，我国学者将"治理"概念广泛运用于社会科学研究，形成了国家治理、社会治理、政府治理、地方治理、多中心治理、协同治理、精准治理、文件治理、技术治理、乡村治理、城市治理、社区治理等治理相关概念，并围绕着这些概念形成了具有中国问题意识的治理理论。综合而言，我国学界关于治理的讨论已经从国家层面拓展到整个社会生活的各方面，治理的概念也超越了国家或政府管理公共事务之意，而是指多元主体在一个既定的范围内通过合作与互动共同运用公共权力处理公共事务的过程。本书亦是在这个意义上使用治理概念的。

治理都是在一个既定的范围内展开的，这个范围就是治理的空间场域，场域中治理资源的分布情况会导致治理实践的差异和治理理论的不同，最终影响"治理"概念在何种意义上被使用，形成具体的治理相关概念和治理理论。如由于我国乡村和城市的治理资源丰富程度存在较大差异，有学者在研究乡村的治理问题时，就提出了具有包容性的"乡村治理"概念，以充分解释和分析乡村社会，将乡村治理纳入国家治理体系。② 也有学者提出"治理单元"的概念，指代治理的空间场域。有的社会学研究者甚至主张，现代化就是治理单元随生活空间扩大的历史。③ 我国最具研究价值的治理单元就是社区，在"通过社区的治理"④

---

① 俞可平：《治理与善治》，社会科学文献出版社 2000 年版，第 4—5 页。

② 徐勇：《乡村治理与中国政治》，中国社会科学出版社 2003 年版，第 235 页。

③ 张乾友：《"社会之死"与"通过社区的治理"的形成——对西方社区治理实践的反思性考察》，《南京社会科学》2019 年第 5 期。

④ Nikolas Rose, "The Death of the Social? Refiguring the Territory of Government", *Economy and Society*, Vol. 25, No. 3, 1996.

（Government through Community）理论的启发下，学界对作为国家治理单元的社区展开了较为充分的研究。社区治理被认为是一种"整合性集体行动"，在这个行动过程中，多元主体共同参与，并且相互沟通、有效合作。[①] 相较于国家（政府）对社会的管理，社区治理并未完全将国家（政府）排斥在多元主体之外，而是更加强调"共同参与"，尤其是居民的参与，以及在参与基础上通过相互沟通和协同形成的合作关系。社区治理研究拓展了社区治理概念的外延，学者们进一步提出社区治理现代化、街居共同治理体系等理论[②]，并总结出政府治理模式、法团式治理模式、参与式治理模式、多元共治模式和统合模式等五种社区治理模式[③]。

本书以城市边缘社区作为治理单元，将城市边缘社区治理界定为城市边缘社区多元主体在社区范围内通过合作与互动共同处理社区公共事务的过程。

2. 善治

善治即好的治理。前文在评述善治的研究时，实质上已经涉及了善治的界定，此处笔者仅简要重申善治的核心要义：其一，善治是治理的目标，治理追求的是治理效益，即有效的治理，而"好的治理"应当是"有效的治理"[④]；其二，善治意味着良好的政治秩序，而这种政治秩序既包括事实判断也包括价值判断，可以用一系列要素如秩序性、参与性、透明性、公正性、成本性、稳定性等来衡量；其三，良法善治视角下的三治融合中，法治、德治和自治都必不可少，善治最终表现出治

---

① 方亚琴、夏建中：《社区治理中的社会资本培育》，《中国社会科学》2019 年第 7 期。
② 王德福：《社区治理现代化：功能定位、动力机制与实现路径》，《学习与实践》2019年第 7 期。
③ 陈伟东、吴岚波：《行动科学视域下社区治理的行动逻辑及生成路径研究》，《吉首大学学报》（社会科学版）2018 年第 1 期。
④ 刘金海：《中国农村治理 70 年：两大目标与逻辑演进》，《华中师范大学学报》（人文社会科学版）2019 年第 6 期。

理方式的内部组合性和外部整体性特征；其四，善治有各种具体的形态，并且各种形态的善治之间不仅存在层次差异，也存在适用性差异，治理应当经过实践探索提升善治的层次，以实现"最适宜的善治"为目标。善治的上述核心要义为后文对善治与城市边缘社区善治的类型化分析确定了基本范畴。

（二）三治融合

"三治融合"的含义在前文评析三治融合的研究时已经得到部分阐释，但是前文评析的重点放在"融合"上，对于"三治"分别是何含义尚未明确界定。此处在界定"三治融合"概念时，重点是厘清自治、法治和德治的含义，并以此为基础定义"三治融合"。

1. 自治

自治是一种在东西方社会中都具有强大传统基因并且在当下得到良好延续的治理方式。西方社会的自治源于古希腊和古罗马的城邦自治，即以城邦为政治单元，由城邦的公民自行制定法律、任命行政人员执行。[①] 中世纪时，城邦自治演化为城市自治，主要表现为城市市民通过与领主进行政治斗争取得"特许状"，从而建立能够自行制定治理规则并自行管理城市的自治城市。[②] 近现代，乡镇自治逐渐成为自治的最主要表现形式。托克维尔在考察美国乡镇自治制度时发现其核心内涵并非选举，而是居民对于家乡的热爱和参与精神，他将这种自治表述为"他们将自己的未来和抱负投在乡镇上，并将乡镇的每一件事都与自己相联系"[③]。西方社会自治的基因是政治单元居民自治权力的产生与行使。

---

① 《马克思恩格斯选集》第四卷，人民出版社 1995 年版，第 103 页。

② ［法］基佐：《法国文明史》第四卷，沅芷、伊信译，商务印书馆 1988 年版，第 33—41 页。

③ ［法］阿列克西·德·托克维尔：《论美国的民主》，曹冬雪译，译林出版社 2012 年版，第 74 页。

在我国所代表的东方社会，就新中国成立前的传统社会而言，自治是因
为大一统国家无力在广大基层社会建立皇权直接统治的行政体系而采取
"皇权不下县"，在县以下则在皇权行政体系外建立"乡绅自治"进行
基层管理。此种自治，费正清以帝制中国上下分层治理结构的理论加以
解释①，费孝通则更加明确地将其解释为"同意权利"和"长老权力"
进行的自我治理，并且认为这种自我治理与国家的治理形成了传统社会
的"双轨政治"。②韦伯在研究中国时同样认为，皇权势力范围仅限都
市，城外村落区域属于自治范围。③中华人民共和国成立后，虽然国家
曾经在一段时期通过政治动员方式对基层社会进行了较为全面的控制和
管理，但是改革开放后，基层群众自治制度被《中华人民共和国宪法》
（以下简称《宪法》）确立为我国的一项基本政治制度，基层群众自治
组织通过居委会和村委会的两部组织法取得了国家的法理肯认，"自我
管理、自我教育、自我服务"的基层自治格局形成。我国社会自治的基
因是基层自治对于国家治理的补充。

在三治融合研究中，自治被视为与他治相区别的概念，指自我治
理，代表性的定义是"治理主体在合适的治理结构中依靠自治规则自主
进行治理"④。学者们还关注到了自治在三治融合中的制度意蕴，如主
张"自治是一种民主的制度安排"，这意味着意见的多样性、差异化导
致的意见冲突与以人人平等为追求的法治存在紧张关系，民主自治需要
受到法治约束。⑤再如提出"自治是他律原则约束下的自律治理"，以
每个人享有平等的自治权利、自治的机会与责任对等、自由参与民主决

---

① ［美］费正清：《美国与中国》，张理荣译，世界知识出版社2003年版，第37—38页。
② 费孝通：《乡土中国》，北京大学出版社2012年版，第97—112页。
③ ［德］马克斯·韦伯：《儒教与道教》，淡天富译，江苏人民出版社2003年版，第77页。
④ 左停、李卓：《自治、法治和德治"三治融合"：构建乡村有效治理的新格局》，《云南社会科学》2019年第3期。
⑤ 郁建兴、任杰：《中国基层社会治理中的自治、法治与德治》，《学术月刊》2018年第12期。

策、法律规则的确认和保护为前提条件，并受到内部规范（自律）和外部规范（他律）的双重约束。① 也有学者关注到自治作为一种"私权治理"存在的局限，提出私权治理存在信息不完全的特征（表现为主体间信息不对称、各主体掌握的信息不充分），容易激发主体的"射幸"行为。虽然可能节约国家治理所需的监控成本，但是也会为维持秩序而付出成本。② 可见，自治并非完全不受约束的自我治理，而是在道德和法律形成的治理结构中进行民主自治。

基于对自治发展历史和当前研究的简要梳理，结合本书的问题意识，本书所指的自治即自我治理，是城市边缘社区居民及其自组织在道德和法律的约束下自我管理、自我教育、自我服务的治理方式。

2. 法治

"法治"一词，古今的意义存在根本差异。以现代意义上的"法治"概念观之，我国古代是没有法治的，古代所谓的"法治"，是"以法为治""以法治国"。尽管中国古代历史上很早就有"奉法者强则国强，奉法者弱则国弱"（《韩非子·有度》）的重法思想，但皇权始终高于法律，法律不过是皇权进行专制统治的工具。对此，中西方法律文化学者持有相同的见解。以对法家思想的批判为例，有西方学者指出法家是一群真正的极权主义者，他们的法治观不是基于人权的考虑，而是为了有效控制在其管辖之下的民众。③ 我国学者则根据《史记》中杜周断案的事例形象地提出"杜周现象"，解释由于坚持"以法治国"来自

---

① 陈涛、李华胤：《"箱式治理"：自治、法治与德治的作用边界与实践效应——以湖北省京山市乡村振兴探索为例》，《探索》2019 年第 5 期。

② 所谓"射幸"是指主体对不一定发生的社会治理风险存在的侥幸心理，基于这种心理所进行的投机行为就是私权治理中的"射幸"行为，虽然借用了民法上"射幸"的表达，但是与民法上的"射幸行为"并不相同。参见唐清利《公权与私权共治的法律机制》，《中国社会科学》2016 年第 11 期。

③ ［美］D. 布迪、［美］C. 莫里斯：《中华帝国的法律》，朱勇译，江苏人民出版社1995 年版，第 13 页。

"法律乃君王意志"的观念,导致"以法治国"在传统社会中自我解构的现象。① 正如我国较早研究法治的法学家所言,没有真正的民主就没有现代法治。② 我国现代意义上的"法治"由较早建立民主制度的西方舶来,故而界定"法治"应当考察西方法治概念的流变及其在我国进行本土化构建的过程。

西方的法治理念可以追溯到古希腊政治哲学家亚里士多德。他认为"法治"应当包含法律本身良好(即"良法")和普遍服从法律("法律之治"或者说"依法而治")两重意义。③ 经过黑暗的中世纪之后,近代以来的法治经历了主要持古典规则主义、古典正统主义、理想主义法治观念的 17 世纪至 19 世纪上半叶,主要持形式主义、自由主义法治观念的 19 世纪中叶至 19 世纪末,主要持回应型、实质主义、实用主义法治观念的 19 世纪末至今三个阶段,形成了丰富的法治理论。④ 这些法治观形成了各不相同的法治概念,其中具有代表性的定义有"法治是规则之治,是法律规则至上的一种治理方式"⑤;"法治是协调权利冲突与社会矛盾最为立竿见影的方法"⑥;等等。

相对于给法治做简要的定义,更多的西方法学家选择从法治的准则或原则来界定法治,并在界定法治的过程中形成了形式主义法治和实质主义法治两大类法治观念。也有学者关注法治现实中的不完满状态,提出"缺陷型法治"的概念,用以指代法治因现实因素导致的缺陷,包括法律之内及法律之间缺少调和的失调型法治、法律制定和实

---

① 刘星:《中国法律思想:故事与观念》古代卷,广西师范大学出版社 2019 年版,第 213 页。

② 李步云:《法治论》,社会科学文献出版社 2009 年版,第 84 页。

③ [古希腊]亚里士多德:《政治学》,吴寿彭译,商务印书馆 1997 年版,第 199 页。

④ 顾培东:《当代中国法治话语的构建》,《法学研究》2012 年第 3 期。

⑤ Shapiro I, *The Rule of Law*, New York:New York University Press, 1994, p. 2.

⑥ [德]阿图尔·考夫曼、[德]温弗里德·哈斯默尔:《当代哲学和法律理论导论》,郑永流译,法律出版社 2002 年版,第 469 页。

施存在任意性的任意型法治、法律意识和法律知识欠缺导致的部分实施型法治，以及只有部分群体受法律约束和保护的排除型法治。更有学者打破了法治理想主义，指出法治的局限：一是从理论上揭示法治的脆弱性，"法治只能在一个具有良好德行的社会里才能实现……在人的智慧和欲望面前，法律往往是很脆弱的"①。二是以实践说明法治的局限性，如福山研究发现即使在作为法治"标杆"的美国，由于家庭和亲属等社会关系衰落和信任度降低仍然出现了秩序的"大断裂"。②整体而言，西方法治概念的流变是一个从理想走入实践、从形式走向实质、从宣扬价值走向规范反思的过程，法治逐渐剥去理想化的光鲜外壳，回归规范之治的朴素面貌。形式主义法治与实质主义法治的法治原则见表 0-1。

表 0-1　　　　　形式主义法治与实质主义法治的法治原则

	法治的原则	资料来源
形式主义法治	**戴雪的三原则**：除非明确违反法律，任何人不受惩罚，其人身财产不受侵害；任何人不得凌驾于法律之上；个人的权利以一般法院提起的特定案件决定	[英]戴雪：《英宪精义》，雷宾南译，中国法制出版社 2001 年版
	富勒的八原则：法应当具备一般性、法应当公布、法不应溯及既往、法应当明确、法不应自相矛盾、法不应要求不能实现之事、法应当稳定、官方行动应当与宣布的法律保持一致	[美]富勒：《法律的道德性》，郑戈译，商务印书馆 2005 年版
	菲尼斯的八原则：法是可预期且不溯及既往的；法不是不能被遵守的；法是公布的；法是清楚的；法是相互协调的；法足够稳定；法令和命令受到法律的引导；有资格制定、执行和适用法律的人遵循负责、可靠的操作规则并且与法律执行做到连贯一致且要旨相符	J. Finis, *Natural Law and Nature Rights*, Oxford: Oxford University Press, 2011

① 於兴中：《法治东西》，法律出版社 2015 年版，第 74 页。
② [美]弗朗西斯·福山：《大断裂：人类本性与社会秩序的重建》，唐磊译，广西师范大学出版社 2017 年版，第 43 页。

法治的原则	资料来源
拉兹的八原则:法律必须可预期、公开和明确;法律必须相对稳定;法律命令和行政命令必须在公开、稳定、明确的一般规则指导下制定;司法独立;遵循公开审判、不偏不倚等自然正义原则;法院有权审查政府行为的合法律性;法院诉讼便利;不容许执法机构的自由裁量歪曲法律	〔英〕拉兹:《法律的权威——法律与道德文集》,朱峰译,法律出版社 2005 年版
哈耶克的三原则:规则的一般性和抽象性、规则的稳定性、规则的平等性	〔英〕哈耶克:《自由秩序原理》,邓正来译,生活・读书・新知三联书店 1997 年版
所罗姆的七原则:不得施加法外制裁;政府及其官员的行为服从一般且公开的规则;法应当公开;法应当具有一般性;法应当正规,类似案件类似处理;法应当具有正当程序;法应当体现能够的观念	Solum L. B., *Equity and the Rule of Law*, New York: New York University Press, 1992
纽曼的三原则:一般性的保护个人自由平等和为经济发展提供衡量尺度的规则、法不溯及既往、司法独立	Neumann F., *The Rule of Law: Political Theory and the Legal System in Modern Society*, Oxford: Berg Publishers Ltd, 1986
莫尔的六原则:分权、平等和形式正义、自由和事先规定、实质公正、程序公正、有效的审判	Michael S. Moore, "A Natural Law Theory of Interpretation", *Southern California Law Review*, Vol. 58, No. 1, 1985
沃克的十二原则:法律对抗私人压制且避免无法律或无政府状态;政府在法律之下;法律具有确定性、一般性和平等性;法与社会价值相协调;司法对抗私人压制;政府执法必须依据法律原则;司法独立;独立的法律职业;遵循自然正义和公正审判原则;法院易于接近;公正和诚实执法;法治不是良好社会的完美原则但无法治则无良好的社会态度	Geoffrey Q. Walker, *The Rule of Law: Foundation of Constitutional Democracy*, Melbourne: Melbourne University Press, 1988
罗尔斯的三原则:法律应当意味着能够,不提出不可能履行的义务;类似情况类似处理;法无明文不为罪	〔美〕罗尔斯:《正义论》,何怀宏译,中国社会科学出版社 1988 年版

其中形式主义法治包含前三行(拉兹、哈耶克、所罗姆),实质主义法治包含后四行(纽曼、莫尔、沃克、罗尔斯)。

我国对于法治的本土化构建是在批判和探索中前进的，无论是对西方法治理论还是对我国法治的本土资源都采取根据现实条件进行扬弃的实事求是态度。我国法治构建过程中，法律移植论和本土资源论两种倾向的争论充分展现了这种态度。[①] 首先，我国的法治建设没有简单地在形式主义法治与实质主义法治之间进行选择，而是注意到了二者均是一定时代的产物，具有明显的不足之处，在引入西方法治概念时避免其弊端。对于形式主义法治，要避免将法律权威完全诉诸国家，注重法律之外其他规范的运用，注重实质平等，防止恶法之治；对于实质主义法治，则要注意保持法律的一般性、确定性和中立性，防止其完全沦为社会控制工具或者被道义原则完全解构。[②] 其次，我国的法治探索重视利用本土资源，注重法律移植的本土社会适应性，强调一种不同于单纯依靠外来移植的"拿来主义"，而更加强调法律承继的、具有本土自觉性和主体性的法治观念。本土资源的利用突出表现为坚持"法律多元主义"立场，强调民间习惯法、党规党法、道德伦理等非正式规范与国家法律共同推进的治理，不仅注重国家法律的完善，也关注法治的微观生长机制。[③] 再次，我国的法治始终坚持"良法善治"，不仅以法治为治国理政和社会治理的方式，而且将其作为共同信仰。党的十八届四中全会指出："用法律的准绳来衡量、规范、引导社会生活，就是法治。"最后，我国的法治在批判与自省中不断完善，不仅是对"法治时间表"、政府主导的"法治指数"的运用，"口号"法治、"运动"式法治等"法治大跃进"的批判[④]，也包括对法治碎片化可能从根本上危及法治精神的担忧，以及对片面强调国家法权威导致法治发展与社会规范

① 何勤华：《法的移植与法的本土化》，《中国法学》2002 年第 3 期。
② 顾培东：《当代中国法治话语体系的构建》，《法学研究》2012 年第 3 期。
③ 王启梁：《法治的社会基础——兼对"本土资源论"的新阐释》，《学术月刊》2019 年第 10 期。
④ 姚建宗、侯学宾：《中国"法治大跃进"批判》，《法律科学》2016 年第 4 期。

并行的反思。

以上梳理表明，法治即规范之治，强调法律规范对于主体治理行为的赋权和约束，是指在法律多元主义立场上依据法律处理公共事务的治理方式。

3. 德治

自古以来，我国就是强调德治的礼仪之邦，德治已经浸润我国的政治与文化长达数千年。在推进国家治理体系和治理能力现代化的当下，德治应当与自治和法治一样成为国家和社会治理不可或缺的方式。何为德治？这需要从我国德治传统及其现代化转型的历程中去找寻答案。自孔子开始，中国传统道德就在独特的小农经济和儒家思想文化等自然和人文环境下展开。① 早在诸子百家贡献出各种治理理念的时代，孔子就提出"克己复礼"的德治思想，主张只有"道之以德，齐之以礼"（《论语·为政》）才能真正实现让民众"有耻且格"的治理目标。孔子的后继者发扬了德治思想，并进一步提出"行仁政，民之悦之，如解倒悬也"（《孟子·公孙丑上》）的"仁政"思想，并主张"礼者，法之大分"（《荀子·劝学》），认为礼是法的根本原则，将德治置于更加基础的地位。到汉初，秦因严刑峻法二世而亡的教训促使统治者与民间精英更加推崇德治而警惕法治，如贾谊在《治安策》中曾说："道之以德教者，德教洽而民气乐；驱之以法令者，法令极而民风哀。"（《汉书·贾谊列传》）董仲舒甚至"作《春秋决狱》二百三十二事"，以儒家推崇的道德准则作为裁断案件的准据。汉昭帝时，盐铁辩论中"法能刑人而不能使人廉，能杀人而不能使人仁"（《盐铁论·申韩》）成为公论，确定了中国整个帝制时期占

---

① 孙莉：《德治与法治正当性分析——兼及中国与东亚法文化传统之检省》，《中国社会科学》2002 年第 6 期。

主导地位的"以儒为体，以法为用"的传统德治。诚如学者所总结的那样，中国古代的德治进程可以简明地表示为"道德一体化—道德法律化—法与道德一体化"的将道德要求完全转变为法律规范的过程。①我国传统社会的德治就是以施行德政和进行道德教化的方式运用儒家传统道德来治理国家。

为什么传统社会的统治选择德治而不是法治作为根本方式？近代学者给出以下解释："盖我国幅员之广、人民之众、风俗之殊，不能以简驭繁之法。"② 但是，历史表明，道德与法律的完全一体化，或者说法律与道德的混同，看似有利于实现理想的"大同"，实则贻害无穷。这是因为二者的混同，使真正意义上的正式规范无法在基层社会确立并发挥社会调整作用，最终不仅不会让法律与道德兼得，反而会造成二者双失——如同道德一样有弹性的法律消解了人们的道德自觉，尤其是公共道德自觉，而如同法律一样有刚性的道德则成为一种行为与思想控制的手段，丧失了价值理性。最终，传统道德成为统治者获得专制权威的工具，德治异化为人治，走向了现代治理的对立面。正如络德睦指出的那样："中国政治的自我理解建立在人治理念基础上，掌权者从他们最高的美德（传统中国的儒家美德）中获得统治权威。"③ 随着西法东渐和新文化运动，德治开始现代化转型，虽然公共精神和社会公德得以确立，但是传统道德并没有被完全抛弃而是被逐渐解构和扬弃。道德教化仍然被视为"最彻底、最根本、最积极的办法"，德治的教化作用"断非法律裁判所能办到"，并且"一切善行都是教化所致"。④ 及至当代，道德仍然包含传统美德，德治也涵盖传统德治的德政、德教、德制和德

---

① 杨一凡、刘笃才：《中国的法律与道德》，黑龙江人民出版社 1987 年版，第 12 页。
② 程树德：《中国法制史》，商务印书馆 1935 年版，第 18 页。
③ ［美］络德睦：《法律东方主义：中国、美国与现代法》，魏磊杰译，中国政法大学出版社 2016 年版，第 14 页。
④ 瞿同祖：《中国法律与中国社会》，中华书局 1981 年版，第 286—287 页。

范等内容，但是更为突出道德信仰的导向。① 法律与道德的关系也得以摆正，这种关系可以凝练地表达为"法律是成文的道德，道德是内心的法律"②。现代德治与传统德治最根本的区别是去除了人治的工具属性，与现代法治有机结合。

以上梳理表明，无论是过去还是现在，德治与法治都是密切联系的，因而德治的界定往往比附法治。法治与德治的关系，是法理学上旷日持久的热点问题。一方面，学者们借鉴法治的定义方法，通过道德规范及其作用来定义德治。例如，认为德治即"道德规范之治"，强调道德作为重要的非正式规范，从行为方式和思想观念两方面来约束人们的行为③；主张德治即"公德之治"，注重作为非正式规范的道德应当具有超越个人德行的"公"属性，即公共性、普遍性和管理性特征④；或者认为德治即"以德治国"，从国家治理的层面看待德治，将之作为满足公众需要并维护社会稳定的一种治国方略和手段。⑤ 另一方面，突出德治与法治的不同，强调德治的非构建性和文化内生性。米尔恩对于德治之于法治的不同有着极富洞见的认识，他发现，法律所能创制的义务归根结底都是特定的，其创制义务存在局限，不能创设出"服从法律的一般义务"。这是因为"要求服从法律的'法律'没有意义"⑥，这种义务必须是道德性的，而不是法律性的。德治建立在普遍的道德共识基础上，具有内生性，而不能通过外在的权力强制施加给自治主体。中国的法学学者也认为，当代德治不可能同法律一样被人为创制出统一的义

① 田旭明、陈延斌：《德治：良法善治的基石和保障》，《道德与文明》2015 年第 4 期。

② 《习近平谈治国理政》第二卷，外文出版社 2017 年版，第 116 页。

③ 郁建兴：《法治与德治衡论》，《哲学研究》2001 年第 4 期。

④ 李龙、郑华：《善治新论》，《河北法学》2016 年第 11 期。

⑤ 田兆军：《良法与善治："法治"价值观的当下解读》，《中国政法大学学报》2019 年第 6 期。

⑥ ［英］A. J. M. 米尔恩：《人的权利与人的多样性——人权哲学》，张志铭译，中国大百科全书出版社 1995 年版，第 35 页。

务体系（类比"立法"），再以某种强制力量推行（类比"法律实施"）。① 社会学者在村庄治理研究中指出，德治体制生产了村庄权威并且依托权威的实践运作形成村庄共同体。② 借助韦伯三种类型的合法性理论来解释，德治是典型的传统型权威，其合法性来自传统道德习俗而非现代性法律制度的构建。

综合上述德治定义，本书将德治界定为基于道德的治理，是指运用内生性的道德规范为治理主体处理公共事务赋权并约束其行为的治理方式。

4. 三治融合

三治融合，简而言之就是将自治、法治、德治三种治理方式相互融合形成整体性治理，以应对当前基层社会面临的各种问题和矛盾。前文分析表明，自治、法治、德治并非平行关系，也不是层次关系，因而三治融合不是简单地归并或者叠加，而是融成一种"你中有我，我中有你"但各自有着清晰地位的整体性治理方式；自治、法治、德治各自有着相对完备的理论体系，并且在各自理论体系内更加强调其与其他治理方式的区别，因而三治融合需要处理好三治之间的张力结构，既要化解不同治理方式在主体、技术和规范方面的冲突，也要避免不同治理方式失位导致三治结构坍塌的隐患。在这个意义上，尽管在学术用语上"三治结合"与"三治融合"表达的意思相近，可以在一定范围内混用，但"三治融合"是更加优化的三治组合状态，自治、法治、德治首先"结合"在一起，然后经过长期的实践调试达到"融合"的状态。正如学者所言，"三治融合"强调建立在"三治结合"基础上的深度融合。③

---

① 孙莉：《德治及其传统之于中国法治进境》，《中国法学》2009 年第 1 期。

② 唐有财：《德治体制与集体主义村落的发展——以全国文明村 J 村为例》，《社会学评论》2020 年第 2 期。

③ 王文彬：《自觉、规则与文化：构建"三治融合"的乡村治理体系》，《社会主义研究》2019 年第 1 期。

当前在公租房社区治理过程中，三治已经结合在一起并存在初步融合，但是由于客观条件的限制尚未充分融合。本书采取"三治融合"的概念，意在表达城市边缘社区自治、法治、德治相互融合形成整体性治理的状态。后文将详细阐述城市边缘社区三治融合的结构化理论，进一步解释三治融合的内在机理。

四　个案选择

城市边缘社区首先是社会学意义上的社区，即兼具地域属性和社会特征的人类生活共同体。当然，这个社会学意义上的社区在地域范围上与国家政策法律意义上作为行政区划单元的社区是一致的，即城市边缘社区是"经过社区体制改革后作为规模调整的居民委员会辖区"。因而，其也是政治学和法学意义上的社区。本书并不是纯粹的理论研究，而是基于个案实证研究而进行的理论思考，因而选择了三个公租房社区作为有典型意义的个案展开研究，并期望能够通过研究"走出个案"，从局部的具体研究上升为整体的一般性研究。

本书选择的三个典型个案是湖北省武汉市 Q 社区、重庆市 M 社区和广东省深圳市 L 社区，具体情况见表 0－2。作为城市边缘社区的代表类型，公租房社区不仅因为公租房选址偏远导致了空间区位的边缘化，还由于居民是不享有住房产权的弱势群体，成为治理资源贫乏的治理边缘地带。

表 0－2　　　　　　　　三个样本社区的基本情况

社区	所在区域	建设方式	总建筑面积（万平方米）	房屋数量（套）	常住人口（人）	网格数（个）	专门的运营机构	物业管理公司
Q 社区	华中	棚改回迁	26.59	5235	8300	15	有	有

续表

社区	所在区域	建设方式	总建筑面积（万平方米）	房屋数量（套）	常住人口（人）	网格数（个）	专门的运营机构	物业管理公司
M社区	西南	集中建设	111.00	18292	39900	27	有	有
L社区	华南	配套建设	70.89	12363	35000	13	无	有

本书选择这三个公租房社区作为分析样本主要有以下两个方面的原因。

其一，三个公租房社区的代表性。公租房社区由公租房开发建设完成后面向保障对象配租入住形成，是一类具有代表性的城市边缘社区。公租房社区与以商品房社区为主的自有房社区的不同直观表现为"房"和"人"的不同。就"房"而言，公租房是由政府提供资金和政策支持，通过新建、改建、收购或租赁等方式筹集而来的保障房，只面向符合法定保障条件的特定对象出租，而不出售。公租房的产权不属于居住于其中的居民，居民只有使用权而无所有权，并且居民的租赁时间受到限制，只有符合法定保障条件才能续租。在公租房开发建设过程中，往往选址相对偏远，处于城市的边缘劣势地带，配套设施并不健全，经济、社会和政治资源贫乏。就"人"而言，公租房限定保障对象，包括城市中低收入住房困难家庭、新就业的无房职工、外来务工人员，属于城市中的弱势群体，往往只有基本的生存资源而缺乏自身政治发展的其他资源。三个样本社区都反映出城市边缘社区在"房"和"人"方面的基本情况，也能够展现出城市边缘社区三治融合面临的挑战，具有一般代表性。

其二，三个公租房社区的典型性。公租房有多种建设和分配方式，公租房保障对象存在不同类群，因而不同的公租房社区也存在不同的个性特征。就"房"而言，武汉市 Q 社区的公租房属于棚户区改造回迁型公租房，重庆市 M 社区的公租房属于集中新建的公租房，深圳市 L 社区的公租房则属于配建的公租房。就"人"而言，武汉市 Q 社区居民主要是原国有单位的退休职工，重庆市 M 社区居民主要是本市的中低收入住房困难家庭，深圳市 L 社区居民主要是外来务工人员。三个样本社区基本能够反映不同建设与配租方式形成的典型城市边缘社区类型。此外，三个样本社区处于我国不同的地理区域，而且其治理的经验都得到了当地住房保障主管部门的肯定和推广，武汉市 Q 社区甚至成了全国社区治理的标杆和榜样。这都表明三个样本社区具有典型性，值得笔者深入挖掘和研究，以提供关于良法善治视角下城市边缘社区三治融合治理之道的一般性知识。至于三个典型城市边缘社区的基本情况，由于与其三治融合的治理实践有着紧密联系，后文将进行详细描写。

五　研究方法

本书所采用的研究方法主要有以下四种。

一是田野调查法。为避免研究落入就政策谈政策、就理论谈理论的窠臼，笔者将田野调查法作为研究的首要方法，试图发现被既有理论遮蔽的丰富事实。2019 年 6 月，笔者带队到武汉市 Q 社区进行社区三治融合治理实践的调研，并同时调研了 Q 社区邻近的 A、B 两个自有房作为对照。尽管新冠疫情影响了笔者调研计划的开展，2020 年 9—10 月笔者还是顺利在重庆市 M 社区和深圳市 L 社区完成了调研。在这三个样本社区，笔者通过对社区居民进行简单随机抽样的问卷调查（三个社区的有效样本数均为 100），对社区居民、网格员、楼栋员、社区社会组织成员进行结构式访问，与社区党组织、居委会、物业管理公司和公租房运营机构的工作人员访谈，亲身参与社区活动等，获得了能够反映城市边缘社区三治融合实践样态的第一手资料。

二是个案研究法。面对数量庞大的城市边缘社区，限于笔者的研究能力，难以进行全面性的普查，只能采取个案研究方法，通过"解剖麻雀"，尝试以分析典型个案来描绘一般性图景。本书选择武汉市 Q 社区、重庆市 M 社区、深圳市 L 社区三个案例，分别考察其过程，分析其成效。个案研究的关键是在个案中概括总结出一般性的理论，实现从个案描述到理论分析的拓展。本书并非以个案经验的总结为终点，而是进一步分析从个案中发现的城市边缘社区三治融合面临的挑战，以善治为视角对其展开分析研究，以期在更具普遍意义的场景中运用从个案中获得的知识。

三是比较研究法。无论是进行理论选择还是归纳实践规律，都离不开比较分析的研究方法。在考察城市边缘社区三治融合的实践样态时，笔者进行了两次比较。第一次比较专门对比武汉市 Q 社区、重庆市 M 社区和深圳市 L 社区三治融合的过程及成效，从三者的异同中发现城市边缘社区三治融合的实践逻辑。第二次比较不仅将武汉市 Q 社区、重庆市 M 社区和深圳市 L 社区相比较，而且还将武汉市 Q 社区与邻近的A、B 两个自有房社区进行比较，通过社区之间居民基本情况、公共服务设施、社区社会组织等方面的比较，突出城市边缘社区的特点并发现这些特点对城市边缘社区三治融合造成的挑战。

四是文献资料法。笔者主要搜集并分析了以下两类文献资料：其一，反映已有研究成果的文献。尽管学界尚无对于良法善治视角下城市边缘社区三治融合的专题研究，但关于城市边缘社区治理、三治融合和善治理论的学术文献反映了当前政治学、社会学、经济学以及法学等学科对该问题的研究进展和理论贡献，对这些研究成果加以梳理和评析能够为研究奠定理论基础。其二，反映当前实践经验的资料。调研取得的各种资料，包括各级政府出台的规章、实施细则和政策性文件，相关部门编订的统计文件和汇报材料，社区治理主体公布的示范文本、公开信息、会议记录、工作日志和宣传资料等，都是值得深入分析和挖掘的宝贵的一手资料。

六　研究思路

本书以善治为研究视角，将城市边缘社区三治融合作为研究对象，以武汉市 Q 社区、重庆市 M 社区和深圳市 L 社区为分析样本，在描述三个典型公租房社区三治融合实践样态的基础上，发现城市边缘社区三治融合面临的挑战，构建良法善治视角下城市边缘社区三治融合的分析框架，对良法善治视角下城市边缘社区三治融合的关系构造和三治融合实现城市边缘社区善治的机制优化展开分析，得出研究结论并进行延伸讨论。

基于上述研究思路，本书由导论、正文和结论三部分构成，具体的篇章结构如下。

导论阐明了本书研究的缘起，提出本书的问题意识，即良法善治视角下城市边缘社区三治融合治理之道是什么。基于本书的问题意识，进行文献评述，界定核心概念，说明个案选择，介绍研究方法和研究思路，归纳研究的创新之处。

第一章"城市边缘社区三治融合的实践样态"。本章对武汉市 Q 社区、重庆市 M 社区和深圳市 L 社区这三个样本社区三治融合治理的过程和成效分别进行了考察和分析。在分别考察的基础上进行简要的比较分析，总结出城市边缘社区三治融合实践逻辑。

第二章"城市边缘社区三治融合面临的挑战"。本章在实践样态考察和分析的基础上，总结提炼出城市边缘社区的特点，并就城市边缘社区特点对三治融合造成的挑战进行分析。

第三章"良法善治：城市边缘社区三治融合的分析视角与框架"。

本章是基于前文的实践研究发现，为分析城市边缘社区三治融合确定理论视角，搭建分析框架。

第四章"城市边缘社区三治融合的关系构造"。本章以善治为视角，从治理主体、治理方式和治理规范三个方面对城市边缘社区三治融合的关系构造展开分析。

第五章"三治融合实现城市边缘社区善治的机制优化"。本章基于前章的分析，进一步从治理主体、治理行动、治理效能和治理秩序四个维度，针对城市边缘社区三治融合面临的挑战，提出实现善治的机制优化。

结论对本书的研究发现进行简要的总结，回应良法善治视角下城市边缘社区三治融合治理之道的问题，延伸讨论善治对社区三治融合的内在要求和资源贫乏社区善治的必由之路，并对进一步的研究略做展望。

七 研究创新

本书的创新之处主要体现在以下三个方面。

一是提出了新问题。良法善治视角下城市边缘社区三治融合治理之道是什么？这是本书在总结关于善治、三治融合和城市边缘社区治理既有研究的基础上，结合在 Q、M 和 L 三个样本社区实践调研的发现，提出的新问题。首先，这是一个新的理论问题，能够补充和发展当前通过三治融合实现善治的理论和以自有房社区为理想对象的城市社区治理理论，在增强其对城市边缘社区治理实践经验的解释力的同时，使城市边缘社区三治融合实践中蕴含的理论创新价值得到发掘。其次，这是一个新的实践问题，不仅总结了 Q、M 和 L 三个样本社区的实践经验，为当前城市边缘社区治理提供了来自"典型模式"的经验启示；而且丰富了基层三治融合实现社区善治的实践案例，为数量日益增长的城市边缘社区乃至所有治理资源贫乏社区推进社会治理的法治化和现代化提供了经验模式。最后，这个新问题穿梭于理论与实践之间，不仅关注城市边缘社区三治融合实现善治"是什么"的实践路径问题和"为什么"的理论分析问题，还探究从实践中提炼理论与以理论来指导实践的"怎么做"问题。

二是发现了新资料。本书以处于城市边缘劣势地带、治理资源贫乏的城市边缘社区作为研究单元，将湖北省武汉市 Q 社区、重庆市 M 社区和深圳市 L 社区作为分析样本，通过田野调查和资料搜集，挖掘和整理了大量关于城市边缘社区三治融合实践的第一手资料。这些新资料不仅为本书对良法善治视角下城市边缘社区三治融合的关系构造和通过三治融合实现城市边缘社区善治的机制优化提供了事实基础和生动论据，而且为进一步研究城市边缘社区治理、三治融合和善治等问题积累了素材。这种素材的积累能够帮助我们理解国家治理现代化和社会治理法治化怎样在城市边缘末梢开展并最终实现社区善治，进而为我国城市边缘社区等治理资源贫乏社区通过三治融合实现善治的实践提供行动指引，为围绕治理方式开展多中心治理、集体行动、精英治理等舶来理论与整体性治理、动员式治理、能人治理等本土理论的有效对话和沟通提供经验支持。

三是得到了新结论。本书在解决新问题和分析新材料的过程中，不仅形成了对于良法善治视角下城市边缘社区三治融合治理之道的新认识，对三治融合如何实现社区善治也有了新的见解。这些可以凝练表达为以下三个新结论：其一，良法善治视角下城市边缘社区三治融合在实践中的具体样态和理论上的关系构造，均具备多元合一的特征；其二，善治对社区三治融合提出自治由"为民做主"向"居民自主"转变、法治由"社会控制"向"规范治理"转变、德治由"礼俗之治"向"公德之治"转变的治理方式现代化转型要求；其三，党领导下的"强国家—强社会"良性互动是资源贫乏社区善治的必由之路。

第一章　城市边缘社区三治
融合的实践样态

治理需要一定的空间场域作为治理单元，为治理活动提供现实条件。正如马克思所说："人们自己创造自己的历史"，"是在直接碰到的、既定的、从过去承继下来的条件下创造"①。治理作为现今最普遍、最多样的政治和法律现象，当然受到治理单元内的条件的形塑。本书是从城市边缘社区三治融合的实践中发现问题，因而首先要对作为分析样本的武汉市 Q 社区、重庆市 M 社区和深圳市 L 社区三个样本社区三治融合的实践样态进行调查研究。根据治理单元内的条件形塑治理活动的政治规律，本章首先对三个样本社区与三治融合具有密切联系的基本情况进行描述，掌握三个样本社区三治融合实践开展的基础条件。为推进对于城市边缘社区三治融合实践问题的分析和解决，在描述三个样本社区的基本情况后，本章还对这三个样本社区三治融合的实践进行了深入考察。在总体把握的基础上有所取舍，择其要者进行片段式的呈现，并基于这些片段的简要效果分析，最终通过求同求异的比较分析抽取其内在逻辑。

---

① 《马克思恩格斯选集》第一卷，人民出版社 1995 年版，第 669 页。

第一节 三个样本社区的基本情况

相较于城市边缘社区治理的一般性研究，本书聚焦于城市边缘社区三治融合的研究。在对城市边缘社区三治融合实践样态进行考察时，关注城市边缘社区治理过程中三种治理方式相互融合的治理实践。这就需要在一个总体性的城市边缘社区治理活动框架内，将考察的重点放在三治融合的具体实践中，而将总体性的治理活动框架作为背景条件。在三个样本社区内，这些总体性的治理活动框架都被归结为一种总体性治理模式。因而，本书描述的城市边缘社区基本情况仅对体现公租房社区一般性特征的公租房数量、建筑面积、常住人口等自然地理状况做简要介绍，而将重心放在对城市边缘社区三治融合实践背景条件的总体性治理模式描述。

一 武汉市 Q 社区的基本情况

武汉市 Q 社区是武汉市最大的公租房社区，位于华中地区最大的棚改回迁区域，是通过棚户区改造建设而成的公租房社区，共计有公租房 19 栋 5235 套，总建筑面积 26.59 万平方米。Q 社区的公租房于 2015 年年底建设完成并开始配租入住，常住人口约 8300 人。按照我国的经济区域划分，Q 社区位于我国中部地区，当前面临经济转型发展造成的社会保障问题，反映在公租房社区就是居住在社区中的居民主要是原国有单位的退休职工。社区内划分为 15 个网格，每个网格均有 2 名专职网格员进行服务和管理。Q 社区有专门负责物业管理的物业管理公司和住房保障主管部门委托的公租房运营管理公司，社区的治理工作由社区党组织及与其高度同构的居委会主导进行。Q 社区形成伊始就被赋予了作为华中地区棚改回迁公租房治理示范样本的"典型"意义，在分配入住后就按照武汉市政府提出的社区治理"1314"模式要求，建立了符合城市边缘社区治理要求的"1314"模式。

所谓"1314"模式，就是以党建为核心建立一套较为完备的社区组织、治理和服务体系。其中，"1"是指"建强一个基层党组织"，强化社区大党委领导核心地位，在街道大工委统筹指导下建立一整套基层党组织体系，形成社区里各类党组织共建、共治、共享的工作机制。"3"是指"完善三条社区治理路径"，依法有序完善基层自治，激发社区群众的责任感和参与活力，实现政府治理和居民自治良性互动；健全基层法治，基层党组织要善于运用法治思维和法治方式化解社会矛盾；推进德治建设，从思想源头上解决治理问题。"1"是指"构建一套精准精细服务体系"，针对居民差异化的需求采取不同的服务模式，例如在政务服务方面采取"线上＋线下"模式，在法律服务方面采取"宣教＋援助"模式，对于空巢老年人和留守儿童的服务等采取"敬老＋扶幼"模式，对于新就业的青年群体服务采取"宜业＋宜居"模式。"4"是指"打造四全服务机制"，工作力量全进入，网格员带领物业管理公司、社会组织、驻社区单位等组成红色工作队；群众需求全收集，通过居民网上自主申报需求、网格巡查发现需求、进门入户访问需求，尽量全面而充分地掌握居民对于社区公共服务的需求点；分类分级全解决，构建信息化服务平台，推动一般问题马上就办、立即处理，疑难问题分类处置、限时处理；服务过程全评价，将群众评价量化评分，结果与相关单位、工作人员年度考核挂钩。在 Q 社区治理的"1314"模式中，三治融合属于"3"，与社区组织体系和服务体系的建设联系密切。

Q 社区将"建强一个基层党组织体系"的组织体系建设作为社区治理的起点，建立了以街道大工委作为第一层、社区大党委作为第二层、网格党支部作为第三层、楼栋党小组作为第四层、党员中心户作为第五层的五层基层党组织体系，为三治融合提供了以基层党组织为政治核心的主体结构，如图 1-1 所示。在街道大工委的统筹规划和直接领导下，Q 社区整合居委会、当地派出所、社会组织孵化器、物业管理公司和运营机构的资源，成立了社区大党委。社区大党委是 Q 社区工作的领导核心，是由社区党组织牵头，与辖区内的企事业单位建立的协调社区党建和社区治理工作的社区基层党组织。社区大党委由街道党工委副书记担任书记，社区党总支书记、居委会主任担任副书记，社区党总支副书记、副主任担任委员，社区警务室民警、社会组织孵化器党支部党建指导员、物业管理公司党支部书记、区城管委机械作业党支部书记担任兼职委员，如图 1-2 所示。为了解决当前社区与驻区单位在党组织上互不隶属、行政上互不关联、管理上条块分割而导致的协调沟通困难，在社区大党委的领导下，社区还采取"交叉任职"和"联席会议"的方式整合与共享治理资源。对此，Q 社区物业管理公司的"红色物业"宣传专员做了以下介绍：

> 关于交叉任职，我们分了三个层面：一是项目层面，我们社区的书记是挂职在我们的项目上面担任品质总监的，他对我们的员工是有直接任免权的。有过这样的一个事情，社区有一个保安，大概是工作态度不好吧，被我们社区的书记看到了，然后他就一个电话打给我们公司的经理，跟他说这个事情，然后这个保安就被解雇了。我们公司的项目经理在社区是挂名担任一个副主任的职务。我们这边的交叉任职，不管是社区的书记在我们的项目上面挂职还是我们项目经理在社区这边挂职，只是工作上的参与，没有薪资报酬的。二是公司层面，我们物业管理公司是社区大党委的一个成员单位，我们公司也成立了自己的一个党支部，我们党支部的上级就是社区大党委。三是在员工层面，我们项目上的客服人员会全面进入社区，比如作为天天敲门组的成员，与网格员、社区民警、社区义

工一起通过天天敲门的方式上门去做好物业服务。

联席会议制度是和交叉任职联系在一起的。联席会议制度是每周召开一次三方联席会议制度，每月召开一次社区大党委会。我们的物业员工和社区网格员在敲门入户的时候发现了什么问题，平时遇到了什么问题，如果我们物业这边不能及时解决或者不该我们解决的，就会在这个三方联席会议上面提出来，该由谁解决就由谁来解决这个问题。每月召开的一次大党委会除了我们物业、社区居委会、运营管理公司的人外，还有派出所、城管这些部门的人来参加。由于这些部门不是每天都可以抽出时间让主要的领导人员开会，所以我们是每月召开一次，比较大的问题我们都会在大党委会议上提出来讨论、解决。社区大党委会议还会部署下个月的工作。

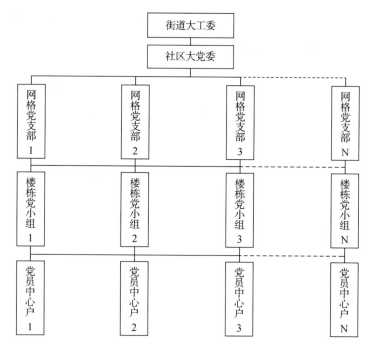

图 1-1　Q 社区的党组织体系

注：本图由笔者根据 Q 社区的社区简介绘制而成。

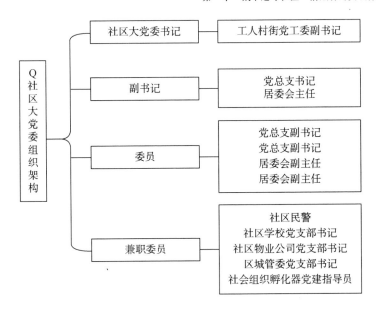

图1-2 Q社区大党委组织结构

注：本图由笔者根据Q社区的社区简介绘制而成。

为了强化社区党组织、居委会、房管中心和物业管理公司与居民的直接联系，Q社区内的15个网格都成立了网格党支部，将网格内各楼栋的在职党员、离退休党员、流动党员组织起来，组建成若干个楼栋党小组，围绕居民共同关心的社区治理问题，有组织地开展各类活动。①网格支部中的楼栋党小组按照"灵活、小型、多样"的原则"结对组建，设岗定责"，让党员在社区治理过程中"亮身份、亮职责、亮承诺"，发挥党员积极带头和密切联系群众的作用。党员中心户是Q社区党组织体系中最基础的部分，是通过党员自荐和群众推荐相结合方式在社区内选出的负责联系党员和服务群众等日常工作的党员家庭。党员中

---

① 根据网格内不同楼栋的住户数量，居民居住相对密集的1栋为1个网格，居民居住相对稀疏的2栋为1个网格，这样每个网格内各楼栋的党小组及与党小组联系的居民数量规模相对均衡。

心户的作用主要有三点：一是示范带动，主要包括宣传党的方针政策和国家法律法规，定期组织联系区域内的党员群众到家中学习、座谈和当好廉政监督员，对所联系党员遵纪守法、参与基层党建情况进行监督；二是发现问题，应当广泛听取党员群众的意见和建议，及时向党组织反馈，并定期汇报工作情况；三是服务群众，认真组织区域内党员参加志愿公益活动，主动为群众服务，为群众排忧解难。

Q 社区的居民大多数都是棚改回迁的原武钢集团退休职工，社区的党员中心户也多是原武钢集团的离退休党员家庭，这些党员同时也是网格党支部楼栋党小组或者社区社会组织的骨干成员。社区的党员对于社区的归属感和认同感更强，对于治理活动的参与积极性更高，也能够有效带动邻里参与社区治理活动。例如，原武钢集团退休的夏先生热爱曲艺，在社区大党委和居委会的支持下，发动社区其他有文艺特长的居民，通过社会组织孵化器孵化出 Q 社区曲艺社，由夏先生担任负责人和红色文化宣传队队长。夏先生表示：

> 我们开始人比较少，慢慢地一些有特长的老人看了我们的表演或者是听说了我们，觉得有意思，就加入了，规模就变大了。社区党委和区里的宣传部给我提供了不少乐器，居委会专门给我们安排了曲艺室。现在已经组建了京剧票友队、黄梅戏票友队和乐器队，每个队伍一个月会在社区的曲艺室活动一个星期。我们曲艺社经常会写一些关于高空抛物、河长制、社区养狗、公租房使用和垃圾分类的节目，在社区表演，为社区做宣传。现在我们出名了，有时候还会去其他的社区表演。

Q 社区在党组织建设过程中通过积极发动社区党员，建立了以社区党组织为核心的包括居委会、物业管理公司、运营管理公司、社区社会组织在内的多元共治主体结构。

"构建一套精准精细服务体系"和"打造四全服务机制"是 Q 社区治理的目标，在为社区居民提供服务的过程中，逐步发掘出三治融合的治理技术，构建起三治融合的规范体系。作为社会弱势群体集中的城市边缘社区，Q 社区居委会需要为居民提供大量的住房保障、劳动就业、民政救助、社会保障、老年人服务、残疾人服务和人口计生等方面的代办、代领和代收服务。为了实现服务的高效便捷，Q 社区利用互联网和大数据，通过网格化管理，实现了"预约在网上、代办在网格、服务在社区"。面对相当数量老年居民群体不能熟练使用电脑、智能手机等网络智能设备的情况，居委会采取分类分级的解决方法。对于通过学习可以掌握网上操作方法的老年居民，社区网格员依托网格党支部和青年志愿者群体，教会这部分老年居民使用"微邻里"公众号平台、"网格群聊"微信群进行网上报事和服务评价等简单操作，并进行邻里互助。对于不能完成操作的老年居民，网格员则会上门帮忙代办，保证居民能够享受公共服务。在通过社区网格为居民提供公共服务的过程中，Q 社区还构建起了一套较为完备的社区治理规范体系，明确社区网格问题处置制度，网格管理站及网格员的工作职责。这些规范是社区自治规范的组成部分，性质上属于非正式规范，补充了社区治理的正式制度。具体见表 1-1 至表 1-3。

表 1-1	Q 社区网格问题处置制度
1. 对于社区业务范围内的政策性问题,网格人员当场对群众进行答复或解决,并做好政策宣传工作	
2. 对于网格员职能范围之外,无法解决的事项,由网格员做好记录,带回社区分类,主要包括物业服务、党建与文明、民生服务、城管服务、综治服务等类别	
3. 根据问题分类情况,交由相应社区工作人员,帮助指导解决	
4. 社区职能范围内无法解决的事项,由社区工作者联系街道职能科室协调解决相应问题	

续表

5. 对问题事项建立销号式管理制度,明确处理解决期限,完成处理后,由网格员向网格内的服务对象反馈问题处理结果

表 1 - 2 **Q 社区网格管理站工作职责**

1. 负责网格员的日常管理工作,建立健全工作考核、服务承诺、工作例会、巡查排查等各项工作制度,并认真组织实施

2. 在区网格化指挥中心、街道网格管理中心和区直相关部门的指导下,组织网格员综合履行信息采集等八项职能

3. 负责建立社区网格工作队,在网格管理站和网格员的统一组织下参与社区综合服务管理

4. 指导社区网格员建立各类工作台账,建立网格员工作实绩档案

5. 在街道网格管理中心指导下,组织社区居民和驻社区单位,对网格员开展评价考核工作

6. 其他网格综合服务管理工作

表 1 - 3 **Q 社区网格员工作职责**

1. 全面走访社区居民,及时采集、录入人口、房屋、单位等基础信息,做到底数清、情况明、信息准

2. 经常性开展巡查工作,每个工作日至少巡查 2 次。及时了解、解决居民的意见、建议和诉求,排查、化解治安、安全隐患,矛盾纠纷和不稳定因素

3. 受理各类社区事务工作。综合履行或组织协调网格团队成员履行社会治安、社会保障、劳动就业、计划生育、城市管理、安全生产等服务管理职责

4. 组织开展党建工作,组织成立网格党支部,做好网格党支部的各项党建工作

5. 开展宣传发动工作。积极向居民群众宣传社会管理政策法规,动员居民加入群众交流信息平台,提高居民对社区服务管理的知晓率和参与率

6. 培育组建社区社会组织。积极培育引导社会组织、志愿者队伍参与社区服务管理工作,开展积极健康的文体娱乐活动和社会公益行动

7. 做好社区党组织、居委会和社区网格服务站交办的其他工作

二 重庆市 M 社区的基本情况

重庆市 M 社区是重庆市首个建成并投入使用的公租房社区，是西南地区集中建设的大型公租房社区，通过集中兴建的公租房开发建设模式建设而成，总共有公租房 55 栋 18292 套，总建筑面积 111 万平方米。M 社区的公租房于 2011 年 4 月建设完成并开始配租入住，常住人口约 39900 人。按照我国的经济区域划分，M 社区位于我国西部地区，经济发展相对靠后，居住在其中的居民主要是本市户籍的中低收入住房困难家庭。M 社区按照公共道路区隔形成的地理状况划分为 3 个网格，然后在网格内按照公租房楼栋单元分布情况，以 1—2 个单元为 1 个小网格，进一步细分出 27 个小网格，每个小网格由 1—2 名网格员进行服务和管理。M 社区内有房管中心和物业管理公司。前者由住房保障主管部门设立并管理，负责公租房的运营管理；后者由住房保障主管部门选聘并管理，负责公租房的物业管理。在涉及公租房运营管理的事务方面，社区居委会处于配合房管中心的地位。M 社区自开始配租入住以来，探索形成了党建引领的"1345"大型城市边缘社区的治理模式，建立了以居民需求为中心的社区组织体系，人防、物防、技防、心防"四防并举"，党的创新理论指导实践、党员示范带领引导实践、广泛志愿服务疏导情绪、定期检查评选督导行为、丰富文体活动倡导文明"五导服务"。

M 社区的三治融合实践以居民需求为中心，将社区居委会、房管中心和物业管理公司作为社区治理的"三驾马车"，通过"三驾马车"并驾齐驱为社区居民提供公共服务。M 社区治理的"三驾马车"并驾齐驱是在外部行政力量支持下，社区内居委会、房管中心和物业管理公司三方治理主体联动的形象表达。其中，居委会在街道办的指导下开展社区治理并协助街道办事处完成行政任务；房管中心由住房保障主管部门设立并管理，负责公租房的运营管理；物业管理公司由住房保障主管部门选聘并管理，负责公租房的物业管理，如图1-3所示。在具体联动过程中，一般由社区居委会牵头，房管中心和物业管理公司在各自的职责范围内配合居委会完成社区治理活动。但是，根据社区治理事项的性质，"三驾马车"之间的地位也偶有变化，如涉及公租房运营管理的事项，房管中心处于先头位置，社区居委会和物业管理公司处于配合地位。并且，M社区为实现"三驾马车"并驾齐驱的常态化和制度化，发挥党建引领的作用，通过社区大党委整合社区内的各种治理资源为"三驾马车"指明驱动方向并提供驱动力，借助社区党建网格铺设出"三驾马车"驱动的路径。

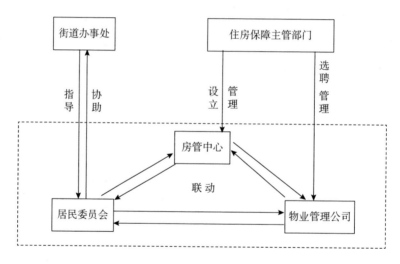

图1-3　M社区治理"三驾马车"关系

注：本图由笔者根据M社区的社区简介绘制而成。

社区大党委是M社区三治融合的政治核心，是社区"三驾马车"行动的决策主体。M社区大党委由街道党工委副书记担任第一书记，体现着街道党委对于社区党委的直接领导。M社区的居委会主任同时也是社区大党委的书记，保证社区治理过程中居委会处于牵头地位。社区大党委设有副书记和专职委员，房管中心的支部书记、物业管理公司经理

和社区小学校长也是社区大党委的委员，如图 1-4 所示。社区大党委
的委员构成反映出社区基层党组织对于社区治理资源，尤其是公租房运
营管理资源和物业管理资源的整合。这种整合改变了以往社区各治理主
体"各吹各的号，各唱各的调"的离散状况，让治理资源贫乏的公租
房社区能够集中多元主体的力量，通过党建联席会议做出决策，制定社
区党建的工作计划，处理社区的日常事务和应对突发情况。

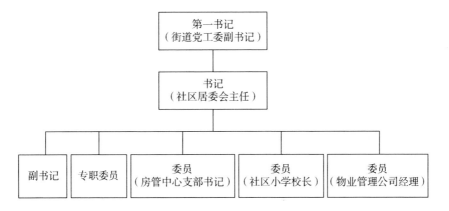

图 1-4 M 社区大党委组织结构

注：本图由笔者根据 M 社区的社区简介绘制而成。

为充分发挥基层党组织在三治融合中的领导作用，M 社区大党委制
定了《社区党支部第十届任期工作目标》和《2020 年党建工作计划》，
并在社区事务公示栏向社区居民公示。根据 M 社区党支部第十届任期
工作目标，社区党支部在任期内要通过"三个强化"，注重"四个引
导"，实现"五个好"的基层党组织建设目标，具体措施包括加强自身
建设，发挥领导核心作用，做到领导班子好；抓好党员教育，发挥先锋
模范作用，做到党员队伍好；健全各类机制，提升党建工作水平，做到
工作机制好；关注民生，强化社区服务功能，做到工作业绩好；营造和
谐氛围，实施群众满意工程，做到各方面反映好，见表 1-4。M 社区
2020 年党建工作计划强调从思想、组织和纪律三个方面进行社区党组

织的建设：一是加强政治思想建设，筑牢思想根基；二是加强基层党组织建设，建强战斗堡垒；三是加强作风纪律建设，培育优良作风，见表1-5。M 社区大党委将党组织建设与社区公共服务目标相结合，保证基层党组织能够作为政治核心在社区三治融合中领导实践、带头行动。

表 1-4 　　　　　　　　M 社区党支部第十届任期工作目标

指导思想	目标任务		工作措施	
深入学习贯彻党的路线、方针、政策和习近平总书记系列重要讲话精神	一个要求	全面从严治党	（一）加强自身建设，发挥领导核心作用，做到领导班子好	1. 明确党组织工作职责
				2. 加强教育培训
重庆市委、两江新区党工委，金山街道党工委的总体工作部署	两个创建	"学习型"党组织	（二）抓好党员教育，发挥先锋模范作用，做到党员队伍好	1. 加强党员理论学习
		"和谐示范社区"		2. 严格组织生活制度
	三个强化	强化党建工作活动载体		3. 做好党员发展工作
		强化服务民生		
		强化五大发展理念		
充分发挥社区党委在党的建设和各项工作中的领导核心作用	四个引导	引导辖区单位"共驻共建共享"	（三）健全各类机制，提升党建工作水平，做到工作机制好	1. 健全党建工作协调机制，加强社区党建工作制度建设
		引导社区党员起好骨干带头作用		2. 保障党建工作顺利展开，党委书记履行第一责任人职责
		引导广大居民崇尚文明、道德新风尚	（四）关注民生，强化社区服务功能，做到工作业绩好	1. 坚持错时上班，节假日轮班制度
				2. 持续开展关爱空巢老人特色服务活动
		引导全体居民奉献爱心、助人为乐		3. 积极开展低碳社区创建试点工作
				4. 拓展文体活动载体，开展居民健身活动和文体活动

续表

指导思想	目标任务		工作措施
充分发挥社区党员的先锋模范作用	五个好基层党组织目标	领导班子好	（五）营造和谐氛围,实施群众满意工程,做到各方面反映好	1. 健全服务保障体系,实施便民工程
		党员队伍好		2. 重视关爱弱势群体,实施奉献爱心工程
		工作机制好		3. 加强生态文明建设
		工作业绩好		
		群众反映好		4. 开展社会治安综合治理,实施居民安心工程

注:本表由笔者根据 M 社区的公示信息制作而成。

表 1-5　　　　　　　　　M 社区 2020 年党建工作计划

一、加强政治思想建设,筑牢思想根基	（一）营造风清气正的良好政治生态
	（二）严肃党内政治生活
	（三）切实加强和改进意识形态工作
	（四）扎实开展"不忘初心,牢记使命"主题教育
二、加强基层党组织建设,建强战斗堡垒	（一）推进基层党组织规范化建设
	（二）提升城市基层党建整体效应
	（三）严格党员队伍管理
	（四）党建特色品牌提档升级
	（五）做好非公企业摸排工作
	（六）深化党建带群建工作
三、加强作风纪律建设,培育优良作风	（一）严格落实作风建设制度
	（二）坚决纠正"四风"问题
	（三）加强纪律教育和政德教育

注:本表由笔者根据 M 社区的公示信息制作而成。

在社区日常事务和应对突发情况方面，M 社区党委书记以新冠疫情防控为例对社区大党委为"三驾马车"指明驱动方向并提供驱动力的机制做了解释：

> 我们是公租房社区，和商品房小区比起来，居民数量多，居住很密集，外来人口多，人员流动大。这给我们抗击新冠疫情造成了很大的压力。不过，好在我们社区居委会和房管中心、物业公司一起做"联防联控、群防群控"，保证了我们社区的防控效果。我们接到街道办的通知后，第一时间召开了社区大党委的党建联席会议，对居委会、房管中心和物业公司的工作都做了详细安排，每项工作都安排了具体的负责人。我们社区居委会这边负责牵头，带着房管中心和物业公司的人直接到每个楼栋做入户登记、人员摸排、物资发放和防疫宣传。房管中心那边会通过他们的信息管理平台把居民的登记信息进行分类，按照哪些是在外地没回来的、哪些是从外地回来的、哪些是从湖北回来的进行分类，做成名单交给我们，我们按照名单和他们一起做摸排和重点人员监控。物业公司则负责做好门禁、测体温、进出人员登记还有消杀的工作。封闭管理那段时间，一开始是由我们负责统一进行物资采购，由工作人员送到楼栋。疫情没那么严重之后，我们就按照摸排后的名单给居民发通行证，每户每 3 天可以有 1 个人拿着通行证出去买东西，物业公司按我们的通行证做好审核和登记，每天都会有信息汇总。这期间，特殊情况的处理，重要工作的安排和调整都是由我们党建联席会议开会决定的。

社区党委的领导保证了社区居委会、房管中心和物业管理公司的沟通协调和行动一致，使城市边缘社区治理能够有序开展。

在 M 社区，党建网格是社区党组织与居民直接联系的纽带，是党员发挥引导、示范和密切联系群众作用的组织基础，也是社区"三驾马车"

并驾齐驱将社区决策落实为社区公共服务的路径。由于 M 社区是居民数量众多且居住密集的大型公租房社区，社区的党建网格采取三级结构：M 社区整体作为一个总网格，由社区党委书记作为总网格长统筹社区的网格化管理；在总网格之下按照地理空间格局有 3 个网格，各自分别安排网格长和管理员各 1 名，负责网格内社区治理工作的落实；在网格内，根据楼栋的分布进一步按照楼栋单元划分出楼栋小网格，每个楼栋小网格由 1—2 名网格员服务和管理。网格长和网格管理员将每个小网格的网格员、物业管理公司员工、房管中心工作人员、社区志愿服务工作者组织起来，形成"专职网格员 + 社区工作人员 + 志愿者"服务队伍，按照社区党建联席会议的工作安排为居民提供精细化服务，如图 1 - 5 所示。在新冠疫情期间，M 社区三个网格的网格长和网格管理员发动网格内的在职党员和居民党员加入服务队伍，组成了"楼栋守护登记队""生活物资配送队""疫情防控核查队""疫情防控宣传队"，为社区居民提供防疫抗疫服务。

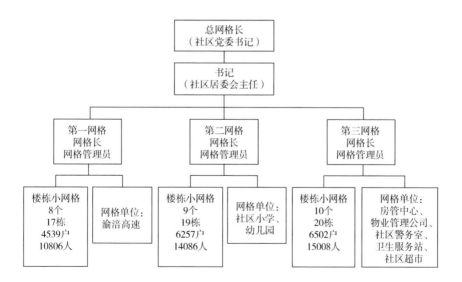

图 1 - 5　M 社区党建网格结构

注：本图由笔者根据 M 社区的社区简介制作而成。

就社区公共服务的内容而言，M 社区人防、物防、技防、心防"四防并举"，通过党的创新理论指导实践、党员示范带领引导实践、广泛志愿服务疏导情绪、定期检查评选督导行为、丰富文体活动倡导文明进行"五导服务"。"三驾马车"在为居民提供公共服务的过程中，既重视传统治理方式与现代治理技术的结合，也强调政策解释与规范约束的并用。在新冠疫情期间，为了满足封闭管理期间居民的房屋报修、租金缴纳和租约续签的需要，M 社区充分运用"大数据 + 网格化"的治理技术，通过"渝快办"网上办事平台和"网格群聊"实现网络、电话报事报修和 App 缴费。通过传统的网格化治理方式和现代化的大数据治理技术相结合，M 社区在网格内实现公共服务的同时，避免了因为集中签订公租房租赁合同和专项修缮等活动造成的人员聚集。

在推进垃圾分类的过程中，M 社区居委会、房管中心和物业管理公司三方联合在每个楼栋公布了《垃圾桶撤除告知书》。一方面，在《垃圾桶撤除告知书》中向居民解释推行楼层撤桶的原因，并安排志愿者在各投放点进行垃圾分类指导，争取社区居民对于楼层撤桶的理解和支持，减少政策执行过程中的阻力。《垃圾桶撤除告知书》从社区居民最关心的公共安全和公共卫生方面对于楼层撤桶的原因做出了解释："一是楼层的垃圾桶常设置在消防通道，而垃圾在消防通道堆积时，也变成了危害广大居民朋友生命财产安全的重大隐患；二是重庆高温天气多，在相对密闭的空间，容易滋生蚊虫等，易于传播各类疾病，不利于大家健康；三是撤出楼层生活垃圾桶全面把控分类进展，精准实施定向指导，切实提高分类效果，是推行垃圾分类的重点关键环节。"另一方面，在《垃圾桶撤除告知书》中向居民说明不分类投放垃圾行为和随意抛撒垃圾行为的法律后果，增强了居民对于垃圾分类的规则意识和责任担当。M 社区直接明了地将"对未分类投放和随意抛撒垃圾的个人，将由执法部门依照《重庆市生活垃圾分类管理办法》第 33 条的规定责令限期整改，逾期未整改者将处以200元以下罚款"写入《垃圾桶撤除告知书》。M社区将政策解释与规范约束并用，保证了"楼层撤桶"得以顺利实施。

三 深圳市L社区的基本情况

深圳市L社区是深圳市采取地铁上盖的配建方式建设的公租房社区，与周边的商品房社区和商业区配套建设，是华南地区配建的较大规模公租房社区，总共有公租房24栋12363套，总建筑面积70.89万平方米。L社区的公租房于2015年建成并开始配租入住，常住人口约35000人。由于L社区位于我国经济相对发达的东部沿海地区，居住在其中的居民主要是外来务工人员和新就业的无房职工。社区划分为13个网格，没有专门的网格员，每个网格由物业管理公司安排2名楼栋管理员负责日常的服务和管理。L社区公租房的运营管理和物业管理均由物业管理公司直接负责，社区居委会指导物业管理公司的工作。深圳市L社区虽然与周边商品房社区和商业区配套建设，但是城市边缘社区的特殊性决定了L社区的治理模式与其他商品房社区"一核多元"的治理模式存在明显区别，采取以物业管理服务为中心的社区治理模式。L社区公租房的运营管理和物业管理均由物业管理公司直接负责，社区居委会指导物业管理公司的工作，社区治理活动以物业管理服务为中心展开。

深圳市L社区是以混居方案解决城市边缘社区社会融入问题的地方实践，由深圳市住房保障署提供政策支持，深圳地铁集团地产公司以地铁上盖的配建方式在开发建设周边商品房社区和商业区的同时开发建设而成。所谓"地铁上盖"是指在地铁线路建设的过程中，在地铁线路上方完成房地产的开发建设。"配建"是新建公租房的方式之一，指政府以向开发商提供土地供应优惠、税费优惠和金融优惠作为政策支持，要求房地产开发商在商品房建设项目中配建一定比例的公租房，并在开发建设完成后将公租房所有权以有偿回购或无偿移交的方式转让给住房保障主管部门或者住房保障主管部门设立的公租房运营单位。[①] 住房保障主管部门期望通过配建的方式实现商品房社区与城市边缘社区形成混居的格局，消除因为居住分异造成的社会融入问题。L 社区的物业管理公司属于深圳地铁集团地产公司设立的子公司，在深圳地铁集团地产公司将 L 社区的公租房所有权转让给深圳市住房保障署后，受深圳市住房保障署的委托进行 L 社区的公租房运营管理和物业管理。因而，L 社区没有设立专门的公租房运营机构，社区治理活动也围绕物业管理服务展开。

L 社区以配建实现混居的开发建设方式对于社区居委会的组建也产生了直接影响。由于 L 社区与周边的商品房社区配建且社区治理以物业管理服务为中心，社区并没有组建成熟的社区综合党支部，也没有独立的社区工作站，而是与周边商品房社区共属一个党支部和社区工作站。L 社区的居委会属于"一站两居"中的"两居"之一，但是社区工作独立开展，社区居委会仅有 5 名负责日常工作的正式成员。这导致 L 社区未能采取在深圳市商品房社区普遍实行的"一核多元"社区治理模式，而是采取以物业管理服务为中心的社区治理模式。在"一核多元"社区治理模式下，社区采取"1＋3＋N"的组织体系，其中，"1"是作为政治核心的社区综合党支部；"3"是指社区内主导公共服务的"三驾马车"，即社区工作站、居委会和社区服务中心；"N"则包括驻辖区的企事业单位、业主委员会、社区社会组织等其他主体。L 社区以物业管理服务为中心的社区治理模式组织体系较为简单，社区居委会在街道办事处的指导下开展社区的公共事务处理工作，物业管理公司受住房保

---

① 李克武、张璐：《开发商公租房配建义务：来源、性质和内容》，《江汉论坛》2019 年第 6 期。

障署的委托负责公租房的运营管理和物业管理。在处理社区公共事务过程中，社区居委会作为基层自治组织指导物业管理公司的工作，物业管理公司协助居委会完成社区公共事务处理工作，如图1-6所示。

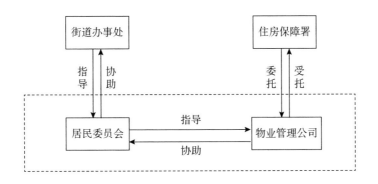

图1-6　L社区治理主体的组织体系

注：本图由笔者根据L社区的社区简介制作而成。

社区居委会正式成员的不足也导致L社区的党建工作和网格化管理未能有效开展，社区内日常事务的处理和突发情况的应对主要依靠社区居委会与物业管理公司的联动。一方面，社区内的党建工作主要依靠与周边商品房社区共属的党支部完成，只能召开居委会与物业管理公司的党建联席会议处理社区的公共事务。另一方面，社区虽然划分为13个网格，但是每个网格没有专门的网格员，而是由物业管理公司安排2名楼栋管理员负责日常的服务和管理。前文提及的L社区因为没有足够的网格员，导致新冠疫情期间实际入住人信息登记工作任务陡然加重，就体现了社区网格化治理未能有效展开的窘境。对于这种窘迫的境况，L社区的居委会主任解释道："我们社区的工作人员只负责日常事务就已经很忙了，尽管党建工作想和其他兄弟单位一样做好，但是确实没有足够的人手和时间。现在我们居委会只有5名正式成员，每个网格不可能配齐网格员，只有5名聘任的录入员完成居民信息录入。所以，社区党建工作和网格化管理主要由物业管理公司协助完成。每周我主持居委会和物业管理公司的党建联席会议，对工作进行分工，将一部分工作安排给物业管理公司，大家共同完成。其实也可以说就是居委会指导他们物业管理公司工作，他们人手多，社区的很多事都是由他们直接完成的。"

物业管理服务是 L 社区公共服务的核心内容，不仅直接负责社区内的物业管理，并且将公租房运营管理服务的内容也囊括到物业管理服务范围内。L 社区物业管理公司以楼栋为单位建立了物业服务沟通微信群，群内成员包括楼栋内的居民、楼栋管理员、物业管理公司的客服部主任、居委会主任。居民可以在群内报修和反映问题，楼栋管理员在接到报修通知后及时解决问题或者上报物业管理公司进行维修。问题解决或者维修完成后，楼栋管理员在群内向住户反馈。物业管理公司的客服部主任和居委会主任则可以通过微信群实现对物业管理服务的监督。每个月的月底或者下个月的月初，楼栋管理员都会在群内发布物业服务工作动态，从客户服务、安保工作、消防安全工作、环境管理工作、设备设施维护五方面总结物业管理公司的月度工作，见表 1-6。同时，物业服务沟通群也是社区治理活动的通知群和居民意见交流群，住房保障署、街道办事处、社区居委会、物业管理公司的重要通知都会在群里发布，居民对于社区治理的意见也可以在群里提出和讨论。

表 1-6　　　　　　　　　L 社区 11 月物业服务工作动态

客户服务	客服来电 1142 次，来访 716 人次，开具搬家条 45 次，办理居住证明 3 次，办理停车卡 4846 台，报修工单 2118 单； 持续开展晨送晚迎工作，排查高空坠物工作 8 次，消除安全隐患 14 起； 物业助理巡查楼道 15 人次，清理大件物品 758 件； 物业服务回访工作 167 户

安保工作	社区进出口日常体温检测和外来人员体温检测登记共计 3 万余次； 开展消防、反恐应急演练、礼节礼貌培训共 3 次； 每日白天及夜间巡逻 8 次； 规整乱停乱放车辆，清理电动单车共 248 辆； 出动 4 次清理消防通道物品，清理杂物 38 车； 累计 5 次协同医护人员为住户保驾护航
消防安全工作	1—24 栋消防系统联动测试：测试烟感 924 个，手报 168 个，警铃 174 个，声光 66 个，风阀 66 个； 开展 119 消防宣传，楼梯间喷涂 340 个警示标语； 早晚高峰期组织人员疏导桂弯三路交通 60 人次； 1—24 栋消火栓翻新美化，刷漆 124 处
环境管理工作	每日 3 小时垃圾分类指导； 绿化补苗 640 平方米，草坪整改 13 处； 清理绿化带白色垃圾 4 次，下水道地漏盖落叶 2 袋； 公共区域及办公区域消杀 4 次，消毒 120 余次
设备设施维护	公共区域墙面刷漆美化，共计 500 平方米； 疏通排污主管 3 处，排污垃圾 150 升； 制作并安装新晾衣竿 62 根； 16 米沙地硬化 100 平方米，消除沙地棱角伤人安全隐患； 室内维修 999 单，公共维修 671 单，弱电维修 327 单，电梯维修 138 单，跟进渗漏水维修 166 单

注：本表由笔者根据深圳市 L 社区物业管理公司的公示信息制作而成。

　　L 社区居委会在物业管理服务之外，根据社区低收入困难群体多的情况，将"为困难群体服务"作为社区公共服务的特色，把有限的社区治理资源集中整合到为困难群体提供公共服务方面。例如，在中秋节期间，L 社区居委会和物业管理公司共同组织和举办了"情系弱势群体，传递社会关爱"主题活动和"'智享智娱'社区长者享乐计划"主题活动。前者面向社区弱势群体，不仅为社区弱势群体提供了生活用品等物质帮助，也为其提供了技能培训和就业指导；后者面向社区老年居民，由社区志愿者帮助社区老年居民掌握社区智能存储柜、智能健身设备的使用方法，熟悉运用智能手机 App 进行缴费、报修的操作流程，体验互联网技术带来的全新文化娱乐内容。同时，L 社区居委会也在社区内招募志愿者在社区社会文化中心值班，确保社区社会文化中心的活动室和健身房能够长期向居民开放。为了维护居民在社区社会文化中心享受公共服务的有序和安全，社区居委会专门制定了每个活动室的活动规则。如对于使用频繁的小剧场，居委会在《小剧场活动规则》中明确规定："使用人需提前一周填写申请报告单，由小剧场管理人员安排使用"；"小剧场管理人员有权制止在剧场内举办与呈报内容不一致的活动"。

第二节　三个样本社区三治融合的具体实践

在各自的总体性治理模式下，Q、M、L 三个样本社区三治融合实践呈现出不同的具体样态。这些具体样态也可以简要归纳为不同的城市边缘社区三治融合治理模式。尽管城市边缘社区三治融合实践丰富多彩且饱含经验智慧，但也存在相应的不足之处，然而囿于研究开展的客观条件、研究者的主观能力和文章篇幅，本书只能择其要者进行有限的展示和简要的分析。

一　武汉市 Q 社区的具体实践

（一）过程考察

武汉市 Q 社区以多元共治主体结构为基础，在提供社区服务的过程中，形成了自治做主线、法治保底线、德治树高线的三治融合治理模式。为展示这种三治融合治理模式的运行过程，本书分别选取"天天敲门组""顺顺吧""道德讲堂"的具体实践作为考察对象。

1. 自治做主线

Q社区整合社区内的治理资源，激励社区社会组织自主参与社区治理，为社区居民提供服务。"天天敲门组"上门进行政策宣传，收集居民意见，及时解决问题；"志愿者之家"动员社区志愿者为居民提供各种特色服务；"社会组织孵化器"为居民自发组建社会组织实现自我服务提供指导和帮助。其中，"天天敲门组"是武汉市Q社区探索出的独特经验。

"天天敲门组"是以社区网格员为核心成员组建的社区备案组织，每天敲门的具体人员较为灵活多样，根据工作需要和居民的需求，由物业管理公司或运营管理公司的工作人员、民警、城管、义工、医生、律师参与。"天天敲门组"每天在固定的时间段（上午九点到十一点和下午三点到五点）敲门入户，并在实践中与居民形成了默契。"天天敲门组"在工作中还总结出"天天敲门18法"，即真情感化法、见缝插针法、巧借机遇法、以帮促进法、问计于民法、群众议事法、志愿活动法、文体参与法、邻里结亲法、家庭带动法、"互联网+"法、需求摸排法、政策宣传法、矛盾化解法、小事关爱法、网格互动法、组团服务法以及节日送情法，见表1-7。每个网格员都有公租房运营管理公司提供的居民基本信息，网格员会在敲门入户的过程中对信息进行更新。每个网格员刚接手时要把网格内所有的门户全部敲一遍，核对基本情况，了解特殊情况，根据已有的和入户搜集到的信息对居民进行分级分类，不同类别、不同等级的居民入户频次有所区别。只有对于高龄、空巢、残障人士等生活特殊困难群体才会每天敲门入户，为他们提供服务，同时防止发生意外情况。

此外，"天天敲门组"还发挥了自我组织的功能，不仅很多楼栋长、志愿者、社会组织的成员都是"敲"出来的，而且社区居委会、物业管理公司和运营管理公司也常常依托"天天敲门组"展开三方联动。社区居委会的一位副主任在介绍"天天敲门组"工作经验的时候表示："我们好几个楼栋党小组的成员还有楼栋长都是"天天敲门组"敲门的过程中发现的，还有像我们为社区老人提供理发、修伞、修家电的志愿者，曲艺社、手工文化吧的成员，也都是在敲门的时候发动起来的。他们给我们的工作也提供了很大的帮助，比如楼栋长和居民都比较熟悉，居民也信任他们，宣传政策和处理纠纷有他们的参与，我们的工作轻松很多。当然，对于一些比较复杂的工作任务或者矛盾纠纷，还是需要我们在天天敲门的过程中进行三方联动处理，楼栋长和志愿者会辅助我们工作。"

表1-7　　　　　　　　　**天天敲门18法**

1. 真情感化法：对儿女不在身边的辖区空巢、孤寡老人，上门探望、谈心拉家常，排解老年人内心郁结，用真情拉近距离

2. 见缝插针法：针对工作时间家中无人的上班族，抓住午饭、晚饭时间，上门入户

3. 巧借机遇法：结合发放社区黄页、文明创建宣传物品等工作上门入户，对入户情况建立信息库，确定户访重点

4. 以帮促进法：针对困难家庭、留守儿童家庭，上门关爱帮扶、辅导功课，在力所能及解决困难和问题的同时收集住户信息

5. 问计于民法：针对社区环境、社区服务等问题，上门入户收集居民意见建议，凝聚群众智慧

6. 群众议事法：针对社区电梯、消防、物业等与群众切身利益相关的事情，上门入户寻求群众意见，并商讨解决办法，让居民有了主人翁意识

7. 志愿活动法：组织楼道清理、守绿护绿等社区志愿活动，广泛动员居民走出家门、走进社区，以参与社区志愿服务的方式，拉近"天天敲门组"与居民之间的距离

8. 文体参与法：通过文化惠民工程，开展各类社区文体活动，邀请社区居民积极参与，感受社区文化，提升个人素养

9. 邻里结亲法：组织楼上楼下、邻里左右结对帮扶需要关照的困难群体，形成邻里和睦、守望相助的氛围

10. 家庭带动法:通过与每户家庭中的至少一人建立联系,从而带动整个家庭支持、参与社区活动和建设
11. "互联网 + "法:通过建立社区、网格微信群、QQ 群等新型互联网方式,将社区居民紧密联系在一起,特别是上班族等适应互联网方式的年轻人群
12. 需求摸排法:上门入户了解居民关于社区体育健身、活动场所、社会保障文体娱乐等方面的需求,建立民情日志,深入掌握群众多元化的需求
13. 政策宣传法:向居民宣传低保、医保、社保及公租房等惠民政策法规,向有需求的居民提供讲解代办服务
14. 矛盾化解法:针对有矛盾纠纷的住户,上门入户为居民协调家庭矛盾、化解邻里纠纷,让居民更顺心顺气
15. 小事关爱法:通过为有需要的居民更换电灯泡、修理水管、清理煤气灶等小事,拉近居民群众距离,体现社区关爱
16. 网格互动法:建立网格微信群,通过网格员天天入户走访的机会,发挥"两长四员"骨干作用,加强网格互动,让网格内的成员相互关照,相互帮助
17. 组团服务法:通过"在职党员进社区"、认领群众"微心愿"活动,发挥辖区共驻共建单位独特优势,解决群众实际困难
18. 节日送情法:利用传统节假日,上门入户为困难居民送粽子、送年货、送祝福,体现社区关爱,温暖民心

2. 法治保底线

Q 社区重视社区各种制度建设和法治宣传,营造社区知法守法、学法用法、爱法护法的社区风尚。开设"顺顺吧",由专业的人民调解员在社区调处邻里间纠纷;形成"律师天天见"的制度,为居民提供法治讲座、法律咨询和纠纷解决等法律服务;开展"万警进社区"活动,在社区扫黑除恶,维持社会治安,保障居民的人身财产安全。其中,"顺顺吧"和"律师天天见"为社区居民持续提供法律公共服务,充分体现了法治方式在武汉市 Q 社区治理中的运用。

"顺顺吧"是以人民调解委员会为基础组建的法律公共服务组织，主要进行社区矛盾的调解，兼有征求居民意见的功能。"律师天天见"则属于购买法律公共服务，律师在社区值班，参与纠纷调解并为社区居民提供其他法律公共服务。Q社区居民及其利益的异质性强，居民与物业管理公司和运营管理公司以及居民之间容易产生纠纷。对于这些纠纷，"顺顺吧"同样采取分类分级的解决方法，如对于简单纠纷，"顺顺吧"的调解工作者、值班律师作为"天天敲门组"成员，在敲门入户的过程中及时解决纠纷；对于较为复杂的纠纷，会在"顺顺吧"的矛盾调解室进行调解，必要时还会要求社区居委会、物业管理公司和运营管理公司的负责人参与调解；对于复杂纠纷，"顺顺吧"进行初步调解之后由居委会上报有关部门或者由律师提供进一步的法律服务。社区律师除了参与纠纷调解外，还会参与社区公约、日常制度和物业服务合同的审查并提出法律意见，举办一个月一次的社区法治讲座，为居民维权提供法律咨询等公共法律服务。在社区公共法律服务过程中，Q社区逐步建立起了"顺顺吧"工作制度、矛盾调解室工作制度和社区律师工作制度，实现了社区法治的常态化和制度化，见表1-8至表1-10。

表1-8　　　　　　　　Q社区"顺顺吧"工作制度

1. "顺顺吧"主要负责小区范围内居民群众的顺心顺气工作
2. "顺顺吧"服务的主要对象是辖区内的居民群众
3. "顺顺吧"通过谈心说事,解决居民群众鸡毛蒜皮的小事,让居民群众的气顺了,烦心事了了,从而过上快乐的生活
4. "顺顺吧"的服务内容:排除居民群众的心理困扰,疏导居民群众的紧张情绪,解决居民群众的内心困境,开展居民群众心理健康服务
5. "顺顺吧"开放时间:每周一至周五上午8:30—12:00,下午14:00—17:30

表 1 - 9　　　　　　　　Q 社区矛盾调解室工作制度

1. 各居民小组每周组织一次矛盾纠纷排查活动,及时掌握重点矛盾纠纷和不稳定情况
2. 每半月召开一次矛盾纠纷排查调处情况分析会,研究防范和处置措施
3. 对排查梳理出的重点矛盾纠纷,及时向街道综治办报告,并组织力量集中调处
4. 对社区调处的矛盾纠纷进行跟踪督办,并定期向社区领导报告调处情况
5. 对经调处达成协议的矛盾纠纷要及时回访,督促当事人履行协议。如一方当事人不履行义务,经对方反映后,应及时做好当事人的工作,督促其履行协议
6. 对矛盾纠纷排查调处工作不力,致使矛盾久拖不决的,实行逐级责任倒查,由社区或街道做出处理意见
7. 调解工作人员因工作失职导致矛盾激化,造成严重后果的,按照有关规定追究其责任

表 1 - 10　　　　　　　　Q 社区律师工作制度

1. 拥护宪法、法律和国家政策
2. 服从市司法局社区法律顾问示范工作领导小组的管理,遵守并执行示范工作相关文件和制度
3. 公道正派、作风扎实、熟知民情民意、热心公益事业
4. 遵守工作时间,不得无故缺席
5. 提供服务时,语言、举止文明,态度端正,严谨认真,实事求是,热情服务,耐心解答
6. 认真填写工作日志,接待记录,做到每日一记、每事一记
7. 对可能引发群体、集体上访等重大、重要或敏感事项及案件,做好和收集相关资料,并及时上报律所和司法部门
8. 严格遵守廉洁自律、治庸问责的各项制度、规定,严禁吃、拿、卡、要等行为,杜绝乱作为、不作为、慢作为和慵懒散漫现象

3. 德治树高线

在德治方面,Q 社区注重社区公德和精神文明建设,通过开展各类社区居民喜闻乐见的文化活动,滋养居民的公共精神,以道德文化引导和凝聚社区居民。一方面,根据社区不同居民群体的差异化需求开展各种类型的文化活动，如社区"四点半学校"为社区儿童提供了一个课余时间学习的场所，"毛明月工作室""妇女之家""和居棋社""和居曲艺""和居书画""手工艺吧"则为社区老人提供了丰富的文化活动；另一方面，通过"新时代展馆""道德讲堂""红色电影院"等为居民传播科学知识，培育居民的道德情操，并通过在社区内每年组织评选最美志愿者、最美社工、最美物管的方法树立典型，充分发挥他们的模范带头作用。

武汉市 Q 社区每月举办一次的道德讲堂是德治方式运用于社区治理的反映。为避免过于松散和流于形式，Q 社区制定了道德讲堂管理制度，安排专人负责日常工作，制定年度和月度计划，按照"让群众教育群众"的原则，主要通过社区内有榜样作用的居民和评选出的最美志愿者、最美社工、最美物管向居民讲述身边的道德事迹，达到道德教育目标。一位在道德讲堂讲过课的社区志愿者在向笔者分享自己的经历时说："我们社区的道德讲堂不是像老师那样上课，也不讲什么大道理，而是给大家讲讲自己的事儿。我是社区里的一个志愿者，我就跟大家讲讲我平时在做些什么，还有就是把自己印象深刻的事儿给大家说说。社区让我去讲就是觉得我的这些事儿能够鼓舞大家，带动大家多为社区做志愿服务，多做好人好事儿。"道德讲堂在进行道德教育的过程中会对内容进行总结提炼，逐渐形成了社区内的道德规范，并且以社区文明公约的形式表现出来。在弘扬社会主义核心价值观的基础上，Q 社区的文明公约更加强调对于公共道德和社区制度的自觉遵守，对于公益活动和公共事务的主动参与，对于公共安全、环境卫生和公共设施的自主维护。

Q 社区文明公约

遵守公共道德，讲究文明礼貌；

邻里团结互助，参加公益活动；

遵守社区制度，监督服务质量；

注意防盗防火，保障社区安全；

爱护树木绿地，保持环境卫生；

节约自然资源，爱护公共设施；

经常沟通交流，开展健康活动；

经常进行锻炼，保持身心健康。

（二）效果分析

从笔者进行的问卷调查结果和收集到的其他相关资料来看，Q 社区的三治融合治理模式取得了一定的治理成效，能够基本实现公租房社区的有效治理，但是仍然存在一些不足之处，制约着治理成效的进一步提高。

1. 取得的成效

武汉市 Q 社区三治融合卓有成效，已经成为在全国范围内都具有示范意义的公租房社区治理模式。2018 年 4 月 26 日，习近平总书记在考察 Q 社区治理实践时对其治理成效给予了高度肯定。新冠疫情期间，Q 社区积极有效防控疫情，确保了社区居民的生命健康，社区党支部获评全国先进集体、先进基层党组织。Q 社区的调研数据表明，居民对于社区工作人员的满意度较高，表示满意的居民达到被调查居民总数的61%，还有 33% 的居民对社区工作人员表示一般满意，对社区工作人员不满意的居民仅占被调查居民总数的 6%，如图 1 - 7 所示。居民对于社区志愿组织在社区治理中的作用也有较高的认可度，超过半数的居民认为社区志愿组织在社区治理中发挥了很大作用，接近四成的居民认为社区志愿组织能够在社区治理中发挥一定作用，仅有 2% 的居民认为社区志愿组织在社区治理中完全没有作用，如图 1 - 8 所示。除了社区居民对于社区工作人员的满意度和对社区志愿组织作用的评价外，社区居民是否积极参与社区活动也可以反映出社区三治融合实践的效果。从问卷调查的结果来看，Q 社区居民参与社区活动的程度与邻近的 A、B

两个自有房社区相似。在被调查的 Q 社区居民中，有 24% 的居民认为自己较多参与社区活动，54% 的居民认为自己的参与程度一般，还有 22% 的居民认为自己较少参与社区活动，如图 1 - 9 所示。Q 社区的居民对于社区工作人员和社区志愿组织具有较高的认同度，参与社区活动的积极性也得到了调动。

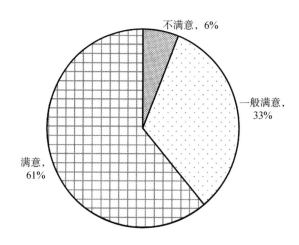

图 1 - 7　Q 社区居民对社区工作人员的满意度

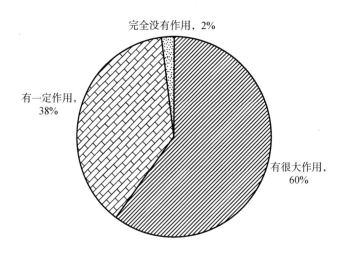

图 1 - 8　Q 社区居民对社区志愿组织发挥作用的评价

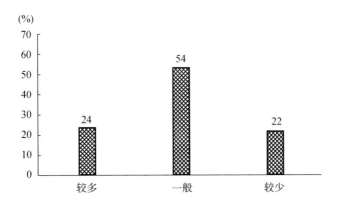

图1-9 Q三个社区居民参与社区活动的程度

首先，Q社区通过三治融合对社区居民群体进行了一定程度的整合，让居民群体之间更具相容性和凝聚力，并通过激励社区社会组织和党员中心户等关键群体，建立了更具包容性的社区内组织制度，提升了居民自我组织的团结意识。其次，Q社区在城市边缘社区管理正式规范的框架内，从"天天敲门组""顺顺吧""道德讲堂"等实践中的惯常做法和经验智慧中提炼出工作制度和文明公约等供社区各类治理主体遵守的非正式规范。这些非正式规范在社区治理组织体系支撑下，在社区内具有一定的示范作用和约束力。再次，Q社区让党员在社区治理过程中"亮身份、亮职责、亮承诺"，调动社区组织体系中多元主体的力量帮助党员中心户建立各种社区社会组织，将他们作为社区治理活动的发起者或先参与者，打破无人参与的僵局。最后，Q社区通过三治融合调整了自治权与行政权之间的关系，通过让住房保障主管部门及其委托的运营管理公司参与联席会议和三方联动的形式将行政权嵌入社区治理体系，借助社区多方主体共同行动消除外在的行政形式，突显社区自治的作用。

2. 存在的不足

当然，武汉市Q社区三治融合仍然存在一些有待解决的问题。其一，Q 社区的居民参与社区三治融合治理活动的数量达到一定规模后就不再增长，社区治理活动的作用范围有限。例如，社区举办的文化活动，虽然有"天天敲门组"上门宣传，但是除了发起或先参与的关键群体之外，大多数居民其实抱着可参加可不参加的态度。Q 社区的一位居民表示："社区有什么活动都是优先找党员或者他们组团去参与，我们顶多接到通知去凑个热闹。"其二，作为公权力主体的行政机关在联席会议中存在实质主导决策的倾向，联席会议制度往往成为一种非正式的行政授权委托制度，三方联动实质上成为行政任务执行方式。其三，三种治理方式未能在实践中有效融合，各自发挥的功能有限。如"天天敲门组"不能解决三治融合治理过程中三方联动公权力授予和行使的问题；"顺顺吧"对于一些国家正式规范调整的公共事务问题，例如公租房租金定价问题无能为力；"道德讲堂"感召和引领的功能没有得到充分发挥，社区内遛狗不牵绳、乱扔垃圾的情况仍然比较普遍。

二 重庆市 M 社区的具体实践

（一）过程考察

重庆市 M 社区在"三驾马车"并驾齐驱为社区居民提供公共服务的过程中，形成了自治做主体、法治做保障、德治做支撑的三治融合治理模式。本书选取"共治共享"的互助式自治、公租房退出规范的实施和"道德积分银行"的运行作为事例，考察 M 社区三治融合治理模式的具体实践。

1. 自治做主体

M 社区根据城市边缘社区居民不享有所有权而只能行使使用权的情况，强调使用权的思想，弱化所有权的观念，运用"共治共享"的社会工作理念，提升社区居民参与社区公共事务的自主意识。通过社区党建网格和互联网技术的运用，让社区居民之间更有黏合性，实现社区居民的自我互助，居民既是服务的提供者也是服务的享有者。

首先，M 社区大党委在社区确立了"改善淡薄冷漠邻居关系，形成共惠互利街坊格局，打造全市领先民生福地"的社区自治目标，提出助人自助的"楼层互助"理念。在社区网格员和网格服务队伍的示范带动下，"楼层互助"理念在社区内得到认可和传播，使越来越多的居民受到感召，参与社区治理，形成互帮互助的氛围。M 社区 26 栋的居民张女士在社区垃圾分类的过程中担任 26 栋至 29 栋的志愿者，对于"楼层互助"理念，她有着这样的认识：

> 现在社区和网格员都在宣传"楼层互助"，其实就是让我们大家互相理解、互相帮助。我住到社区的时候没有工作，社区居委会帮我安排了在物业公司做保洁员的工作，就是在这片区域做保洁。社区通知要招垃圾分类志愿者的时候，我就报名了，这个也算和我自己的工作相关。楼层撤桶之后，有些年轻人把外卖盒子留在楼道里，我在清理的时候看见了，会根据外卖单提醒他们。提醒过后，他们就会主动拿下来丢掉。为了攒钱，我在做保洁的时候也会把纸盒子收集起来，等每天收废品的人来了我就卖掉。这些年轻人快递多，有纸盒子就会主动给我，也算是对我的帮助。

除了居民之间基于"楼层互助"理念自发开展的互帮互助活动外，M 社区还围绕"睦邻互助、家有好邻"主题筹建"睦邻互助会"，设立社区互助基金，尝试将这种居民的互帮互助自组织化。

其次，M 社区以"专职网格员＋社区工作人员"作为服务队伍的主干，发动社区内的居民参与志愿服务，形成"专职网格员＋社区工作人员＋志愿者"的服务队伍，在党建网格开展具有互助性质的"幸福来敲门"活动，将自我服务的理念转变为行动。"幸福来敲门"将服务对象集中于社区内的失业群体、特殊群体、独居老人和儿童，根据他们的具体需求提供就业、心理、医疗和教育等服务。以独居老人的服务为例，M 社区共有 167 名 65 岁以上的独居老人，这些老人有的身有残疾，有的身患疾病，虽然平时能够得到邻里的帮助，但是生活困难和精神孤独仍然是他们长期面临的问题。为实现独居老人服务的长期化，M 社区最初建立"专职网格员 + 社区工作人员 + 志愿者"的服务队伍，定期为老人提供上门的心理服务和医疗服务，通过物质支持为老人解决生活困难，以陪伴排解老人的精神孤独。在专职网格员和社区工作人员的动员下，参与"幸福来敲门"的社区志愿者数量逐渐增多，与独居老人同楼栋或者邻近楼栋的志愿者与独居老人基本形成了"一对一"的帮扶关系。2015 年，在社区社会组织孵化器的指导和帮助下，160 多名社区志愿者组建了"幸福来敲门"志愿服务队，除了坚持定期上门服务外，还开通了"幸福热线"。独居老人有任何困难都可以随时通过热线联系"幸福来敲门"志愿服务队，服务队会就近安排志愿者上门提供服务。

最后，M 社区在居民互帮互助自组织化的基础上，将社区居民自我服务过程中遇到的问题和提出的意见汇总，通过社区的居民协商共治机制，最终形成各类社区公约及管理规定，供社区居民在参与社区公共事务的过程中自觉遵守。例如，对于居民普遍关心的社区养犬问题，M 社区首先在党建网格内，由网格员和志愿者征集居民的意见和建议，并将这些意见和建议整理后汇总给网格长。然后，网格长在社区内召集由楼栋居民推选产生的居民代表开展"网格议事"，对征集到的意见和建议进行协商讨论，统一网格内对于养犬的意见。最后，社区大党委召开联席会议，综合各网格的养犬意见，形成养犬的社区公约及管理规定，见表 1－11。社区公约的内容较为简明，起到号召居民文明养犬的宣传和提示作用；管理规定的内容则相对详细，明确了社区养犬居民的义务，是居民养犬的行为规范。社区公约及管理规定在社区的各楼栋内公示，由社区居委会、房管中心、物业管理公司和居民共同监督社区公约及管理规定的执行。

表 1－11　　　　　　　　　　M 社区文明养犬管理规定

1. 遵守公德,规范养犬。不带大型犬、烈性犬出入公共场所
2. 携犬出户,不要放任犬只践踏小区公共草地花圃。要准备好清理犬粪的工具,及时妥善处理犬只在户外排出的粪便,保持环境卫生
3. 要体谅他人感受,防止犬吠影响他人。犬只外出,要使用束犬绳牵领,主动避让行人和车辆,避免犬只接近儿童、老人、孕妇等特殊群体
4. 严格按照犬只防疫规定,及时到防疫部门为犬只注射疫苗
5. 如发生犬只不慎咬伤他人的情况,要及时对伤者实施救治,采取免疫措施。

2. 法治做保障

M 社区围绕公租房运营管理事项,将公租房的公平分配、合法使用及依法退出作为社区法治宣传和法律公共服务的重心。由于公租房在法律性质上属于政府通过行政给付方式提供的公共物品,M 社区建立了一整套关于公租房申请、使用和退出的管理规范,保证公租房分配、使用和退出的程序正当和结果公正。这些规范由房管中心直接负责制定和执行,社区居委会向居民解释和宣传,物业管理公司配合房管中心完成执行。笔者将以社区内的公租房退出为例,描述 M 社区通过规范执行将静态的城市边缘社区法制转变为动态的城市边缘社区法治的过程。

存在规范才会有规范的遵守和执行,制定规范是法治的起点。M 社区房管中心根据《公共租赁住房管理办法》和《重庆市公共租赁住房管理暂行办法》的相关规定,制定出一套关于社区内公租房退出的管理规范。公租房退出的管理规范将公租房退出分为公租房租赁合同期届满的到期正常退出、合同期未届满的申请退租和违反法律规范导致的强制退租三种,并将后两种作为主要的规制对象。对于申请退出的情况,M 社区房管中心将管理规范的核心内容制作成方便阅读和理解的退租申请流程图，公示于社区宣传栏和房管中心大厅。根据退租申请流程，承租人首先需要本人或者委托共同承租人持相关证明材料在房管中心提出书面的退租申请；在接到房管中心的解约通知书和验房单后，承租人需要持解约通知书和验房单到物业管理公司完成验房手续；完成验房手续后，承租人需要将解约通知书和验房单交回房管中心，领取退款凭证方可完成退租，如图1－10所示。对于违反法律规范导致的强制退租情况，M社区房管中心在发现承租人存在违反法律规范的行为后，首先会向住户发出《核查通知书》，要求承租人限期到房管中心说明情况，并告知逾期未到房管中心说明情况可能面临公租房被收回的后果；如果查证属实或者逾期未到房管中心说明情况，房管中心会发出《解除租赁合同通知书》，解除公租房租赁合同，要求承租人限期退回公租房，并将解约情况在社区公示栏和房管中心进行公告；如果承租人逾期仍不退出，房管中心则会向当地法院申请强制执行。

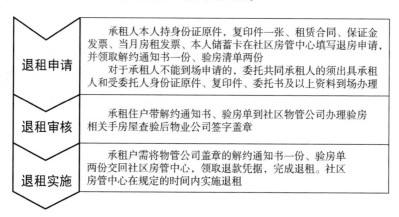

图1－10　M社区公租房退租申请流程

注：本图由笔者根据重庆市M社区房管中心的公示信息绘制而成。

徒法不足以自行，规范得到社区主体的遵守和执行才能实现法治。M社区居委会在社区的各种法治宣传活动中注重向居民解释公租房退出规范及引导居民自觉遵守公租房规范。M社区宣传栏设有专门的版面宣传承租人违反法律规范被强制退租的案例，通过公示社区内少数居民的违法行为作为反面案例，达到法制宣传的目的。例如，前文提及的 24 栋租户擅自将公租房改装为办公室的违法使用行为就在公示之列，以告诫居民不得擅自改变公租房用途。M 社区开展的各种法治宣传活动，也多与公租房退出有着密切关联，注重引导居民树立遵守规范使用和退出公租房的法治意识。如在重庆市公租房管理局与西南政法大学联合开展的"民法典进公租房社区"系列宣讲活动中，西南政法大学老师在 M 社区的普法讲座中对违规使用公租房及因此产生强制退出后果的民法典依据进行了详细的讲解。M 社区房管中心直接负责公租房退出规范的执行，物业管理公司起到配合作用。在 M 社区，无论是因为正常退租、申请退租还是强制退租发生的公租房退出，都是先由房管中心按照社区内公租房退出的管理规范终止公租房租赁合同，然后由物业管理公司完成验房手续，物业管理公司的验房结果反馈回房管中心后公租房退出才能完成。在公租房退出完成后，房管中心还会将承租人已经搬离社区的情况告知社区居委会，通过信息共享使居委会的居民登记信息得到更新。

3. 德治做支撑

M 社区举办各种文化活动，弘扬崇德向善的社区风尚，树立正确的社区价值导向，引导和发动居民参与和谐社区的建设。M 社区在丰富社区文化活动形式的基础上，还进一步借鉴在重庆市巴南区龙苑社区已经取得了一定成效的"道德积分银行"实践经验，在社区内开设"道德积分银行"，通过积分管理的方法激励居民遵守社区公德，调动居民参与社区公共服务和精神文明建设的积极性。

M 社区以社区"三驾马车"作为组织活动的主干，借助重庆市委宣传部、住房保障主管部门和街道办事处等党政机关的政治势能，充分发挥社区各类兴趣组织、志愿服务组织的作用，发动居民在参与文化活动的过程中自我教育，提高道德修养。例如，自 2013 年起，M 社区已经连续参与了八届由重庆市委宣传部和公租房管理局主办的"爱在公租房"社区邻里节，通过在社区内为期一个月的文化活动，引导居民"走出小家、融入大家"，增强居民的归属感和凝聚力。2020 年 6 月，M 社区的"爱在公租房"社区邻里节以"风雨绘彩虹·情义润万家"为主题，分别开展"最美风景线""最美云生活""最美身边人""最美才艺秀"四大主题活动。受新冠疫情的影响，M 社区 2020 年采取小型、分散、"线上 + 线下"的方式开展活动，通过晒出"最美"、点赞"最美"、学习"最美"、争当"最美"，树立道德标杆，发挥他们对居民遵守社会公德的引领作用。在调研中，不少年轻居民表示自己通过一直播、哔哩哔哩、斗鱼等直播平台"云"参与了活动，而一些老年居民也说自己通过"重庆公共租赁房"微信公众号观看了其中比较有趣的活动内容。

M 社区的"道德积分银行"尚处于试运行的阶段，详细明确的道德积分管理规则还在探索过程中。与公租房管理规范内容缜密、严肃，注重对于违法行为的惩戒不同，道德积分管理规则更加灵活、随和，注重对于好人好事的激励。道德积分由"积美""积孝""积善""积学"四个部分构成，参照银行储蓄模式，推出"修身天天存""润家周周盈""睦邻月月有""怡城年年续"四种积分"产品"。社区居民通过积极参与社区活动、做好人好事登上小区红榜、提供志愿服务都可以获得相应的积分，例如拾金不昧可以积 3 分，子女获得"三好学生"可以积 3 分，见义勇为可以积 20 分，等等。居民的道德积分达到一定数额可以到社区的爱心商店兑换相应金额的商品或者服务。"道德积分银行"为社区德治确定了标准，是 M 社区对道德建设进行"量化"物质激励的有益尝试。正如 M 社区居委会的副主任所言："我们社区开设'道德积分银行'主要是让居民有'镜子'可照、有'尺子'可量、有'标杆'可比，让居民'善有善报'，做好事得到奖励，调动居民守道德、讲文明、树新风的积极性。"

（二）效果分析

从实际调研的情况来看，M 社区的三治融合治理模式取得了较好的治理成效，能够使城市边缘社区治理有效，然而这些成效的取得主要是党组织和政府高位推动的结果，这种对于公权力的依赖制约了治理成效的提高。

1. 取得的成效

2019 年年底，重庆市公租房管理局对包括 M 社区在内的 21 个公租房社区的 6000 余名居民进行了关于社区服务满意度的抽样调查。调查结果显示，96.38% 的受访居民对城市边缘社区的服务表示满意。[①] M 社区先后获得 "重庆和谐示范社区" "重庆市最美志愿服务社区" 等荣誉。M 社区的调研数据表明，社区居民对于社区工作人员的满意度很高，被调查的居民中有 82% 的居民对社区工作人员表示满意，对社区工作人员表示一般满意的居民占被调查居民的 17%，仅有 1% 的居民对社区工作人员不满意，如图 1 - 11 所示。社区志愿组织在社区治理中的作用也得到了社区居民充分的认可，被调查居民中有 66% 的居民认为社区志愿组织在社区治理中发挥了很大作用，33% 的居民认为社区志愿组织能够在社区治理中发挥一定作用，认为社区志愿组织在社区治理中完全没有作用的居民仅占全部被调查居民的 1%，如图 1 - 12 所示。就居民参与社区活动的积极性而言，被调查的居民中有 56% 的居民对社区活动参与较多，34% 的居民认为自己参与社区活动的程度一般，还有10% 的居民认为自己较少参与社区活动，如图 1 - 13 所示。在 M 社区内，居民对于社区工作人员和社区志愿组织都给予了十分积极的评价，

---

① 参见《构筑党组织领导的 "三位一体" 城市基层社会治理体系——重庆公租房抗击新冠肺炎疫情工作纪实》，《公租房社区之窗》2020 年第 1 期。

对于社区治理主体的认同度较高，而且在这种认同的基础上，居民参与社区活动的积极性也很高。

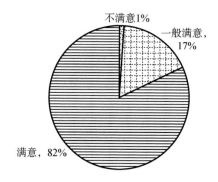

图 1–11　M 社区居民对社区工作人员的满意度

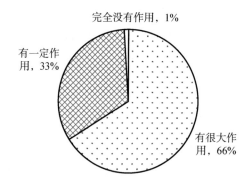

图 1–12　M 社区居民对社区志愿组织发挥作用的评价

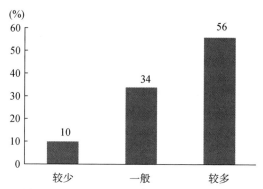

图 1–13　M 社区居民参与社区活动的程度

　　M 社区的三治融合实践增强了居民参与社区公共事务的自主意识，增强了重使用权、轻所有权的"共治共享"产权观念。M 社区在党建网格开展"幸福来敲门"活动，互帮互助；进行"网格议事"，制定社区公约；开设"道德积分银行"，奖励好人好事，实现了居民从"受助者"到"助人者"的自组织化转变。居民自组织拉近了邻里之间的社交距离，社区内的社会关系网络得以在社区党建网格的基础上得到扩展，居民之间通过共同参与、互帮互助建立了更有广度和深度的社会信任。正如 35 栋的彭女士所言："虽然现在公租房没有按以前说的那样卖给我，但是只要按规定交租金就可以一直住。楼栋里大家的关系都不错，都把这儿当家住，也蛮不错的。"此外，M 社区三治融合实践充分借助了党政机关的政治势能，通过行政权与自治权合作、行政权授权和指导自治权行使的方式实现社区三治融合治理。对于行政任务属性明显的公租房运营管理事项，M 社区由住房保障主管部门设立的房管中心直接负责制定和执行社区内一整套关于公租房申请、使用和退出的管理规范；对于社区自治和德治属性明显的"幸福来敲门"活动和"道德积分银行"实践，M 社区充分发挥社区大党委沟通社区外部的党政部门与社区内"三驾马车"的政治核心功能，借助党政机关的政治势能，调动社区多元治理主体的参与积极性，通过行政权与自治权合作，实现社区内外治理资源的整合，保证良好的实践效果。

　　2. 存在的不足

　　不可否认，重庆市 M 社区三治融合实践存在社区自治依赖外部政治势能与过度行政化的风险。M 社区的三治融合以自治为主体，如果自治过度行政化，那么社区治理也会整体行政化。当前，社区治理"去行政化"改革历经波折后选择了弱化那些加重社区工作负担的形式行政化的改革路径，不再以完全去除行政的纯粹自治为改革目标。这意味着在 M 社区，行政权需要在弱化自身束缚自治权行使的形式行政化基础上实现与自治权的合作治理，否则就可能造成城市边缘社区治理整体的行政化。然而，政治学与法学的一个基本常识是行政权在处理国家治理的事务时，效率远高于其他权力，因而行政权具有以行政机关的内部规定为手段让权力干预范围不断扩大的扩张性。在社区大党委借助街道办事处、住房保障主管部门等行政机关的政治势能进行社区治理活动的同时，行政机关的权力也更加深入地扩张到社区治理领域。如果 M 社区在这个过程中，不能厘清行政权与自治权的边界，或者不能控制行政权干预社区自治的限度，就可能使行政机关成为社区治理的实际主导者，导致社区治理过度行政化。

三　深圳市 L 社区的具体实践

（一）过程考察

深圳市 L 社区在以物业管理服务为中心的社区治理模式下，处理社区公共事务的实践过程可以归纳为自治为本、法治为要、德治为基的三治融合治理模式。

1. 自治为本

在自治方面，L 社区居委会与物业管理公司通过党建联席会议形成了指导与协助的关系，这种"扁平化"的社区治理结构实现了社区公共事务与治理资源面向居民需求的集中整合。L 社区治理主体组织体系的相对简单为居民提供了充分的自组织空间，社区公共服务以物业管理服务为中心也为居民创造了在监督物业管理服务的过程中增强权利观念的契机，居委会动员居民参与社区志愿服务增强了居民自我服务的主体意识，使社区社会组织得以成长。

相对于周边商品房社区"1＋3＋N"的组织体系，L 社区居委会与物业管理公司双方联动是一种"扁平化"的社区治理结构。在这种社区治理结构中，社区公共事务，包括公租房运营管理、物业管理以及各种需要在社区内完成的行政任务，都被整合入物业管理公司的服务范畴，由社区居委会指导物业管理公司直接完成。在 L 社区内，物业管理服务的意义不再仅仅是通过物业管理公司提供准市场化的物业管理，而是具备了明显的自治属性。正如 18 栋的楼栋管理员对自己工作职责的描述："租户办理入住、退出和日常的物业管理都是和我们对接。社区的很多工作也是社区开会的时候交给我们公司，然后公司安排给我们落实。我们做完后报告给公司，公司反馈给社区。比如，最近深圳全国文明城市检查的调查问卷就是社区下发给我们公司，公司再交给我们，让我们在入户的过程中交给住户填写。"

社区网格内物业管理公司安排的楼栋管理员事实上承担了网格员的职责。而每个楼栋建立的物业服务沟通微信群除了让居民能够监督物业管理服务以切实维护自身权利之外，实质上还充当了"居民议事会"，具有协商民主功能。居民在群内可以及时得到有关社区公共事务治理情况的通知，随时提出问题，自由发表意见，充分协商讨论，必要时可以通过群投票的方式共同做出决定。楼栋管理员、物业管理公司的客服部主任、居委会主任在群内则可以保证议事的秩序，并及时进行解释、回应和反馈。居委会与物业管理公司联动的楼栋管理和物业服务沟通微信群互动共同构成了 L 社区"线上＋线下"的自治形式。

为弥补社区治理主体组织体系的单薄，L 社区居委会积极培育社区社会组织，尤其是社区志愿服务组织和居民维权组织。L 社区内青壮年居民和受过高等教育的居民较多，参与志愿服务和维权行动的能力和意愿都比较强。L 社区居委会根据这一情况，积极发动居民中的积极分子建立自组织队伍，在社区内营造"自我组织，自我服务"的参与氛围。对于社区志愿服务组织，L 社区居委会支持和帮助热心志愿活动的社区居民组织团队参与街道办事处主办的"党群共融·美好社区"社会治理创新大赛，在社区为这些居民举办社团组织培训活动，帮助他们完成比赛申报和模拟评议，整合社区内的各种资源帮助社区志愿服务组织发展。对于社区维权组织，L 社区居委会也秉持正向引导和积极支持的态度。虽然 L 社区公租房的有限产权性质决定了其不可能组建业主大会及业主委员会，但是社区内相当数量的居民有意组建"住户委员会"来共同管理事务、监督物业管理和维护住户权利。在 2015 年配租入住后不久，L 社区旁边根据规划需要建设高压变电站引发了社区居民的"邻避运动"。① 彼时，居民通过微信群、QQ 群和互联网论坛推选出意见领袖作为行动的领导者，通过与相关部门沟通、组织集会和拉横幅等方式成功阻止了高压变电站的修建。在"邻避运动"之后，L 社区虽然再没有出现居民大范围自发组织的维权行动，但是就社区停车位、充电桩和社区安全等问题，仍然有大量居民推选或认同的意见领袖在物业服务沟通微信群积极提供解决方案并主张采取必要的维权行动。社区居委会支持意见领袖筹备组建"住户委员会"的行动，帮助他们向住建部门申请批准，并对社区内的维权行动做正向引导，避免维权行动逾越法律划定的边界。

2. 法治为要

L 社区物业管理公司根据《公共租赁住房管理办法》《深圳市保障性住房条例》《物业管理条例》的相关规定，将公租房使用规范、退出规范和物业管理规范编制成《住户管理规约》。公租房承租人及其共同居住人入住成为 L 社区的居民时，需要签署附属于《住户管理规约》的《承诺书》，同意遵守《住户管理规约》并承担违反该规约的相应责任。《住户管理规约》实质上是社区居民在入住时与物业管理公司签订

---

① "邻避"是指大众对于危害自己生活环境的公共设施或工业设施所抱有的"不要建在我家后院"排斥态度。"邻避运动"则是指因为"邻避"产生的居民集体维权行动。参见张文龙《中国式邻避困局的解决之道：基于法律供给侧视角》，《法律科学》2017 年第 2 期。

的物业服务合同，内容主要是对合法使用公租房、遵守社区公共秩序、维护社区环境卫生等居民义务的规定。居民对遵守这些规定的承诺使《住户管理规约》除了作为物业服务合同外，还在一定程度上发挥了社区公约文本载体的功能，成为社区居委会与物业管理公司联动实现社区治理的主要依据。《住户管理规约》以居民履行义务和物业管理公司行使权利的形式实现其效力。

L社区的《住户管理规约》主要包括物业使用与管理规约、电梯使用规约、公共秩序管理规约、消防管理规约、车辆管理规约、动物饲养规约、环境管理规约、智能门禁卡使用管理规约、地铁上盖物业特殊规约、费用管理规约等部分，各部分以格式条款对居民在租住公租房期间应当履行的义务做了详细规定。以《住户管理规约》第三章"物业使用与管理规约"为例，其内容主要是对《公共租赁住房管理办法》第27条和《深圳市保障性住房条例》第45条规定的承租人合法使用公租房义务的具体再现，规定了居民作为公租房承租人负有不得擅自装修公租房、改变公租房用途、合理使用公共空间和配合维修养护的义务。实践中，尽管L社区的居民大多遵守《住户管理规约》的规定，物业管理公司也有权依据《住户管理规约》要求居民履行相应的义务，改正违反义务的行为；但《住户管理规约》毕竟不是真正意义上的社区公约，仅仅是以合同的格式条款构建起的约束居民行为的规范体系，通过控制居民行为实现社区治理目标。借用麦克尼尔提出的"新社会契约论"，《住户管理规约》并非市场上实现个别交易的"个别性契约"，而是社会中具有组织社群、构建社会关系功能的"关系性契约"，能够形成居民间的"契约性团结"[①]，是"自由放任的市场与科层制组织之间

---

① ［美］Ian R. 麦克尼尔：《新社会契约论》，雷喜宁等译，中国政法大学出版社2002年版，第19—32页。

的一种媒介或者过渡形态"①。《住户管理规约》是 L 社区 "契约化治理"或者说 "合同化治理" 的体现，其中绝大多数内容都是物业管理公司事先拟定好的格式条款，居民承诺遵守即可。

L 社区《住户管理规约》

第三章　物业使用与管理规约

第五条　签订本规约前，本物业区域内公租房已完成套内装修，未经许可，承租人不得擅自进行二次装修或拆改。

第六条　承租人不得违反法律、法规、政策规定以及租赁合同、本规约约定，将住宅改变为仓库、经营性用房等其他用途。

第七条　承租人不得改变房屋外貌、设计用途、功能和布局等，不得擅自安装防盗网、防盗门、玻璃窗、雨篷、外置式晾衣架、花架、卫星接收器等。

第八条　承租人不得在楼面任何部位安装、摆放超过楼面设计荷载的家具等物品；不得在屋顶加层建房或搭棚；不得自行安装太阳能热水器或其他附属设施。

第九条　承租人不得改变本物业区域内按照规划建设的公共建筑和共用设施的用途，不得占用公共楼道、电梯厅、消防通道等共用部位或公共区域，不得将自行车、花盆、衣架等私人物品摆放在共用部位或公共区域。

第十条　承租人应合理使用与其毗邻的公共露台，积极配合管理处维护公共露台，不得擅自进行装修或者破坏。

第十一条　管理处需进入承租人房屋内对物业共用部位、共用设施设备或房屋内专有部分进行维修养护时，承租人应予以支持配合。

---

① 季卫东：《从社会关系合同化的视角推敲格式条款的法理》，《探索与争鸣》2020年第5期。

3. 德治为基

L 社区以深圳全国文明城市检查为契机，将社会主义核心价值观融入社区治理，通过价值引领培育社区居民的公共道德和公共精神，以道德感召和督促社区居民遵守规则，履行义务。

一方面，L 社区居委会和物业管理公司调动社区内的志愿服务组织开展各类弘扬社会主义核心价值观的活动，在志愿服务过程中增强居民的道德素质和公共精神。L 社区在开发建设过程中没有规划设计足够的停车位，整个社区仅有 800 个停车位，车位和机动车的比例达到了 1:14，社区停车位极其紧张，经常因为停车和出行造成居民之间的冲突，影响社区和谐。在无法增加停车位的客观情况下，社区居委会和物业管理公司在每天的上班和下班高峰期安排志愿者和工作人员在停车场值班维持秩序，并组建"停车互助群"，引导居民乘坐公共交通工具或者骑电动车上班，倡导"文明礼让、绿色出行"的价值观念。通过价值观念的引导，居民遵守公共秩序、互相理解、互相帮助的公共精神有所提升，居民之间、居民与物业管理公司之间就停车发生的矛盾冲突越来越少，而建立的理解与信任越来越多。

另一方面，L 社区居委会和物业管理公司共同制定了社区的"黑名单"道德监督制度，在社区楼栋和物业服务沟通微信群公示各种道德失范行为，在必要时还会将这些行为通报道德失范者的工作单位。通过社会公共舆论向道德失范者施加压力促使其纠正自身行为，维护了社区居民对于社区公德的认同，保证了社区公德在社区中的权威地位。例如，12 栋 710 室的居民经常用脚按电梯按钮并经常踢楼梯的防火安全门，经常被其他居民向物业管理公司举报，经其他居民、居委会和物业管理公司工作人员的劝阻仍然拒不改正。物业管理公司以在 12 栋和物业服务沟通微信群发布"温馨提示"的方式，在保护其个人隐私的情况下公示了其不文明行为的照片，并提醒居民遵守《住户管理规约》有关电梯使用的规定，文明使用电梯。然而，该居民在遭到群内居民谴责后仍然未改正其行为，于是物业管理公司将该居民的行为通报为其申请公租房的企业。最终，该居民在社会舆论压力下纠正了自己的行为。

（二）效果分析

基于在深圳市 L 社区的实证调研，L 社区三治融合实践虽然取得了一定的成效，能够基本实现社区治理有效，但是仍然存在明显的不足，社区治理的成效还存在比较大的提升空间。

1. 取得的成效

综合来看，深圳市 L 社区的三治融合治理模式对处理社区公共事务发挥了一定的积极作用。L 社区的调研数据表明：社区居民对于社区工作人员的满意度比较高，被调查的居民中有 24% 的居民对社区工作人员表示满意，51% 的居民对社区工作人员一般满意，其余 25% 的居民则对社区工作人员的工作并不满意，如图 1-14 所示。对于社区志愿组织在社区治理中的作用，大多数居民也持认可的态度，被调查居民中有65% 的居民认为社区志愿组织在社区治理中有一定作用，9% 的居民认为社区志愿组织在社区治理中有很大作用，还有 26% 的居民认为社区志愿组织在社区治理中完全没有作用，如图 1-15 所示。在居民参与社区活动的程度方面，被调查的居民中仅有 4% 的居民较多地参与社区活动，18% 的居民认为自己参与社区活动的程度一般，高达 78% 的居民认为自己较少参与社区活动，如图 1-16 所示。L 社区的大多数居民对于社区工作人员和社区志愿组织持认同态度，但是仍有四分之一左右的居民并不认同社区工作人员和社区志愿组织。部分居民的不认同，加之社区治理主体组织体系单薄发起的社区活动不多，L 社区居民对社区活动的参与程度明显偏低。

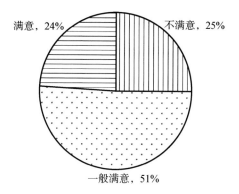

图 1-14 L 社区居民对社区工作人员的满意度

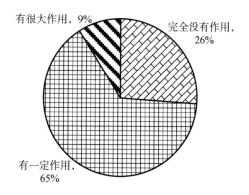

图 1-15 L 社区居民对社区志愿组织发挥作用的评价

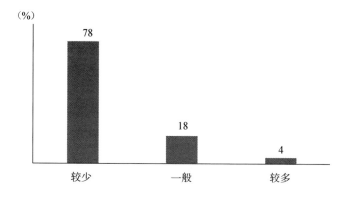

图 1-16 L 社区居民参与社区活动的程度

首先，L 社区的三治融合实践以自治为本，将居民日益强烈的权利意识转变为参与意识，引导居民通过社区治理的公共渠道，以公共参与的方式维护和实现其权利。L 社区采取以物业管理服务为中心的社区治理模式，以"扁平化"的社区治理结构实现社区公共事务与治理资源面向居民需求的集中整合，并且通过价值观念的引导，让居民的意识逐渐从仅注重私人利益实现的抗争转变为关注公共利益维护的合作，从而强化了社区内的理解与信任关系网络。其次，L 社区在三治融合实践过程中，运用互联网技术对社区居民群体进行了一定程度的整合，以《住户管理规约》和道德监督制度实现对居民参与社区治理的激励和约束，保证了治理有序。物业服务沟通微信群互动构成了 L 社区"线上"的自治形式，居民可以在社区的网络空间中有序参与社区公共事务的协商讨论、民主决策和民主监督，并在这种协商民主的过程中自发形成关系更为紧密的社群。"线上"参与补充了社区内通过《住户管理规约》的"契约化治理"，运用互联网技术扩展了参与的时空范围，使参与更加高效便捷。最后，L 社区三治融合实践以物业管理服务为中心，物业管理公司以公租房物业管理服务吸纳运营管理服务的内容，并且将《公共租赁住房管理办法》《深圳市保障性住房条例》《物业管理条例》的相关规定融入《住户管理规约》，通过"软约束"实现公租房使用监管，尽量避免行政直接干预，为社区三治融合实践提供了发展空间。

2. 存在的不足

在当前阶段，L 社区治理主体组织体系单薄，社区志愿服务组织和居民维权组织尚在成长过程中，居民对于社区工作人员和社区志愿组织缺乏足够的认同，社区内事实上没有组织能力较强的政治权威或者核心力量，居民的参与途径和参与程度有限。L 社区"扁平化"的社区治理结构导致在社区内部不仅缺少强有力的自治主体，也难以形成多元共治的格局，自治权力孱弱，难以承担"去行政化"后社区公共事务治理的重任。L 社区的"线上"自治对于居民的整合未能有效延续到"线下"的现实生活，居民在物业服务沟通微信群中建立的社会关系网络未能在社区活动中发挥组织效应，居民在社区治理活动中仍然总体上呈现"原子化"的离散状态。而且，L 社区对于积极参与者的奖励和对于行为失范者的惩罚在很大程度上需要借助社区外部力量才能完成。一旦外部力量，如住房保障署、街道办事处、居民工作单位提供的激励资源不足，则可能危及治理的秩序。

第三节　三个样本社区三治融合实践的比较分析

上文分别对武汉市 Q 社区、重庆市 M 社区和深圳市 L 社区三个样本社区的基本情况进行了描述，并在掌握其基本情况的前提下对三治融合的具体实践进行了比较深入的考察。个案研究的意义在于"走出个案"，比较分析的意义在于"求同存异"，在个性与共性之间抽取内在的实践逻辑，发现更具一般意义的理论问题。下文将通过求同存异的归纳法，提炼城市边缘社区三治融合实践中的"变"与"不变"。

一　社区底色塑造的三治融合治理模式差异

在基层社会，尤其是在作为国家治理基本单元的社区，三治融合实践表现为各式各样、丰富多彩的具体治理活动，包括公共政策的落实、法律规范的执行、公共服务的提供、社会纠纷的解决等。而这些治理活动的进行无一不需要经济、社会和政治资源的支持，依赖于社区的基本情况。在城市边缘社区内，社区基本情况约束了社区三治融合的治理过程和治理效果，不同基本情况所反映的独特社区底色塑造了三治融合治理模式的差异性，见表 1–12。

表 1 - 12 　　　　　　　　　三个样本社区三治融合实践样态的比较

社区	建设方式	主体居民	总体性治理模式	治理主体	主要规范	三治融合治理模式	治理效果
Q 社区	棚改回迁	单位退休职工	党建引领的"1314"模式	党组织全面整合的多元共治	各项内部具体制度	自治做主线法治保底线德治树高线	能够实现社区的有效治理,但三治融合的功能发挥有限
M 社区	集中兴建	本市中低收入住房困难家庭	党建引领的"1345"模式	党组织领导的"三驾马车"	市公租房管理办法	自治做主体法治做保障德治做支撑	取得了较好的治理成效,但三治融合的外部依赖性较强
L 社区	配套建设	外来务工人员、新就业职工	物业管理服务为中心的"扁平化"模式	居委会主导,物业管理公司执行	住户管理公约	自治为本法治为要德治为先	取得了一定的治理成效,但三治融合存在较为明显的不足

注：本表由笔者根据在 Q、M、L 三个社区的调研资料整理制作而成。

武汉市 Q 社区的公租房以棚改回迁方式建成，社区居民的主要群体是原武钢集团退休职工。长期的单位制社区生活经历使社区内的大多数居民偏好有组织体系的社区治理模式，社区内的社会和政治资源有着相对丰富的存量。这使得武汉市政府提出的社区治理"1314"模式即使在治理资源贫乏的 Q 社区也能够顺利推行。Q 社区将"建强一个基层党组织体系"的组织体系建设作为社区治理的起点，建立了"街道大工委—社区大党委—网格党支部—楼栋党小组—党员中心户"的基层党组织体系，以基层党组织为政治核心，在提供社区公共服务的过程中整合社区的治理资源。Q 社区三治融合主要依据社区内各项具体活动制度等非正式规范进行。Q 社区的资源整合策略保证了以"天天敲门组""顺顺吧""道德讲堂"为代表的三治实践能够顺利开展，形成了自治做主线、法治保底线、德治树高线的三治融合治理模式。整体而言，Q 社区的三治融合虽然能够实现社区有效治理，但是三种治理方式未能在实践中有效融合，各自发挥的功能有限。

重庆市 M 社区属于集中开发建设的大型城市边缘社区，社区居民主要是本市中低收入住房困难家庭。这种"市民社会"的特征让社区能够比较快地从最初的"陌生人"社会逐步过渡到"半陌生人"社会。住房保障主管部门通过设立房管中心和选聘物业管理公司对社区治理存在较强的行政干预，加之街道办事处对于社区治理的支持，使得社区内的政治资源具有相对优势。在这种相对优势下，M 社区大党委整合社区内的各种治理资源，领导社区居委会、房管中心和物业管理公司"三驾马车"，借助社区党建网格，合力为居民提供公共服务。M 社区三治融合主要依据市公租房管理办法等正式规范进行，形成了自治做主体、法治做保障、德治做支撑的三治融合治理模式。M 社区借助党政机关的政治势能，调动社区多元治理主体的参与积极性，通过行政权与自治权合作，不仅使社区治理活动符合公租房政策目标，也保证其能够取得良好的实际效果。但是，在社区大党委借助街道办、住房保障主管部门等行政机关的政治势能开展社区治理活动的同时，行政机关的权力也更加深入地扩张到社区治理领域。如果 M 社区不能厘清行政权与自治权的边界，就可能使行政机关成为社区治理的实际主导者，导致社区三治融合的治理实践过度行政化，制约三治融合的治理成效进一步提高。

深圳市 L 社区是配建形成的城市边缘社区，社区居民以外来务工人员和新就业无房职工为主，具备稳定经济收入来源的青壮年人群较多。物业管理公司的市场化特征较强，社区内的经济资源较多。在这种先赋资源状况下，L 社区采取了以物业管理服务为中心的社区治理模式，社区居委会与物业管理公司通过党建联席会议形成了指导与协助的关系，通过"扁平化"的社区治理结构实现了社区治理资源的整合。这种资源整合模式将社区公共事务的处理和公租房运营管理都囊括到物业管理服务范围内，治理的规范依据主要是《住户管理规约》，催生了 L 社区自治为本、法治为要、德治为基的三治融合治理模式。诚然，L 社区三治融合实践取得了一定的成效，但是由于客观因素制约，社区党建工作没有实质性进展，社区治理主体组织体系单薄，欠缺具有强整合能力的政治核心。社区志愿服务组织和居民维权组织尚在成长过程中，居民对于社区工作人员和社区志愿组织缺乏足够的认同，社区内事实上没有组织能力较强的政治权威或者核心力量，居民的参与途径和参与程度有限，居民在社区治理活动中仍然总体上呈现出"原子化"的离散状态。可以说，L 社区的三治融合仍然存在明显的不足，有较大的提升空间。

总结起来，三个样本社区的底色塑造了三治融合模式差异。以城市边缘社区住房的开发建设和配租准入的主体居民为基础形成的总体性治理模式深刻影响着社区治理主体和治理规范的状况，而这些状况又进一步影响着社区采取何种三治融合治理模式以及各种模式的效果。对三个城市边缘社区三治融合治理模式的差异分析也表明，对于三治融合治理模式的分析不能只关注三种治理方式之间的关系，而是需要综合考虑城市边缘社区的治理主体、治理规范等三治融合的治理要素。相应地，城市边缘社区三治融合的治理实践取得的成效和存在的问题，不仅仅是因为三治融合治理模式本身的差异，也和城市边缘社区的基本情况存在密切关联。

二 治理需求驱动的三治融合治理目标趋同

共性寓于个性之中。虽然三个样本社区的三治融合在社区底色的作用下形成了不同的三治融合治理模式，但是从治理需求的维度来看，三个样本社区各具特色的三治融合治理模式存在目标趋同的现象。"趋同"是指社会发展相似的趋势，一般认为，在目标、结果、工具和风格等方面，只要有一个方面表现出这种趋势，就可以认定趋同的存在。① 趋同是三种机制作用的结果：其一，强制机制，是指迫使组织必须无条件接受的制度环境，主要是指正式规范形成的正式制度；其二，模仿机制，是指向系统中的成功组织学习；其三，社会规范机制，是指组织成员的共同思维和共同观念。② 三种机制其实代表了三类治理需求：强制机制代表着治理的制度性需求，模仿机制代表着治理的经验性需求，而社会规范机制代表着治理的实践性需求。笔者用"目标趋同"指三个样本社区三治融合治理模式在实践中朝着满足相同治理需求的治理目标相似发展的趋势。

从三个样本社区的基本情况来看，城市边缘社区居民居住密集、治理资源缺乏、物业管理服务等公共服务供给严重不足，居民只能实现"有所居"而难以"宜所居"，少有"安所居"。这导致城市边缘社区的治理需求主要是通过资源整合实现公共服务的有效供给，让社区居民实现居住的和谐安定，进而保证社区良好的政治秩序。在具体目标上，三个样本社区三治融合都力争实现良好的治理绩效，整合社区治理资源，有效地为居民提供社区公共服务，提高居民对于社区工作人员和社区志愿组织的认同，并且基于这种认同发动居民积极参与社区治理，促使城市边缘社区实现有效治理，形成良好的基层政治秩序。在总体目标上，三个样本社区三治融合治理都努力实现最适宜本社区的"好"治理，让社区多元主体的治理权力能够得到增强并依照社区治理规范稳定运行，在实现良好的治理绩效基础上，不断提升社区治理"好"的层次。无论是 Q 社区自治做主线、法治保底线、德治树高线，还是 M 社区自治做主体、法治做保障、德治做支撑，抑或是 L 社区自治为本、法治为要、德治为基，都是为了在城市边缘社区建立社会治理共同体，以期实

---

① Knill C., "Introduction：Cross–National Policy Convergence：Concepts, Approaches and Explanatory Factors", *Journal of European Public Policy*, Vol. 12, No. 15, 2005.

② 周雪光：《组织社会学十讲》，社会科学文献出版社 2003 年版，第 64—110 页。

现良好的治理成效。

三个样本社区三治融合的治理目标趋同是强制机制和社会规范机制共同作用的结果。就强制机制而言，国家的基层群众自治制度和公租房政策构成了城市边缘社区必须无条件接受的制度环境，通过自上而下的公共政策执行，城市边缘社区三治融合都向着政策真实有效执行，实现社区有效治理的目标发展。这是城市边缘社区三治融合治理模式在实践中呈现相似发展趋势的制度性原因。就社会规范机制而言，三个典型城市边缘社区三治融合的治理实践过程培养了社区居委会、物业管理公司、运营机构和居民等多元主体根据社区的正式和非正式规范，综合运用自治、法治、德治三种方式治理社区公共事务的共同思维和共同观念。这是城市边缘社区三治融合治理模式在实践中呈现相似发展趋势的实践性原因。由于城市边缘社区尚未得到国家和社会治理的足够关注，城市边缘社区治理实践时间较短，并无"系统中的成功组织"可供学习，三个样本社区的实践独立进行，模仿机制尚未发挥作用。这意味着当前的城市边缘社区三治融合在制度性和实践性治理需求的驱动下存在着目标趋同。

三　异同之间：城市边缘社区三治融合的实践逻辑

基于上文对于城市边缘社区三治融合模式差异和目标趋同的分析，我们可以简要总结这种异同所蕴含的实践逻辑。一方面，城市边缘社区三治融合的治理实践在不同社区底色的塑造下形成了不同的三治融合治理模式。实践中，基于不同的城市边缘社区底色，可以存在多样化的三治融合治理模式。这些模式的本质差异集中表现为三种治理方式在有机融合时地位和功能的不同，而不是三种治理方式有或无、聚或散的简单组合式差异，更不在于三种治理方式相互融合状态的不同表述。不同的三治融合治理模式都能够在一定程度上实现对城市边缘社区的有效治理，但是也都存在不足之处，需要进一步优化提升。另一方面，不同的城市边缘社区三治融合治理模式虽然有所差异，但是在共同的治理需求驱动下存在目标趋同的现象。归纳而言，城市边缘社区共同的治理需求主要是能够通过资源整合实现公共服务的有效供给，让社区居民实现居住的和谐安定，进而保证社区良好的政治秩序。在和谐安定和秩序良好的意义上，城市边缘社区的治理需求可以概括为"善治"。这种善治首先是实践性的、经验性的"有效治理"，是城市边缘社区社会生活和政治活动的良好状态。同时，这种善治也是制度性的"好的治理"，是三治融合的城乡基层治理体系在微观基层社会的具体体现。虽然城市边缘社区三治融合所追求的善治在制度性需求的维度与国家治理的善治取向一致；但是在实践性需求的维度，其由于城市边缘社区的基本情况而与国家治理层面的善治有所区别。关于城市边缘社区三治融合实践逻辑的善治与国家治理意义上的善治的区别，后文将进一步分析。

小　结

本章主要是为开展城市边缘社区三治融合研究而进行的基础性工作，描述了武汉市 Q 社区、重庆市 M 社区和深圳市 L 社区这三个样本社区的基本情况，并以此为基础考察了三个样本社区三治融合的具体实践，通过比较分析简要归纳了城市边缘社区三治融合的实践逻辑。城市边缘社区三治融合的实践样态是城市边缘社区治理形态的直观表现。通过个案分析把握城市边缘社区三治融合的实践逻辑是展开研究的基础和前提。从三个样本社区三治融合的实践来看，以城市边缘社区住房的开发建设和配租准入的主体居民为基础形成的总体性治理模式深刻影响着社区治理主体和治理规范的状况，而这些状况又进一步影响着社区采取何种三治融合治理模式以及各种模式的效果。具体而言，Q 社区形成了自治做主线、法治保底线、德治树高线的三治融合治理模式，M 社区形成了自治做主体、法治做保障、德治做支撑的三治融合治理模式，L 社区则采用自治为本、法治为要、德治为基的三治融合治理模式。城市边缘社区共同的治理需求主要是能够通过资源整合实现公共服务的有效供给，让社区居民实现居住的和谐安定，进而保证社区良好的政治秩序。但是，城市边缘社区居民居住密集、治理资源缺乏、物业管理服务等公共服务供给严重不足，居民只能实现"有所居"而难以"宜所居"，少有"安所居"，城市边缘社区三治融合的治理成效还有待提升。这就需要我们进一步归纳总结城市边缘社区的特点及其对于三治融合造成的挑战。

第二章　城市边缘社区三治
融合面临的挑战

  城市边缘社区三治融合是一种综合运用自治、法治和德治方式治理边缘社会所形成的政治现象。"任何政治现象都是在有着一定的自然—社会—历史条件的地域空间里生成的。"[①] 不同地域的自然、社会、历史条件各不相同，造成了治理资源在各治理单元的分布不均。条件越充分的治理单元，治理资源就越丰富，治理活动开展得越顺利，治理面临的挑战也越小。反之，治理资源贫乏就会让治理面临较大的挑战。从前文对武汉市 Q 社区、重庆市 M 社区和深圳市 L 社区三治融合实践样态的考察来看，城市边缘社区治理资源贫乏，表现出一系列不同于自有房社区的特点。这些特点不仅是城市边缘社区三治融合实践所依托的条件，同时也是城市边缘社区三治融合治理成效提升的限制因素，对城市边缘社区三治融合造成了挑战。本章将对城市边缘社区的特点进行归纳，并研究城市边缘社区特点对三治融合造成的挑战。

---

  ① 徐勇：《城市与乡村二元政治结构分析》，《华中师范大学学报》（哲学社会科学版）1990 年第 1 期。

第一节　城市边缘社区的特点

公租房由政府直接投资或者提供政策支持兴建，面向城镇住房困难居民，将用途限于居住的租赁型保障房。① 根据《公共租赁住房管理办法》第 3 条的规定，公租房对于房屋产权、保障对象和运营管理都有着限制性要求：第一，公租房只出租不出售，所有权属于建设或者提供公租房的公共部门，居住于其中的保障对象无法取得公租房的所有权，只有基于租赁关系居住于其中的权利；不过为了保证居住稳定，承租人受到不被任意驱逐的权利保护。第二，公租房只面向城镇住房困难群体出租，居住于城市边缘社区的居民主要是城市中的低收入住房困难家庭、新就业的无房职工、外来务工人员，属于城市中的弱势群体；即便其中存在一部分"人才房"面向受教育程度较高或者社会地位较高的居民出租，也以该居民存在住房困难为条件。第三，公租房由住房保障主管部门直接进行运营管理，或者由住房保障主管部门委托其他专门机构进行运营管理，具有明显的行政管理特征。公租房的这些限制性要求决定了公租房分配入住形成的城市边缘社区具备不同于自有房社区的特点。

一　产权关联弱

城市边缘社区的特点首先表现在产权结构方面。与以商品房社区为主的自有房社区中居民享有房屋的完全产权不同，城市边缘社区的居民只享有在一段时间内居住于房屋的权利。任何一种产权安排，无论其正式与否，都受到国家正式规范的规制，并因此而被国家确认、保护、监督、限制、征收抑或否定。产权不仅仅是一种经济安排，而且具有国家

---

① 李克武、聂圣：《我国公租房租金形成机制的现状检讨与完善建议》，《湖北社会科学》2017 年第 8 期。

治理的政治属性。这种居民只享有房屋有限产权的情况使城市边缘社区的产权结构呈现出不同于自有房社区的弱关联特征，进而因为产权与治权之间的关系影响到城市边缘社区三治融合的治理实践。

（一）城市边缘社区产权的弱关联结构

公租房的住房保障性质决定了其是一种具备有限的竞争性或者排他性的公共产品[①]，保障对象在分配准入后对于公租房的使用受到较为严格的法律规制，只能按照《公共租赁住房管理办法》以及相关政策法律文件的规定和住房保障主管部门提供的公租房租赁合同的约定使用公租房。城市边缘社区的居民实际上享有公租房的有限产权，只能在法律规范允许的范围内以合法的方式使用公租房。居民一旦逾越法律规范设定的范围界限或者使用方式违反规定，不仅租住公租房的权利得不到保护，并且还应当承担侵占公租房的法律责任。具体而言，城市边缘社区居民对公租房的有限产权体现为法律规范对于公租房使用的主体、时间和方式三方面的限制。

首先，法律将公租房使用主体严格限定为符合法律规定的公租房承租人及其共同居住人。[②] 一些地方的公租房管理规章还对共同居住人的变更做了严格规定以防止配租后公租房非法入住的问题。例如，《武汉市公共租赁住房租赁管理暂行规定》（武房发〔2011〕150号）第37条规定，在承租期间不得增加共同居住人员，更换共同居住人员必须经过运营主体同意。如果严格遵守规定，一旦共同居住人因为婚姻、生育或者借住等原因发生变更就必须申请更大户型的公租房，然而由于公租房

[①]　Ver Eecke W. , "Public Goods: An Ideal Concept", *Journal of Socio - Economics*, Vol. 28, No. 2, 1999.

[②]　根据相关法律规定，符合法律规定的公租房承租人是指提出申请，并获得分配准入资格，经过轮候配租，签订由住房保障主管部门提供的标准化书面公租房租赁合同并实际入住的居民。

房源严重不足，配租轮候时间过长，上述规定在现实中经常被突破，并且住房保障主管部门及其委托的运营机构实际上也采取了变通执行的策略。在武汉市 Q 社区、重庆市 M 社区和深圳市 L 社区，笔者最常见到的是因生育后看护小孩而造成的共同居住人增加现象。

对此，居民们表示："我只是暂时过来帮助照顾孙女儿，等她上了小学我就回老家了。这房子不是我的家，住在里面也很挤，不自在。"（重庆市 M 社区居民）"我是没办法才住过来照顾小孙子，儿子儿媳白天都要上班，小孩子没人照顾也不行，我出去租房子住又太贵，就和他们挤在一起，睡的都是上下铺的架子床，照顾一段时间我就回去。"（深圳市 L 社区居民）他们主观上并不想违反法律规范，甚至并不情愿入住，更没有长期居住的意愿。管理者对此也报以理解，重庆市 M 社区一位公租房运营机构的主任表示："这种来帮忙带小孩的情况很多，有的一来可能住很长时间，比如一两年，但是这个也没有办法，我们不能让他们不来，毕竟我们没有人手去照顾这些小孩。我们会告诉他们去申请更大户型的公租房，但是房子数量实在是太少，轮候的人还很多，我们现在排队的就有 1 万多人。外面租房的话，这个地段太贵了，他们负担不起，而且过来的很多都是老人，别人也不肯租给他们。在房子申请下来之前，就让他们住在里面。"但是，事实的合理性以及居民与管理者的相互理解并不能消除行为的违法性，在现行法律规范框架内，这种入住行为客观上仍然违反了法律的规定。

其次，公租房不同于福利分房，其使用期限并不是终身的，而是受到法律的限制。《公共租赁住房管理办法》和各地的公租房管理规定都对租赁期限做出了规定。《公共租赁住房管理办法》第 18 条规定公租房的租赁期限一般不超过 5 年，但是相当数量的地方首次配租的公租房租赁合同的期限都在 1—3 年，并且对续签的公租房租赁合同采取一年一签的方式。这意味着在租赁到期后，承租人需要申请续租或者重新申请公租房并获得住房保障主管部门的审查和许可。否则，就应当在法律规定的期限内退出公租房。这一点与普通房屋租赁不同，根据《中华人民共和国民法典》（以下简称《民法典》）第734条的规定，在普通房屋租赁关系中，出租人不提出异议，承租人就可以在租期届满后继续租赁房屋。虽然笔者在武汉市 Q 社区、重庆市 M 社区和深圳市 L 社区的抽样问卷数据表明，三个社区的大多数居民都倾向于在社区居住 6 年以上，但是法律规范仍然坚持租期短期化的制度设计，对公租房使用期限做较为严格的限制，如图 2－1 所示。

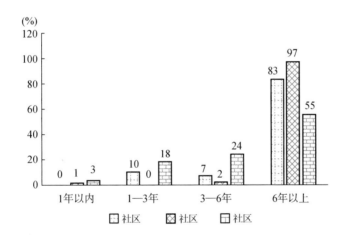

图 2－1　居民在本社区预期居住的时间

　　一些地方尝试通过租期届满后出售公租房的全部或者部分产权实现居民较为稳定长期的居住，然而实践中由于公租房房源紧张，只出租不出售仍是公租房的常态。以重庆市为例，根据《重庆市公共租赁住房管理暂行办法》第 40 条的规定，承租人租赁满 5 年后可以申请购买所承租的公租房。然而重庆市 M 社区最早一批入住的居民在访谈中告诉笔者：“开始入住的时候说是住满一期后（第一期租期为 5 年）可以买，但是到期了我们还是只签了租约，房管中心告诉我们现在公租房太紧张了，申请的人很多，卖给我们之后别人想申请房子住也没有了，所以最后就没卖给我们。"当然，公租房使用期限的限制也容易因为续签公租房租赁合同而导致居民与社区居委会、物业管理公司和公租房运营机构之间的关系紧张。在武汉市 Q 社区，等待续签公租房租赁合同的老年居民表示："我们这个社区住着好多老人。我们这些老人去外面租房子没人要，好不容易政府给我们安排了公租房，我们准备在这住到死的，但是现在还要续签合同，而且据说只签一年，租金也要涨。我去社区、物业公司和运营公司都问了，他们说不清楚这次怎么签，没个准确的说法。到现在也还没签，我们都不晓得还能不能住，还能住多久，大家最近都在说这个事儿。"

最后，公租房的使用方式受到严格限制，承租人负有合法使用公租房的法律义务，只能租住公租房，不能擅自改变公租房的用途，也不能转借、转租或者私自互换公租房。无论是住房保障主管部门提供的标准化的公租房租赁合同，还是相关的公租房管理规定，都以"反向列举"的形式明确列举出违法使用公租房的方式，并分别确定承租人的法律责任，以约束承租人使用公租房的行为。在中央政府的立法层面，已经出台的《公共租赁住房管理办法》第 27 条和正在征求意见的《城镇住房保障条例》（征求意见稿）第 25 条列举了应当退出公租房的不合法使用方式，列举的这些方式相对而言具有概括性和原则性，为地方出台更为详细的规定做了方向性指引并留下自主性空间，见表 2-1。部分地方进一步将公租房使用方式的限制扩展到社区治理的层面，参照我国香港特别行政区《立法会房屋事务委员会屋邨管理扣分制》中关于公共屋邨不当使用行为的规定，见表 2-2；制定了使用细则或者扣分管理办法，如广州市就制定了《广州市保障性住房小区管理扣分办法》。

表 2-1   公租房的不合法使用方式列举

法律规范	公租房的不合法使用方式
《公共租赁住房管理办法》第27条	1. 转借、转租或者擅自调换公租房
	2. 改变所承租公租房用途
	3. 破坏或者擅自装修公租房，拒不恢复原状
	4. 在公租房内从事违法活动
	5. 无正当理由连续6个月以上闲置公租房
《城镇住房保障条例》（征求意见稿）第25条	1. 无正当理由连续6个月以上未在配租的保障房内居住
	2. 出租、转租、出借、擅自调换或转让保障房
	3. 毁损、破坏公租房，擅自改变房屋用途、结构和配套设施，拒不恢复原状或造成重大损失

注：本表由笔者根据《公共租赁住房管理办法》第27条、《城镇住房保障条例》（征求意见稿）第25条的规定整理制作而成。

表 2-2   香港屋邨扣分制不当行为

类别		不当行为
预先警告才扣分的项目	扣3分	1. 在房屋署指定地点外的公众地方晾晒衣物 2. 在窗或者露台外挂放地拖 3. 在窗、露台或楼宇外墙放置滴水物件 4. 抽气扇滴油
	扣5分	1. 积存污水导致蚊患 2. 冷气机滴水
	扣7分	1. 不让房屋委员会或其授权的人士于其居住单位或于毗连其单位的任何地方，就房委会须负责的工程，或为符合法定要求，或按房委会涵盖整幢大厦的维修、保养或改善项目，进行检查及施工 2. 没有维修应由租户负责保养的喉管或卫生设备，或没有按房委会的要求纠正未经批准的改动工程 3. 在出租单位内积存大量垃圾或废物，产生难闻气味，造成卫生滋扰 4. 弃置杂物阻塞走廊或楼梯通道，妨碍清洁工作 5. 造成噪音滋扰（如因在单位内制造噪音而被定罪，便会立即扣分）

续表

类别		不当行为
违例时立即扣分的项目	扣5分	1. 未经业主书面同意而在出租单位内饲养动物 2. 在公众地方煲蜡 3. 在屋邨公共地方吸烟或携带燃着的香烟 4. 在公众地方非法赌博
	扣7分	1. 高空抛掷破坏环境卫生的物件 2. 在公众地方吐痰 3. 在公众地方便溺 4. 把出租单位用作食物制造工厂或仓库 5. 非法贩卖商品或服务；未经房委会批准而提供、推广、招揽或宣传具有商业性质的商品或服务 6. 乱抛垃圾 7. 胡乱弃置垃圾 8. 任由携带之动物及禽畜随处排泄粪便，弄污公众地方
	扣15分	1. 高空抛掷可造成危险或人身伤害的物件(租户高空抛掷可造成严重危险或人身伤害的物件会被终止租约，房委会会引用房屋条例发出迁出通知书,终止其租约) 2. 在垃圾收集站、楼宇范围内或其他公众地方胡乱倾倒或弃置装修废料 3. 损坏雨水/污水管，引致渗水往下层单位 4. 损毁或盗窃房屋委员会财物 5. 把出租单位作非法用途

注：本表由笔者根据我国香港特别行政区《立法会房屋事务委员会屋邨管理扣分制》的相关规定整理制作而成。

资料来源：香港房屋委员会. 屋邨管理扣分制[EB/OL]. (2024 - 11 - 4) [2024 - 11 - 18]. https：//www. housingauthority. gov. hk/sc/public - housing/estate - management/marking - scheme - for - estate - management - enforcement/index. html.

深圳市 L 社区的居民表示："现在不文明的行为太多了，应当制定一个规范来管一管。对于那种经常在过道里堆一大堆东西的，从楼上往下丢垃圾或者直接把垃圾留在楼道里的，还有那种养的狗天天叫的人，都应当管管。"该社区物业管理公司的客服部主任也说："香港和广州扣分管理的方法值得我们学习。市住房保障署这么长时间没有制定一个可以规范住户的管理细则，也没有扣分的管理办法，我们准备自己尝试做一个办法。这个办法不仅对不好的行为，尤其是高空抛物、乱扔垃圾等行为扣分，也对好的行为加分，可以鼓励大家多做好事。"对于制定更加详细的规范来约束城市边缘社区居民使用公租房行为，无论是社区居民还是社区的居委会、物业管理公司或者运营机构的工作人员都认为很有必要。

产权虽然在形式上表现为对产权由谁支配以及如何使用的界定，但实质上是通过产权界定来构建主体之间围绕产权形成的关系结构。新制度经济学者指出，产权是指由物的存在以及关于物的使用引起的人们相互认可的行为关系。政治学者将产权理解为围绕着物而形成的权利关系和利益关系。① 城市边缘社区居民仅对房屋享有有限产权的情况导致了城市边缘社区产权结构的弱关联性。一方面，居民作为承租人，与作为公共部门的所有权人之间关联度弱。公租房租赁合同文本的格式化和内容的管制性导致居民与公共部门之间缺乏有效的协商沟通，产权关系往往表现为行政管理关系而不是平等的契约关系。另一方面，居民之间的产权关联度弱。居民仅对公租房享有使用权，使得居民缺乏行使公租房产权的意愿，居民之间的凝聚力不足，难以形成居民为维护公租房有限产权而共同参与的集体行动。

（二）城市边缘社区产权与治权的关系

城市边缘社区产权结构的弱关联性对城市边缘社区的治理权力有着深刻的影响，要揭示这种影响，就需要按照产权政治学"产权结构—权利结构—权力结构"的脉络②厘清城市边缘社区产权与治权的关系。产权与权力关系的基础性研究主要有三大进路：第一，马克思主义强调产权从根本上影响权力配置的"产权的权力基础论"；第二，西方经典政

---

① 邓大才：《产权单位与治理单位的关联性研究——基于中国农村治理的逻辑》，《中国社会科学》2015 年第 7 期。

② 邓大才：《产权与政治研究：进路与整合——建构产权政治学的新尝试》，《学术月刊》2011 年第 12 期。

治学将产权作为限制权力扩张的一种基本权利的"产权的权力制约论";第三,新制度经济学派关注产权与权力相互作用、相互影响的"产权权力相互作用论"。① 产权政治学认为上述三种进路的相关研究仍然无法厘清产权与权力之间的真正关系,主张研究产权对权力的激励、约束、配置和协调整合机制以厘清产权与权力之间的互动关系②,理解产权秩序与农村基层治理的关联机制,阐释产权过程与国家治理之间的深层逻辑③。产权政治学运用于城市社区治理研究中,主要关注居民住房产权与其参与社区治理之间的关系。相关研究被学者归结为两种路径④:其一,"住房权—业主维权—公民权"的研究路径,以行动社会学为理论基础,认为业主维权最终将从产权维护走向自觉的治理参与,实现从"维权"到"自治"的转型⑤;其二,"住房产权—政治积极性—制度性治理参与"的研究路径,通过定量或定性分析发现住房产权能够激发社区居民参与治理的积极性,产权强度与社会黏合度之间呈"U"形结构,并且产权强度越大程序要求越高,而社会黏合度越高越关注治理的议题⑥。基于城市边缘社区产权的弱关联结构的特征,社区居民更多的是因为产权强度弱而缺乏参与治理的政治积极性。尽管社区内居民可能与物业管理者或者运营机构存在紧张关系,但并没有发生业主维权的行动。因此,产权强度与社会黏合度的理论更适合用来分析城

---

① 傅熠华:《治理权力的塑造:产权视角下中国村治的历史经验》,《东南学术》2019 年第 3 期。

② 邓大才:《产权与政治研究:进路与整合——建构产权政治学的新尝试》,《学术月刊》2011 年第 12 期。

③ 邓大才:《通向权利的阶梯:产权过程与国家治理——中西方比较视角下的中国经验》,《中国社会科学》2018 年第 4 期。

④ 李斌、张贵生:《住房产权与农业转移人口社区治理参与》,《社会治理》2019 年第 1 期。

⑤ 郭于华等:《居住的政治》,广西师范大学出版社 2014 年版,第 271—276 页。

⑥ 马超峰、薛美琴:《产权强度与社会黏合度:城市边缘社区的治理困境》,《探索》2017 年第 2 期。

市边缘社区产权与治权的关系。

产权强度是由实施它的可能性与成本来衡量的。这意味着不同的房屋产权保有形式由于房屋产权实施的可能性和成本不同，导致强度有强弱之别。城市边缘社区居民只能按照《公共租赁住房管理办法》以及相关政策法律文件的规定和住房保障主管部门提供的公租房租赁合同的约定使用公租房，产权实施的可能性较低而且成本较高，因此居民的公租房产权强度弱。社会黏合度则是基于互动频数而形成的凝聚力指数。[①] 城市边缘社区居民使用公租房存在的大量不文明情况以及物业管理者尝试鼓励社区居民多做好事反映出社区黏合度较低。基于产权强度与社会黏合度之间呈"U"形结构和学者以二者作为标准对商品房社区、村改居社区、小产权社区、出租房社区的类型划分，笔者以这两个维度之间的关系为标准，将城市边缘社区与市场力量主导的商品房社区和政治力量主导的村改居社区这两类自有房社区进行比较，确定城市边缘社区的产权强度和社会黏合度之间的关系，如图 2-2 所示。

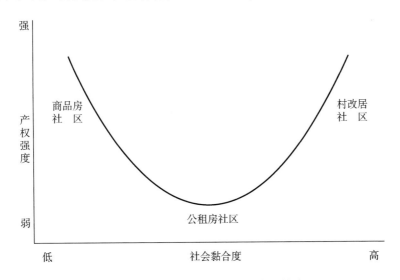

图 2-2 社区产权强度与社区黏合度的关系

① ［美］乔恩·埃尔斯特：《社会黏合剂：社会秩序的研究》，任剑涛等译，社会科学文献出版社 2009 年版，第 266 页。

城市边缘社区产权强度与社会黏合度的 U 形结构反映出二者之间先表现为负相关，经过下凸的极小值点后，二者之间则表现出正相关，即前者先降低而后提高后者，后者先减弱而后增强前者的关系。在商品房社区，居民虽然通过购房享有房屋的完全产权，但是居民间的社会关系原子化，呈现出"陌生人社会"特征，产权强度与社会黏合度存在"替代效应"，社会黏合度反而不高，产权在一定程度上对治权产生了约束作用，社区治理主要依靠物业管理公司这一市场力量。正如有学者指出的那样："业主居民的产权身份这个事实并不会自动地影响到他们在社区治理中的参与行为，对产权利益及制度规则的认知是促使他们落实社区治权的重要变量。"① 在商品房社区只有居民的产权利益受到物业管理公司损害或者物业管理规则明显不合理时，居民才会积极参与社区治理，行使他们的治权。在村改居社区，产权强度与社会黏合度之间发生互补作用，居民因为村改居集中居住而仅享有房屋的使用权，但是因为居民间相互熟悉，属于"熟人社会"，产权强度与社会黏合度存在"互补效应"，社会黏合度较高，产权对治权产生正向的激励作用，社区治理主要依靠居民委员会这一政治力量。在城市边缘社区，居民只享有有限产权，并且居民之间相互并不熟悉，处于产权强度弱和社会黏合度低的状态，产权的弱关联难以对治权产生有效的正向激励，居民往往无意于参与社区治理，无论是市场力量还是政治力量均难以单独实现对城市边缘社区的有效治理。

二　异质性强

异质性强是城市边缘社区的另一特殊性。城市边缘社区是公租房集中开发建设或配建后，采取企业配租和社会配租相结合的方式面向保障

---

① 陈建国：《你的社区你做主吗？——住房产权对业主治权实现影响的实证分析》，《武汉科技大学学报》（社会科学版）2020 年第 1 期。

对象配租入住后形成的社区。就城市边缘社区内部而言，社区居民既包括企事业单位配租入住的引进人才、新就业职工，也包括社会配租入住的城市中低收入住房困难家庭。与商品房社区或村改居社区的居民处于相似收入水平或社会阶层不同，城市边缘社区的居民虽然都属于没有住房的弱势群体，但是他们的收入水平或社会阶层存在较大差异，社区居民的异质性较强。同时，由于居民异质性强导致居民之间的利益诉求存在比较严重的分化，社区利益也呈现出异质性强的特征。就城市边缘社区整体而言，社区往往选址偏远，中低收入群体和弱势群体聚集，容易形成居住空间分异和贫困集中的问题，从而使城市边缘社区与邻近自有房社区的异质性明显。这种社区的强异质性使得城市边缘社区三治融合不仅要面对不同居民的生活情况，也要面对居民的利益诉求差异。

（一）居民的异质性强

公租房是住房模式剩余化政策的产物，长期以来作为城镇住房制度改革的补充性、调控性工具存在。公租房制度初创时被定位是为既买不起商品房，又不符合经济适用房、廉租房保障资格的"夹心层"住房困难群体提供住房保障的补位型保障房。[1] 随着公租房与廉租房并轨以及保障范围的扩大，公租房几乎成为整个住房市场的补充，无论保障对象的年龄、户籍、受教育程度存在何种差异，只要属于住房困难群体都可以入住公租房。这就导致城市边缘社区居民的强异质性：一方面，城市边缘社区相较于邻近的自有房社区，居民构成更加复杂，并且不同的居民群体缺乏共同话语，难以互帮互助或团结协作；另一方面，城市边缘社区的居民都属于住房困难群体，收入水平不高，大规模集中居住会在事实上形成与邻近自有房社区的居住空间分异和贫困集中化，导致城

---

[1]　李克武、聂圣：《从实物配租到货币配租：我国公租房制度的理性选择》，《江西社会科学》2019 年第 8 期。

市边缘社区衰败为城市里的贫困孤岛，甚至可能被"污名化"，居民难以对社区形成认同感和归属感。

公租房的配租方式决定了城市边缘社区的居民构成。企业配租面向引进人才、新就业大学生、外来务工人员等中低收入的工薪群体。这部分居民属于青壮年群体，往往具有较强的流动性，收入提升空间也比较大，往往只具有在社区居住一段时间的意愿。他们虽然具备较强的社区治理参与能力，但是往往因为工作繁忙以及没有长期居住意愿导致社区治理参与少。社会配租则面向退休老人、身体残障人士、低保户等弱势群体。这部分居民绝大多数属于老年居民群体，不具备很强的流动性，收入提升空间比较小，具有长期居住在社区的意愿。他们相对于青壮年群体其实更关心社区治理，并且其中有相当数量的老年人愿意参与社区治理，但是他们因为年龄和受教育程度等原因，参与能力有限。就城市边缘社区与邻近自有房社区的居民构成情况对比而言，由于城市边缘社区配租群体的特征明显，城市边缘社区居民的异质性特征明显，某些群体的比例会明显偏高。以武汉市 Q 社区与邻近的 A、B 社区居民的年龄情况为例，问卷调查发现，武汉市 Q 社区作为棚改回迁形成的城市边缘社区，老年居民群体所占比例远高于邻近的 A、B 社区，成为该区域最大的老龄化社区，如图 2-3 所示。

不同的城市边缘社区居民通过企业配租与社会配租入住的比例并不相同，也会导致不同城市边缘社区居民群体构成虽然都具有强异质性却各有其特征。从武汉市 Q 社区、重庆市 M 社区和深圳市 L 社区居民年龄和受教育程度的问卷调查结果来看，深圳市 L 社区属于青壮年群体占据绝大多数的企业配租主导型城市边缘社区，武汉市 Q 社区则属于老年居民群体占据绝大多数的社会配租主导型城市边缘社区，重庆市 M 社区介于二者之间，如图 2-4 所示。受教育程度与居民的年龄之间存在明显的对应关系，在深圳市 L 社区居民受过高等教育及以上的群体占

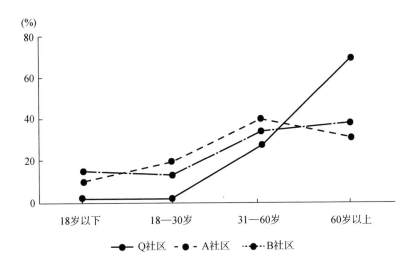

图 2 – 3　Q、A、B 三个社区居民的年龄占比情况

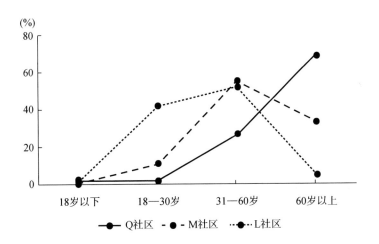

图 2 – 4　Q、M、L 三个社区居民的年龄占比情况

据绝大多数，武汉市 Q 社区的近半数居民的受教育程度为初等教育及以下，重庆市 M 社区同样介于二者之间，如图 2 – 5 所示。尽管采取简单随机抽样方式进行的问卷调查不可避免地存在误差，但无论是年龄还是受教育程度的调研结果都与城市边缘社区所处地域的整体情况以及社

区提供的居民基本情况数据相符合。

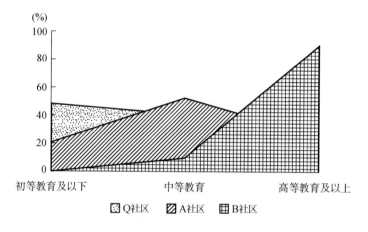

图 2-5　社区居民的受教育情况

在城市边缘社区内部，不同方式分配入住的居民不仅存在年龄和受教育程度等自身情况的差异，分区居住也加大了不同居民群体的心理距离。武汉市 Q 社区、重庆市 M 社区和深圳市 L 社区对于企业配租居民和社会配租居民的居住空间都有着明显的分区。以深圳市 L 社区为例，整个社区居住区域的 24 栋建筑呈长条形分布，被划分为两大区域：第 1—12 栋的公租房面向企业配租，建筑的楼层较高，每一层为"口"字形，公共空间较小且房屋以单人套间和一室一厅套间为主，并且第 1—12 栋又进一步区分为第 1—9 栋的人才房和第 9—12 栋的企业员工宿舍；第 13—24 栋的公租房面向社会配租，建筑的楼层较低，每一层为"回"字形，公共空间较大且房屋以一室两厅套间为主，如图 2-6 所示。由于公共道路的分隔，不同区域间的居民很少互相往来。尽管不少居住于第 13—24 栋的社区老年居民会到社区小学接送孙子、孙女，第 1—12 栋的一些年轻居民也会在工作之余前往社区社会文化中心的活动室或健身房活动，但这个过程中发生的跨区域交流较少，大多数还是本区域的居民之间形成较为稳定的活动群体，自发性的互帮互助或团结协作也多发生在这些群体之间。

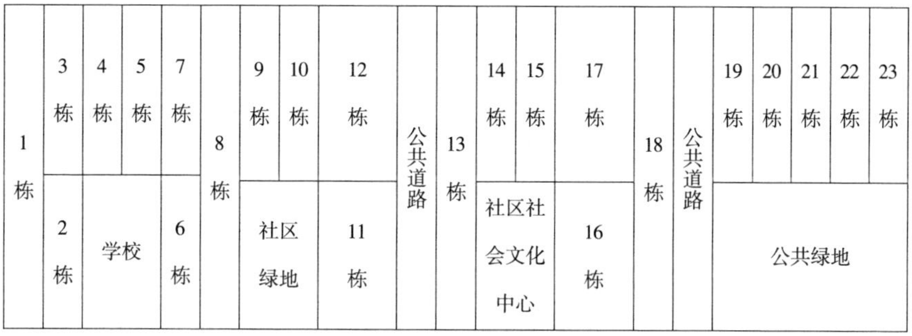

| 1栋 | 3栋 | 4栋 | 5栋 | 7栋 | 8栋 | 9栋 | 10栋 | 12栋 | 公共道路 | 13栋 | 14栋 | 15栋 | 17栋 | 18栋 | 公共道路 | 19栋 | 20栋 | 21栋 | 22栋 | 23栋 |
| | 2栋 | 学校 | | 6栋 | | 社区绿地 | | 11栋 | | | 社区社会文化中心 | | 16栋 | | | 公共绿地 | | | | |

图2-6 深圳市L社区建筑平面分布情况

注：本图由笔者根据深圳市L社区的社区简介绘制而成。

(二) 利益的异质性强

城市边缘社区居民的异质性强，导致了城市边缘社区利益的强异质性。这种强异质性首先体现为城市边缘社区因为自身居民某些群体的比例明显偏高而相较于邻近自有房社区的利益强异质性。社区利益需要社区社会组织提供公共服务具体实现或加以保护。笔者通过不定项选择"您认为社区需要增加哪些社区社会组织"的方式对社区居民进行了问卷调查，发现居民认为需要增加的社区社会组织的类型与其利益具有一致性。以武汉市Q社区及其邻近的A、B社区为例，由于Q社区老年居民群体所占的比例远高于邻近的A、B社区，社区居民对于老年人服务的需求也更高。另外，因为Q社区也存在比较多的身体残障人士，所以对于残障人士权益保护的公共服务要求也较高，如图2-7所示。当然，城市边缘社区利益的异质性强并不意味着社区居民的需求完全集中在某一类社区社会公共服务上。事实上，城市边缘社区居民的利益同自有房社区居民一样是多元的，除了对某些方面的公共服务有突出需求外，对于文体娱乐、环保卫生和社区安全的需求同自有房社区具有相似性。

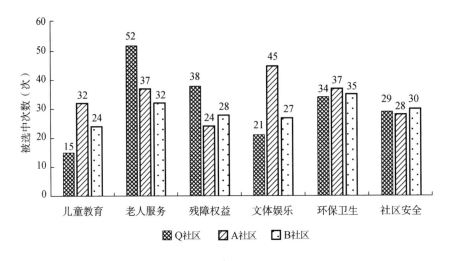

图 2-7　社区居民认为需要增加的社区社会组织类型

城市边缘社区利益的异质性强更多地体现在城市边缘社区内部不同的居民之间。在武汉市 Q 社区、重庆市 M 社区和深圳市 L 社区以不定项选择方式进行的 "您喜欢参与哪些社区活动" 问卷调查结果表明，城市边缘社区居民参与社区活动的偏好与社区居民的利益具有一致性，是由社区居民的构成情况决定的。武汉市 Q 社区社会配租的老年居民所占比例最高，因而对于老人服务活动偏好较高，对于儿童教育活动的偏好较低；而深圳市 L 社区则是企业配租的青壮年居民所占比例最高，因而对老人服务活动偏好较低，对儿童教育活动的偏好较高；重庆市 M 社区的居民群体比例情况介于二者之间，对于老人服务和儿童教育活动的偏好也介于二者之间，如图 2-8 所示。虽然武汉市 Q 社区和深圳市 L 社区的居民对于文体娱乐活动都表现出明显的高偏好，但是进一步的调查发现老年居民群体与青壮年居民群体对于文体娱乐活动的需求存在明显的异质性。对两个社区的老年居民群体与青壮年居民群体就社区活动中心文体活动设施更新的访谈中，老年居民群体表示希望增加闲情逸致的棋牌类活动设施，而青壮年居民群体则希望增加更加激烈的体育运动设施。

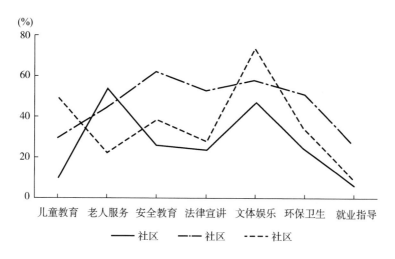

图 2-8　社区居民参与活动的偏好

城市边缘社区利益的异质性强常常引起居民之间的利益冲突。

一方面，居民因为利益诉求不同而对同一行为持有互斥的态度，进而发生直接的利益冲突。饲养宠物、广场舞活动和电动车入户充电是城市边缘社区居民产生直接冲突的常见诱因。以饲养宠物为例，饲养宠物的居民与没有饲养宠物的居民对于宠物是否会损害他人或者公共利益存在极其不同的认识，进而对于社区是否应当允许饲养宠物持完全相反的观点。武汉市 Q 社区的调研问卷表明，填写问卷的居民中有 65% 的居民认为存在宠物随地大小便的问题，但是这些认为存在宠物随地大小便问题的居民中只有 1% 饲养宠物。深圳市 L 社区物业管理公司 6 栋楼栋管理员处理投诉的事例也生动地反映了居民对于饲养宠物的不同利益诉求。该栋 608 室的居民在家中养鸟，鸟的叫声打扰了隔壁的居民休息，进而遭到投诉。在入户处理投诉的过程中，608 室的居民向楼栋管理员解释："我养的就是两只小文鸟，它们就是白天偶尔叫两声，声音很小的，不会打扰别人休息的。我在门外面都听不到它们叫。"楼栋管理员告诉该居民："从8月21日开始，已经有住户反映三次了。您最好找个黑布盖上，把窗户关好，免得它们吵到别人。"该居民还是认为："它们的声音真的很小，而且我养鸟办证了的，不违规，他们是胡搅蛮缠。"最后经过反复交涉，该居民才同意找黑布盖住鸟笼，并且保证9点之前绝不将鸟拿到窗台。

另一方面，居民群体的不同利益诉求虽然没有导致居民之间直接的利益冲突，但是会造成居民利益与满足居民公共利益的社区制度相冲突。这种社区利益的强异质性在居民之间具有"隐蔽性"的同时也具备制造社区治理问题的"隐患性"。在城市边缘社区智能化管理的过程中，武汉市Q社区和深圳市L社区都建立了智能门禁系统以应对城市边缘社区流动性强造成的社区安全问题。然而，智能门禁系统无论是在武汉市Q社区还是在深圳市L社区都在实际上处于被弃用的状态。管理智能门禁系统的物业管理公司工作人员给出了这样的解释："智能门禁设计的初衷是防止社区外面的人随意进出造成一些安全隐患，但是这个智能门禁系统确实不太好用。一方面，社区里的很多老人不会用这个门禁系统，行动不方便的租户也没法用这个门禁系统；另一方面，社区里面的人比设计时预想的要多，用门禁进出太慢，而且租户变了门禁又不能及时更新，很难用。结果就是很多素质不太高的居民把一部分门禁破坏了，我们经常要维修，成本也高。最后，我们就决定干脆把智能门禁系统关了，还是聘请保安负责门禁。"

三　行政性强

城市边缘社区的特殊性还在于行政性强。在城市化过程中，城市的基层行政空间与社区自治空间形成了一种行政区与社区交错重叠的形态。虽然在这种形态中基层行政发挥了矫正"自治失灵"的积极作用，但是也导致了社区治理日趋行政化，社区承接大量的行政任务，丧失了应有的独立性和自治性。随着社区治理日趋行政化而来的是居委会从居民的"头"转变为街道办事处的"腿"，居民自治隐而不彰，行政管理大行其道。尽管各城市探索了花样繁多的"社区工作站模式"改革试验，国家政策也试图高位推动社区的"去行政化"改革，《关于进一步开展社区减负工作的通知》（民发〔2015〕136 号）试图通过减少冗余行政实现"社区减负"，但由于各种体制机制的原因，"权随责走、费随事转"的社区减负改革往往停留于纸面，而不能落实在基层。历经一系列"去行政化"改革的波折后，有学者提出"行政化"问题源于实质行政性与形式行政性之分，"去行政化"改革的关键在于弱化对自治无增益并且增加了基层工作负担的形式化行政性，而非追求"纯净"自治。① 城市边缘社区作为城市化进程中住房保障政策变迁的产物，除了与自有房社区一样存在因为与基层行政部门强关联而产生的行政化问题外，还因为公租房的保障房性质而存在独有的行政管理问题。

（一）行政任务多

公租房是政府为保障社会弱者的住房权这一基本人权而向其供给的公共物品。为保证公租房的公平分配、合理使用和有效回收，政府住房保障主管部门有对公租房的配租、使用和退出进行全过程监管的职责，既要管理公租房房源，也要管理公租房保障对象。以公租房的档案管理为例，根据《住房保障档案管理办法》第 12 条和第 13 条的规定，保障对象和房源应当分别按照"一户一档"和"一套一档"的原则在房屋分配使用后 3 个月内完成归档，包括电子和纸质档案，实现对于"人"

---

① 苗延义：《能力取向的"行政化"：基层行政性与自治性关系再认识》，《社会主义研究》2020 年第 1 期。

和"房"的档案化管理。但是，住房保障主管部门工作人员数量极其有限，单纯依靠本部门的工作人员根本无法完成对其辖区内城市边缘社区庞大数量的公租房及其使用人的监管。实践中，住房保障主管部门在城市边缘社区设立专门的运营机构或者委托物业管理公司进行公租房的在地监管，并将相当数量的保障对象监管工作委托给社区居委会。这就造成了城市边缘社区行政任务的进一步增加。

城市边缘社区居委会需要承担受理和初步审查公租房承租或者续租申请、登记实际入住人信息的任务。公租房申请审核是一项需要多主体参与的行政任务，城市边缘社区受理申请和初步审查是整个审核工作的起点。以武汉市 Q 社区为例，根据武汉市公租房申请审核的流程，城市边缘社区居委会需要受理户口位于本社区、在本社区居住一年以上的居民提出的公租房申请。在受理申请时，应当查验相关证件，受理并登记申请信息，将申请信息提交区房管部门，并且在区房管部门初步筛选确定合格后将申请信息提交到街道办事处，如图 2-9 所示。城市边缘社区居委会的任务量是由提交申请的居民人数和频率共同决定的。在武汉市住房保障主管部门将公租房租赁合同由三年一签改为一年一签之后，虽然社区里新提交申请的居民人数并没有显著增加，但是居民提交公租房申请的频率加快，Q 社区居委会受理申请的任务更多。并且，公租房租赁合同频繁续签过程中居民收入情况和租金的变动也容易让居民与居委会之间关系紧张，使申请审核工作更加困难。访谈中，Q 社区居委会副主任表示："现在续租申请时，房屋租金上涨的情况比较多，有很多居民向社区反映，但是社区其实解决不了。严格来说，不按新租金标准就要强制退租的，但退租也不是社区决定的。我们社区的书记在区人大会议上提出过这个问题。社区解决不了会报给上面，上面有一个反馈的时间。这个时间内即使没有完成申请审核，公租房也可以继续住。"

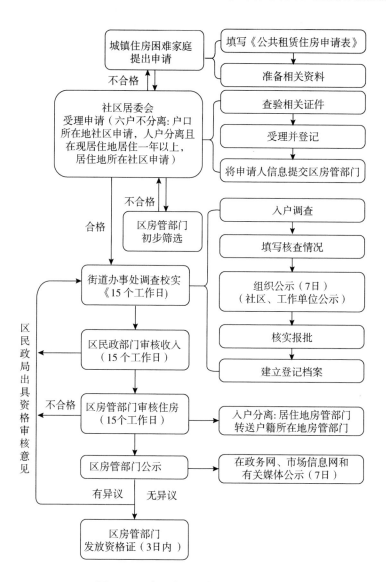

图 2 - 9　武汉市公租房资格审核流程

注：本图由笔者根据武汉市 Q 社区公租房申请流程指引图简化制作而成。

城市边缘社区居委会还需要完成登记实际入住人信息的任务。由于公租房内共同居住人会因为各种现实原因发生变更，住房保障主管部门及其委托的运营机构实际上对共同居住人变更的规定采取变通执行的策略，实际入住人与共同居住人并不完全一致。对于工作人员有限且行政任务本已繁重的城市边缘社区居委会而言，登记实际入住人信息无疑是一项艰巨的任务。一般情况下，城市边缘社区居委会只需要在住房保障主管部门提供的公租房承租人及其共同居住人信息的基础上补充在社区居住时间达到较长时间（一般为6个月）以上的实际入住人信息。但是，新冠疫情期间，由于城市边缘社区需要进行封闭管理，严格限制社区居民的出入，城市边缘社区居委会有必要全面掌握实际入住人的信息。武汉市 Q 社区、重庆市 M 社区和深圳市 L 社区居委会都投入了大量的人力对新冠疫情期间居住在城市边缘社区的实际入住人信息进行全面登记。武汉市 Q 社区和重庆市 M 社区的居委会的网格员较为充足，网格化管理过程中实际入住人信息得到了及时更新，在新冠疫情期间能够迅速地掌握实际入住人信息。然而，深圳市 L 社区的居委会由于没有足够的网格员，实际入住人信息并没有及时更新，导致新冠疫情期间的登记工作任务陡然加重。深圳市 L 社区居委会的主任告诉笔者："我们社区居委会人员本来就没有配齐。到现在，每个网格都还没有网格员，社区总共只有5个聘任的录入员负责居民信息的录入。公租房里住的人和保障署给我们的名单有很大的出入，可能保障署给的名单只有2个人，房子里实际却住了4个，这些人都要登记。新冠疫情期间，我们几乎不休息，最后才在物业管理公司的协助下完成了登记，给他们发了通行证。"

城市边缘社区的物业管理公司和公租房运营机构作为社区公共服务的重要提供者和受住房保障主管部门委托的在地监管者，同样承担着繁重的行政任务。在公租房使用监管的过程中，物业管理公司和运营机构倘若发现社区居民有轻微违法行为，则负有立即予以制止并当场进行纠正的义务。倘若发现社区居民有较为严重的违法行为，物业管理公司和运营机构除了应当予以制止和纠正外，还负有向住房保障主管部门及时报告的义务。城市边缘社区行政任务大多数需要社区居委会、物业管理公司和运营机构合作完成，成为三方的共同任务。住房保障主管部门的行政任务下发到城市边缘社区往往没有指定具体的责任主体，致使其成为需要社区居委会、物业管理公司和运营机构联动完成的社区公共事务。在武汉市 Q 社区，居民委员会、物业管理公司和运营机构三方联动共同完成公租房的使用监管任务已经成为常态。在接到住房保障主管部门或者街道办事处下发的使用监管任务之后，三方会在每周召开一次联席会议，讨论具体的联合行动方案。如果任务是临时且紧急的，则会召开临时的联席会议，快速决定如何联合行动。三方联动过程中，社区居委会主要是向居民宣传，与居民沟通，协调三方联动主体与居民之间的关系，物业管理公司和运营管理公司则是在各自受委托的行政任务范围内完成各自的工作并且相互之间进行必要的协助。

Q 社区的网格员以"外立面整治"行动为例说明三方联动完成行政任务的过程："为了迎接军运会，上面通知我们要拆除租户在窗户外面私自搭的各种架子。这些架子不美观也存在安全隐患，其实公租房管理规定也不允许搭架子。租户入住的时候物业和运营那边就提醒租户不能对公租房私自改装加装，但是租户入住后他们监督得不是很到位，后期整治的难度很大。我们就三方联动，先做沟通宣传，让居民知道这个事儿，让他们自觉拆除。那些不自觉拆除的，我们和物业管理公司、运营管理公司一起入户强制拆除。我们不能直接去拆除，因为执法权限在物业管理公司和运营机构那边儿，需要他们到场去拆。"物业管理公司和运营管理公司的经理对于三方联动的过程描述相似，但是对于三方的分工却有着不同的认识："我们都是配合社区行动，联席会议是社区主导的，行动过程中我们是跟着入户去完成拆除。名义上我们是做管理，但其实就是做服务，没有权力的。只有社区让我们去拆，我们才会去强制拆除。"

（二）行政干预强

城市边缘社区除了行政任务多，其公共事务的治理还受到住房保障主管部门较强的行政干预。广义上，住房保障主管部门以任何形式介入社区治理都属于行政干预，下发行政任务也属于行政干预的范畴。从狭义上说，行政干预是指住房保障主管部门对本不属于行政任务的社区公共事务治理的介入。城市边缘社区之所以具有行政干预强的特征，是因为公租房在法律性质上是一种行政给付。城市边缘社区的公共事务大多数都与公租房的分配准入和使用退出有关，其治理不可避免地会受到住房保障主管部门较多的行政干预。这种行政干预集中体现在公租房运营管理和物业管理的过程中。

公租房运营管理是围绕公租房租赁合同展开的租约管理，既包括对作为建筑物专有部分的公租房进行修缮和管理，以保证公租房正常使用；也包括为租户办理入住和退房手续，替出租人收取租金和进行使用监管，以维护公租房使用秩序。我国公租房目前主要采用"政府主导，国企运作"的模式，出租人要么是住房保障主管部门或其他政府机关，要么是政府投资设立的国有企业。武汉市 Q 社区和重庆市 M 社区城市边缘社区的出租人都是国有企业，深圳市 L 社区的出租人，第 1—9 栋的人才房属于引进人才的政府机关，第 9—24 栋则属于深圳市住房保障署。运营机构作为受出租人委托进行租约管理的受托人，即使政府不以行政主体的名义进行直接的行政干预，其日常运营管理过程中也会受到带有公权力色彩的出租人的间接影响。在此意义上，公租房运营机构的设置就是为了实现住房保障主管部门对社区治理的介入。但不可否认的是，公租房运营管理是城市边缘社区公共事务治理不可或缺的部分，正如承租人在社区生活离不开出租人的帮助一样，即使没有行政任务，城市边缘社区居民的日常生活也离不开公租房运营管理。因此，公租房运营管理是一种常态化的行政干预，只不过这种干预通常采取间接的方式，往往没有展现出公权力直接行使的过程。例如重庆市 M 社区的房管中心对于第 24 栋租户擅自将公租房改装为办公室的违法使用行为，采取立即向租户发出《解除租赁合同通知书》并要求恢复原状及限期搬离的合同解除方法，实现了公租房使用监管的行政法目标。

公租房物业管理是指对城市边缘社区中建筑物共有部分及其配套设施的维修、养护和管理，保证租户能够正常使用社区的公共空间和共用设施，根据物业管理项目类型可以划分为公租房共有部分的维修管理、公租房附属设备管理、公租房安全管理和公租房环境管理四个方面。公租房物业管理模式的选择是行政干预物业管理的结果。由于城市边缘社区的治理资源相对缺乏且分布不均，我们需要借助管理体制中平衡政府干预与市场自治关系的制度可能性边界理论，对物业管理过程中政府干预和市场无序造成的社会损失进行权衡取舍，选择使社会损失最小的物业管理模式。

如果将政府和市场视为城市边缘社区治理主体对物业管理模式的两种偏好，那么政府干预和市场无序造成的社会损失可以用一条无差异曲线表示。在这条曲线上，虽然政府直接管理模式、市场化管理模式和准市场化模式的政府干预程度强弱有别，但是所造成的社会损失总是相同的。如果城市边缘社区治理主体对于物业管理模式的选择没有约束条件，那么所有的政府干预程度都可以接受。但是，城市边缘社区的治理资源相对缺乏且分布不均，城市边缘社区主体对于物业管理模式的选择必须将政府干预和市场无序造成的社会损失都控制在一定的范围内。这就是城市边缘社区主体对于物业管理模式选择的约束条件，可以用一条直线表示。显然，无差异曲线与直线的切点是均衡点，代表着有约束条件下公租房物业管理模式的最优选择，如图 2－10 所示。

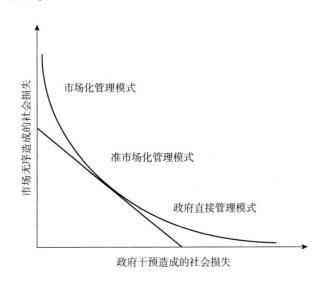

图 2－10　城市边缘社区物业管理的制度可能性边界

注：本图由笔者参考制度可能性边界的理论分析模式绘制而成。

资料来源：刘啸、罗章：《中美基金会管理体制比较研究——基于制度可能性边界的理论》，《行政论坛》2012 年第 3 期。

　　该理论解释了武汉市 Q 社区、重庆市 M 社区和深圳市 L 社区的物业管理为什么都选择了有行政干预的准市场化物业管理模式。在这种模式下，公租房物业管理公司的组建或选任、公租房物业管理活动的开展和考评监督都受到住房保障主管部门较强的干预。例如，深圳市 L 社区的物业管理公司为了保证每年能够通过市住房保障署满意度考评监督，每 3 个月都会自主进行物业管理满意度调查，改进物业管理过程中存在的问题。

第二节　城市边缘社区特点对三治融合造成的挑战

城市边缘社区产权关联弱、异质性强和行政性强的特点，不仅是城市边缘社区三治融合实践所依托的条件，同时也是城市边缘社区三治融合治理成效提升的限制因素，对城市边缘社区三治融合治理造成了挑战。这些挑战可以从城市边缘社区三治融合的治理主体、治理方式和治理规范三个要素维度揭示。从三个城市边缘社区三治融合的实践样态来看，城市边缘社区的特点与其对三治融合造成的挑战，并不是特点与要素简单的一一对应关系，而是比较复杂的引起与被引起关系，如图 2 - 11 所示。

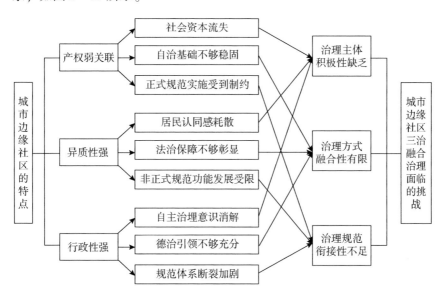

图 2 - 11　城市边缘社区特点与其对三治融合造成的挑战的关系

一　治理主体积极性缺乏

在治理主体维度，城市边缘社区的产权关联弱导致社区社会关系网络不够发达，社区社会信任和凝聚力不足，难以形成"楼栋共同体"，社会资本流失；异质性强导致居民带有"临时寄居"心态，对城市边缘社区缺乏归属感和认同感，对社区公共事务比较冷漠，居民认同感耗散；行政性强导致社区诸多主体之间缺乏协同，居民对于社区自治的参与严重不足，自主治理意识消解。三者共同造成了在城市边缘社区三治融合治理实践中，治理主体积极性缺乏的挑战。

（一）产权关联弱导致社会资本流失

城市边缘社区作为居民生活的公共空间，居民在日常生活中通过相互之间的交往产生超越公共空间的"公共性"，成为具有社会特征的生活共同体。然而，从城市边缘社区产权与治权关系的实际情况来看，城市边缘社区的产权的弱关联结构难以有效激励居民积极落实其治权，参与社区三治融合的治理实践。居民对于社区三治融合治理活动的参与仍然是一种非制度化、非常规性和非政治性的"弱参与"，其未能通过在社区公共空间的交往形成足够支撑其有效参与社区三治融合治理活动的社会资本，社区公共空间内的社会资本流失较为严重。

"社会资本"是指社会生活中那些有助于个体行动者更加有效地为了共同目标而采取共同行动的特征，如信任、网络和规范等。① 根据社会资本的界定，有学者提出"社区社会资本"的概念，并将其界定为"社区关系网络及蕴含其中的社区信任与规范是其基本构成要素"②。有学者建立了社区社会资本指标体系，从社会网络、社区信任、社会参与和社区凝聚力四个维度对福州、厦门、上海、重庆等城市保障房社区的社会资本进行测度，发现保障房社区社会资本总体偏低。③ 借鉴这种

---

① Robert D. , Putnam, "Tuning in, Tuning out: The Strange Disappearance of Social Capital in America", *Political Science and Politics*, Vol. 28, No. 4, 1995, pp. 638 – 664.

② 方亚琴、夏建中：《社区治理中的社会资本培育》，《中国社会科学》2019 年第 7 期。

③ 林晓艳等：《保障房社区社会资本测度与比较》，《东南学术》2018 年第 6 期。

社会资本测度方法，笔者以居住满意度和邻里熟悉程度作为测度标准，对武汉市 Q 社区及其邻近的 A、B 两个自有房社区的居民进行了问卷调查。就居住满意度而言，Q 社区居民认为居住比较满意的人数占比明显低于邻近的两个自有房社区，而认为居住不满意的人数占比则明显高于邻近的两个自有房社区，如图 2 – 12 所示。就社区居民对于左邻右舍的熟悉程度而言，Q 社区居民对邻里十分熟悉或熟悉的总和占比仅为40%，而 A、B 两个社区居民的相应占比在 50% 以上；同时 Q 社区居民对邻里完全不了解的占比高达 35%，表明 Q 社区的邻里熟悉程度明显低于邻近的两个自有房社区，如图 2 – 13 所示。综合而言，相较于邻近的自有房社区，城市边缘社区居住满意度更低，邻里之间更加疏远，反映出城市边缘社区社会关系网络不够发达，社区社会信任和凝聚力不足，社会资本在城市边缘社区存在较为严重的流失现象。

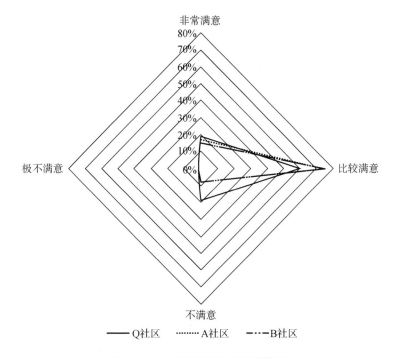

图 2 – 12　社区居民的居住满意度

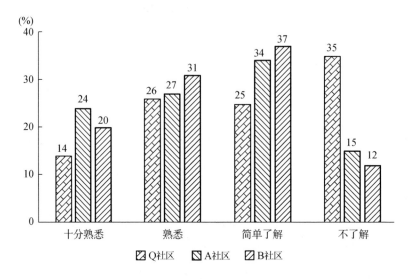

图 2 - 13　社区居民的邻里熟悉程度

　　当社会资本大量流失之后，居民很难基于共同的权利诉求，围绕党建网格，结成能够长期、稳定地参与社区三治融合治理活动的"楼栋共同体"；而是更容易基于年龄、工作或兴趣爱好，形成具有不同利益诉求的"小圈子"。不同的"小圈子"之间因为生活方式和生活环境的差异，共享着不同的精神生活、价值观念和文化活动。这虽然有利于社区居民之间的自发团结，但是也可能导致部分居民局限于"小圈子"内的封闭活动而对非圈子中的邻里冷漠，甚至产生不同"小圈子"之间的矛盾和冲突。概括而言，在城市边缘社区，传统的基于住房所有关系或者说完全产权形成的城市治理组织网络遭到破坏，而与公租房产权弱关联结构相适应的治理主体组织结构却尚未完全建立，社区居民还处于"一盘散沙"的状态，城市边缘社区三治融合的治理主体面临编织社会关系网络、增强社区社会信任和凝聚力的自我组织难题。

　　（二）异质性强导致居民认同感耗散

　　城市边缘社区的居住分异和贫困集中会导致"社区"与"社会地

位"之间的关联在城市边缘社区被放大，城市边缘社区被"污名化"，社区居民在社会生活上被边缘化，甚至被主流社会排斥。尽管我国的城市边缘社区尚未如圣路易斯市普鲁伊特—伊戈公共住房项目一样沦为"贫民窟"，却正在面临越来越严重的社会融入问题。这种来自外部的排斥和居民的社会融入需求会作用到城市边缘社区内部，导致大多数居民即使因为自身收入和工作等客观原因需要在社区长时间居住，也带有"临时寄居"心态，不像自有房社区居民有较强的归属感和认同感。居民往往除对直接关乎切身利益的事项有所关心外，对社区的公益活动、环境、声誉等都表现出比较冷漠的态度。

城市边缘社区的老年人由于没有强烈的自我实现的需求，对于城市边缘社区的认同感和归属感较高，而那些自我实现需求强烈的年轻人则对于城市边缘社区缺乏认同感和归属感。重庆市 M 社区第 26 栋的年轻居民在访谈过程中说："我们一起住进来的好几个人都是一个公司的员工，我们公司把这两层都改成了员工宿舍，大家都住这里。我觉得这里就像是大学时候住的宿舍，两人一个单间，有点儿挤。周末就在宿舍休息，社区里的活动通知了我们也没时间去参加，平时和社区打交道很少，他们也不找我们，我们有什么事情基本是和房管中心联系。现在就是想多攒点儿钱，然后买房或者出去租房子。这里又破又乱，离上班的地方也远。"还有年轻居民表示："其实我觉得公租房就是给没办法的穷人住的，你看社区里的人不是我们这种打工的就是老年人。周围的人也都是这么说的。我现在穷，没办法，有钱了当然是想有自己的房子住。"企业配租入住的居民更多地将公租房视为因为经济困难而不得不暂居的宿舍，城市边缘社区自然难以成为一个让他们有认同感和归属感的地方。这种归属感的缺乏使原本具有较强参与能力、掌握着较多参与资源的居民缺乏参与城市边缘社区三治融合实践的积极性。

（三）行政性强导致自主治理意识消解

城市边缘社区三治融合的治理活动涉及诸多主体，并且从科层制的角度来看，这些主体互不统属，权力和资源相对独立，存在不同的利益诉求和治理目标，各治理主体可能因为权力和资源的配置相互掣肘，难以形成有效合作。当前，城市边缘社区三治融合实践中的三方联动和居民参与主要依靠政府力量在高位推动、强制捏合，社区诸多主体之间缺乏协同，居民对于社区自治的参与严重不足。这种强行政性造成了城市边缘社区三治融合的公权依赖倾向，社区的自主治理意识消解。

客观上，住房保障主管部门公权力成为城市边缘社区三治融合不可或缺的存在，社区内出现的一些问题需要借助住房保障主管部门公权力才能得到解决。城市边缘社区居委会、物业管理公司和运营机构单独或联合完成公租房配租、使用和退出过程中的行政任务都是以住房保障主管部门的公权力为基础进行的，社区运营管理活动和物业管理活动若没有住房保障主管部门公权力的介入也将难以正常开展。在武汉市Q社区居委会、物业管理公司和运营管理公司三方联动过程中，三方之所以都认为自己属于没有权力的状态，是因为强制执法权力本质上是一种公权力而不是自治权，住房保障主管部门才是真正享有权力的主体。三方联动在事实上能够实现强制执行效果也恰恰得益于国家行政公权与群众自治权之间的纠缠关系使得自治权得到了增强。然而，这种城市边缘社区自治权增强的力量源于外部而非自身，源于行政而非居民，对社区治理表面上是有效的，但正在掏空社区自治的根基。前文所述的潜藏在城市边缘社区行政任务多表象之下的问题，症结在于住房保障主管部门与联动的三方之间缺乏明确清晰授权委托关系，导致了"权不随责走"。

主观上，城市边缘社区的居委会、物业管理公司、运营机构乃至居民都形成了对住房保障主管部门公权力的偏好，一旦出现问题，往往求助于行政干预而非社区治理。住房保障主管部门公权力在社区的存在改变了社区治理主体的行动逻辑。行政干预越是直接、频繁、持久，城市边缘社区面临的公权依赖挑战就越强。将制度可能性边界理论从城市边缘社区物业管理模式拓展到城市边缘社区治理，不难发现，城市边缘社区的治理资源相对缺乏且分布不均决定了城市边缘社区治理也存在制度可能性边界，社区治理需要适度的行政干预，但是干预过度就会造成城市边缘社区治理依赖公权，导致自主治理弱化，行政主导强势。例如，深圳市 L 社区各楼栋居民微信群中，当物业管理公司对于居民的报修没有及时完成修缮引发讨论时，最常见的居民发言为"再不修好我就给保障署打电话""向保障署投诉，投诉了他们就会来修""修不好就让保障署派人来修"。L 社区物业管理公司的客服部主任表示："有的租户就是你只要没有马上去修，他就打电话去保障署投诉。但保障署还是反馈给我们，修还是我们去修。我们只有这么多维修师傅，其实已经很及时了，投不投诉我们都是及时去修，但是有的租户就是觉得投诉了才有用。"

相关研究借助戈登威泽提出的"内卷化"概念，将居民在社区自治中参与不足的现象称为"居民自治内卷化"，指虽然政府积极进行了有关居民自治的改革，但是居民自治仍然呈现出"没有发展的增长"现象。[①] 在城市边缘社区，政府行政对于社区治理的强干预导致了居民普遍存在"搭便车"心理，居民不愿付出时间和精力参与社区的集体事务，却期待政府代表居民群体的利益，甚至形成对社区公共事务的治理"不知道也不想知道，不关心也不想关心"的"理性无知"。城市边缘社区三治融合过分依赖行政权力，居民自主治理的空间被严重挤压，

---

① 许宝君、陈伟东：《居民自治内卷化的根源》，《城市问题》2017 年第 6 期。

居民事实上也没有充分的参与平台和参与途径，社区资源分配、发展等事务的决定和执行在一定程度上沦为行政权力的"附庸"。

二 治理方式融合性有限

在治理方式维度，城市边缘社区的产权关联弱导致居民参与三治融合的意义没有得到充分发掘，党建网格覆盖有限且"党建"未能与自治良好结合，自治基础不够稳固；异质性强导致社区内的各项制度经常被突破或变通执行，矛盾纠纷累积比较严重，法治保障不够彰显；行政性强导致社区治理的规制性强而引导性弱，居民的个人私性意识扩张，公共精神缺失，德治引领不够充分。这三者共同造成了城市边缘社区三治融合治理实践中治理方式融合性有限的挑战。

（一）产权关联弱导致自治基础不够稳固

在三个城市边缘社区三治融合的治理实践中，无论是 Q 社区的"自治做主线"，还是 M 社区的"自治做主体"，抑或是 L 社区的"自治为本"，都是自治在三治融合的治理实践中作为基础性主线贯穿整个治理过程的反映。城市边缘社区产权关联弱意味着居民并非业主，仅仅是公租房的使用人而不是产权人，难以同自有房社区居民一样基于对房屋的支配和管理充分自治。这就导致城市边缘社区三治融合的自治基础不够稳固，突出表现为以下两个方面。

第一，居民参与三治融合的意义没有得到充分发掘，社区自治因为缺乏居民的实质参与而在一定程度上处于"空转"状态，导致社区三治融合缺乏坚实的社会基础。当前，城市边缘社区自治的开展主要是由社区党组织、居委会、物业管理公司和运营机构"主动"，在处理社区公共事务和提供公共服务的过程中吸纳居民参与，居民参与自治相对"被动"。在商品房社区，居民往往具有业主身份，《民法典》对于业主权利和业主大会、业主委员会的相关规定为业主及业主团体作为新兴的力量参与社区治理奠定了法律的正当性基础。2017 年《中共中央　国务院关于加强和完善城乡社区治理的意见》中首次将业主委员会纳入社区治理体系，标志着业主作为新兴社区治理主体登上舞台，获得了党和国家的认可和支持。在产权与治权关系的一般理论下，业主及业主团体被设想为社区居民的直接代表，通过业主大会及业主委员会参与治理也被认为是居民参与最主要、最正式，甚至是最正当的形式。然而，城市边缘社区三治融合的治理实践展现出一个在实际中明显，但是极易被规范所遮蔽的事实，那就是社区的业主与居民在内涵及外延上并不一致，业主参与并不等同于居民参与。城市边缘社区在探索三治融合治理之道的过程中，居民参与的实质意义未能得到充分发掘，常常被规范提供的居民参与应然模式所遮蔽。对于城市边缘社区权益维护和社区公共设施处置通常只关注住房保障主管部门或产权单位的诉求和意见。居民也未能建立起类似业主委员会的"住户委员会""租户委员会"等居民自治团体，维权诉求只能个别表达，维权行动只能自发组织，居民参与实质游离于社区自治之外。

第二，党建网格覆盖有限且党建未能与自治良好结合，党建引领社区自治在实践中变为党建推动社区自治，甚至是党建替代社区自治，导致党建引领社区三治融合形式多于实质。一方面，城市边缘社区党组织体系所能覆盖的范围仍然有限，虽然能够通过党建网格将相当数量的社区组织纳入社区大党委的领导之下，但是党建网格下的党员中心户的数量相较于社区居民还远远不够。仍然存在大量的城市边缘社区如深圳市 L 社区一样，存在党建工作的困难，在社区内难以形成党建网格。即使如武汉市 Q 社区和重庆市 M 社区一样形成了党建网格，其覆盖范围也有限。社区党组织的影响力只能覆盖到社区中的少部分人，还有大量的社区居民未被真正纳入党建网格。另一方面，城市边缘社区还存在将自治活动与党建活动对立起来的倾向，"党建的归党建，自治的归自治"，既加重了城市边缘社区党组织和居委会的工作负担，也未能取得党建引领自治的实践效果。就笔者调研上述两个社区网格党建活动的经历来看，党建活动的规模十分有限，人员也十分固定，甚至萌发出"闭门搞党建"的趋势。相当数量的居民被"隔离"在"党建引领自治"的范围外，缺乏与社区党组织共建共治的意识，也未能参与共享，使城市边缘社区三治融合的根基不稳。

（二）异质性强导致法治保障不够彰显

城市边缘社区的居民和利益异质性强，规范观念和利益诉求也因此具有强异质性，容易导致居民之间、居民行为与社区规范制度之间发生冲突。这就需要社区法治调整居民之间的关系，消除居民行为与社区规范制度之间的冲突，维持社区正常的生活秩序。在三个城市边缘社区三治融合的治理实践中，无论是 Q 社区的"法治保底线"、M 社区的"法治做保障"，还是 L 社区的"法治为要"，都是法治在三治融合的治理实践中作为根本性保障维持整个治理过程稳定的表达。然而，城市边缘社区异质性强导致社区内的各项制度经常被突破或变通执行，矛盾纠纷积累比较严重，法治保障不够彰显。

为什么在自有房社区常用的智能门禁系统在 Q 社区和 L 社区这样的城市边缘社区常常遭到弃用呢？这表面上是治理技术面临城市边缘社区具体情况存在局限性而导致的治理问题，实质上是居民利益与满足居民公共利益的社区制度相冲突。城市边缘社区居民并非没有安全利益需求，但是居民也有出入便利的利益需求，当保护安全的社区制度设计与出入便利利益相冲突时，一旦为了部分居民的便利而突破或变通执行制度，居民都会选择优先满足出入便利这一对自身更加显性而常规的利益。在重庆市 M 社区和深圳市 L 社区还存在为部分居民利益而变通执行消防安全规定的现象——楼道堆放纸皮。这同样反映出居民利益与满足居民公共利益的社区制度之间的冲突。尽管消防安全规定明确禁止在公租房楼道中堆放纸皮等易燃物，但纸皮作为社区一些老人唯一的收入来源，堆放纸皮现象得到了居民最大限度的理解和社区管理者最大限度的通融。本质上，这种柔性处理方式是在居民利益与满足居民公共利益的社区制度之间发生冲突时，尽量选择柔性处理，避免这种隐蔽的利益冲突显性化，以及居民与社区管理者之间的直接对抗。柔性处理和变通处理以避免冲突爆发作为一种基层治理的艺术，本无可厚非；但是，在涉及居民公共利益的制度执行过程中，为满足部分居民利益而从实质上突破或变通执行社区内的制度，就会扰乱社区规范秩序，导致违规失范行为更为普遍。

此外，从三个城市边缘社区三治融合的实践样态来看，城市边缘社区矛盾纠纷积累比较严重，缺乏及时有效纾解居民利益冲突的纠纷化解机制。在作为分析样本的三个城市边缘社区中，只有 Q 社区以人民调解委员会为基础建立了纾解居民利益冲突的纠纷化解机制。其他两个城市边缘社区，日常生活中居民之间的纠纷解决主要依靠社区居委会进行简单调解，而与公租房分配、使用、退出有关的纠纷则主要依靠居民与物业管理公司、公租房运营机构自行协商解决，或者由住房保障主管部门使用行政手段、法院通过司法程序解决。在强异质性的城市边缘社区，矛盾纠纷化解机制是社区内终局性的矛盾解决途径，是社区治理规范社会关系调整功能最显著的表现，其运行效果直接反映着三治融合实践中法治保障的状况。当前，城市边缘社区存在的一些居民利益冲突，以及居民与物业管理公司、公租房运营机构之间的冲突，无法及时、在地、有效解决，反映出法治的底线保障功能的不足。

（三）行政性强导致德治引领不够充分

城市边缘社区的公共事务受到住房保障主管部门较强的行政干预，而行政干预具有明显的规制性。这种规制性代表着国家权力，采取"命令—服从"而非"说服—引导"形式，直接穿透城市边缘社区"共同体"，作用于社区内的居委会、物业管理公司、运营机构以及公民个人。在行政主体与行政相对人的行政干预关系中，强化的是个人的私性意识，而不是城市边缘社区"共同体"的公共精神。政治学和社会学的研究一般认为，所谓"公共精神"是指"关注整体发展和公共事务的价值趋向"①。社区公共精神充盈的理想状态是"人人为我，我为人人"。过于频繁、直接的行政干预对于"共同体"内的公共精神具有不可忽视的破坏力。一方面，行政干预频繁会导致个人对自己行为的约束向行政管理规范靠拢，而轻视对个人行为提出更高要求的道德规范，自我责任感不足；另一方面，直接的行政干预容易加剧个体对于"共同体"的离心倾向和不信任感。笔者在城市边缘社区调研过程中经常发现缺乏责任担当、破坏邻里和睦、违反社会公德等缺乏公共精神的现象。深圳市 L 社区的场景生动地反映了城市边缘社区公共精神的现状：

> L 社区第 12 栋住户甲在物业管理处服务窗口大声质问："你们拉完横幅后，地上胶带一大堆，都不收一下，像什么样子？横幅还宣传文明呢！赶紧处理一下！你们谁是领导？赶紧跟着我去看看!"
>
> 物业管理处主管："您先别激动，我现在就跟着您去看是什么情况，我们会及时处理的。"
>
> 出管理处大厅，乘坐电梯时，另一位社区住户乙带着小型泰迪犬，但未按照《养犬公约》的规定用狗绳牵引，小狗在电梯外打转，导致电梯不能启动。
>
> 住户甲大声斥责住户乙："你带狗为什么不牵狗绳？《养犬公约》社区贴得到处都是，你没看到吗？这本来就是公租房，地方这

---

① 韦仕祺：《公共精神的失落根源与矫治》，《人民论坛》2019 年第 24 期。

么小，还养狗？"

住户乙："你小声点儿，好吵。我今天是没带狗绳，但是我现在也没法改呀！你这么大声，不吵吗？"

住户甲声音稍有降低，但依旧以比较大的声音说："我不是针对你个人，而是养狗就应当牵着。你这不是影响别人生活吗？"

住户乙："是我不对。你针对我，我也没意见。我下次注意。"

物业管理处主管："你们二位不要吵。要不您把狗抱起来吧！下次记得带狗绳。"

住户乙并未回应，下电梯后立即离开了，并未抱起狗。狗依然在乱跑。

到达拉横幅的地点，住户甲指着地上的几片碎屑，依旧很大声地说："你看是不是？这丢了一地，你看你们的工作还文明呢？赶紧处理好啊！我改天过来，如果还是这样，我会去居委会投诉，给你们领导反映。"说完径直向第 12 栋方向离开了。

物业管理处主管："好的，好的。我们马上找人处理。"随即掏出电话联系保洁人员，让他们来清扫。

居民其实并非对社区公共事务漠不关心，但是在寻求处理时，都因为私性意识较强，从而无论是对于物业管理公司的工作人员还是对于其他居民，都抱有较强的对抗心态，同时也不能很好地约束自己的言行。居民对于他人指责自己违反公德的不当言行，只要未受到行政权力的直接干预，往往采取相互攻讦的策略或者以沉默不作为的方式表示对抗，怠于自我纠正。这种居民自我责任感不足、居民之间以及居民与社区其他治理主体之间的对抗心态，影响了邻里和睦相处的氛围，导致公共精神缺失的状态长期存续，德治引领不够充分。

三　治理规范衔接性不足

根据产生方式和运作机制，治理所依据的社会规范可以分为正式规范和非正式规范。一般认为，前者又称"正式制度""硬法规范"或"国家法"，指依靠国家强制力保障实施的法律规范，包括法律、行政法规、地方性法规和行政规章等国家正式立法；后者也称"非正式制度""软法规范"或"民间法"，是以习惯、风俗、协议、自治公约、内部章程等形式规制和引导治理行为的社会规范，不属于国家正式立法。在治理规范维度，城市边缘社区的产权关联弱，改变了正式规范实施的社会情境，这种社会情境的改变增加了正式规范实施的难度，制约了正式规范的实施；异质性强致使非正式规范在社区内主要通过个别实施调节社会关系，限制了非正式规范功能的发挥；行政性强导致了权力传导机制偏好，绕过规范体系架设制度桥梁，加剧了规范体系的断裂。这三者共同造成在城市边缘社区三治融合的治理实践中，治理规范衔接性不足的挑战。

（一）产权关联弱制约正式规范实施

前文对于三个城市边缘社区三治融合的实践样态的考察表明，我国各地的城市边缘社区实际情况存在比较大的差异。虽然国家在制定统一适用于各地城市边缘社区的正式规范时，通常会为正式规范内容保留一定的灵活度，以留下各地按照实际情况自主实施的空间，但是公租房的住房保障性质决定了《公共租赁住房管理办法》需要对公租房的分配准入和使用退出规范做尽可能符合具体问题特性和规模的明确规定。然而，立法者要使规范尽量符合问题的特性和规模，从来都不是一件易事。在《公共租赁住房管理办法》制定的过程中，立法者所能设想的只是一般性的社会情境，无法预知其在具体实施时所面临的实际社会情境。

以公租房租金的收取为例，公租房租金作为承租人占有、使用公租房的对价①，承租人按照公租房租赁合同的约定支付租金不仅是约定义务，也是《公共租赁住房管理办法》第 21 条明确的法定义务。根据该办法第 29 条的规定，承租人拖欠租金累计 6 个月以上应当腾退公租房；若承租人拒不腾退，则公租房运营机构可以向法院起诉要求承租人腾退。但实践中，武汉市 Q 社区的公租房运营机构面对承租人拖欠租金的情况，基本上不会直接要求其腾退，也不会向法院起诉拒不腾退者。Q 社区运营机构的经理对此做了以下解释："我们公司并没有执法权限，只是代收租金。租户不交租金也不能让租户退出去，只能以劝说为主。如果走法律程序起诉，前后得一年左右，费用还需要我们公司承担。租户有时候也确实是经济困难，拿不出租金；让他们退出去，他们也没有地方住。这个不仅我们很难解决，其实住房保障局那边也不好解决。那种拖欠比较久、比较多的租户，我们一方面会报告给住房保障局那边，另一方面会采取变通的做法，比如让他的家人或者亲戚来帮忙交。"如果在城市边缘社区居民拖欠租金累计已达 6 个月的情况下，由运营机构直接要求其腾退或者向法院起诉，那么不仅需要付出较高的成本，也可能造成强制腾退中出现激烈的冲突。比较而言，对正式规范根据社会情境做变通执行是更加符合城市边缘社区治理需求的方案。前文中，住房保障主管部门和运营机构对于共同居住人非法入住相关规定的变通执行也反映了城市边缘社区的产权关联弱对正式规范实施的制约。

（二）异质性强限制非正式规范功能发挥

城市边缘社区内存在大量的非正式规范，这些非正式规范以习惯、风俗、协议、自治公约、内部章程等形式表现出来。当非正式规范在一

---

① 李克武、聂圣：《我国公租房租金形成机制的现状检讨与完善建议》，《湖北社会科学》2017 年第 8 期。

个同质性较强的社区实施时，非正式规范能够产生较为普遍的约束力，非正式规范可以比较充分地发挥规制和引导治理行为的功能；而当社区的异质性强时，非正式规范则主要通过个别实施调节社会关系，所能发挥的规制和引导功能有限。城市边缘社区的异质性强致使非正式规范在社区内主要通过个别实施调节社会关系，非正式规范的功能发挥受到限制。

以深圳市 L 社区通过《住户管理公约》进行的公租房使用监管为例，尽管《住户管理规约》第三章"物业使用与管理规约"对居民合法使用公租房的义务做了明确规定，但这些规定未能有效约束居民的行为。对于居民的违规行为，居委会和物业管理公司往往不会寻求《住户管理规约》效力的法律实现，而是会选择针对违约居民的情况采取劝说、公告和通报等解决方案。这是因为格式条款的大量存在意味着并非以居民意思为基础，居民并没有参与《住户管理规约》的拟定，确定《住户管理规约》内容的话语权也由物业管理公司而非居民所掌握。在整个《住户管理规约》的制定过程中，居民参与并不充分，意思表示也不完全自由。居民签署《承诺书》表示同意遵守《住户管理规约》并承担违反该规约的相应责任，只表明居民向物业管理公司做出了履行义务的承诺，并不意味着居民就其内容形成了认同与共识。因为社区居民对《住户管理规约》的内容没有进行协商讨论，更没有进行程序正当的决议，所以《住户管理规约》并不能体现社区居民对于社区公共事务治理的众意，更非社区居民的公意，只能为社区居委会与物业管理公司联动实现社区治理提供依据，却不能对社区居民产生普遍性的约束力。也就是说，《住户管理规约》缺乏社区公约的自治性，没有能够对强异质性的居民进行有效整合，只能通过个别居民履行义务和物业管理公司酌情行使权利实现其效力，而不能通过居民自治组织的集体实施来实现其效力。

（三）行政性强加剧规范体系断裂

就规范与权力的关系而言，规范具有约束性而权力天然具有扩张性，规范是约束权力行使的框架，而权力是维系规范的力量。将这种关系置于社区治理实践中来看，社区属于国家与社会的交接地带，国家正式规范与社区非正式规范交接形成的规范体系是权力连接的桥梁，国家行政公权与群众自治权通过这座桥梁实现交接。然而，城市边缘社区行政性强导致了权力传导机制偏好，权力通过自身在规范体系外的扩张，绕过规范体系架设制度桥梁，加剧了规范体系的断裂。

根据《中华人民共和国城市居民委员会组织法》（以下简称《居委会组织法》）第2条的规定，街道办事处与居委会之间是前者指导、支持和帮助后者，后者协助前者开展工作的关系。该法第3条对居委会协助街道办事处开展工作的内容做了列举式规定，包括社会治安、公共卫生、计划生育、优抚救济、青少年教育等。这一规定在规范意义上划定了社区自治事项与行政协助事项之间的界限，然而实践过程中这种界限却是模糊不清的。一方面，"协助""公共""公益"等表达具有较大的解释空间，让二者之间的关系充满弹性；另一方面，诸如"调解民间纠纷"与"协助维护社会治安"社区自治事项与行政协助事项本身就存在交叉重叠关系，让二者之间的关系无从区分。因此，在社区这个国家与社会的交接地带，国家行政公权与群众自治权实质上不是联结在一起，而是纠缠在一起。行政权力在行政体制中自上而下传导的性质决定了街道办事处的公权力可以借助权力传导机制实现在规范体系约束外对社区治理的强干预。纠缠状态下，强势的国家行政公权有意或无意地在规范体系约束范围之外，将弱势的群众自治权吸纳到自己的体系，让自治权的行使开始围绕公权力展开，社区事实上成为国家行政权力实践意义上的最末端。而在城市边缘社区，除了街道办事处的权力传导机制外，住房保障主管部门的公权力也借助这种权力传导机制实现行政干预。这种权力传导机制偏好利用了正式规范与非正式规范交接处断裂所形成的模糊解释空间，绕过规范体系架设了一座新的制度桥梁。但是，这种权力传导机制让权力外溢到规范体系外，削弱了城市边缘社区三治融合的治理规范体系的维系力量，加剧了正式规范与非正式规范之间的断裂。

小 结

城市边缘社区具有产权关联弱、异质性强和行政性强的特点。在产权结构方面，城市边缘社区的产权结构在居民之间以及居民与公共部门之间都呈现出弱关联特征，产权难以对治权产生有效的正向激励。在居民及其利益方面，城市边缘社区居民的异质性较强，居民之间的利益诉求存在比较严重的分化，缺乏认同感和凝聚力。在行政干预方面，城市边缘社区除了一般性的治理行政化问题外，还存在独有的行政任务多和行政干预强的特征。城市边缘社区的特点对三治融合造成了治理主体积极性缺乏、治理方式融合性有限、治理规范衔接性不足的挑战。具体而言，城市边缘社区的产权关联弱导致社区社会资本流失，异质性强导致居民认同感耗散，行政性强导致自主治理意识消解，三者共同造成了治理主体积极性缺乏的挑战；城市边缘社区的产权关联弱导致自治基础不够稳固，异质性强导致法治保障不够彰显，行政性强导致德治引领不够充分，三者共同造成了治理方式融合性有限的挑战；城市边缘社区的产权关联弱制约了正式规范的实施，异质性强限制了非正式规范功能发挥，行政性强加剧了规范体的断裂，三者共同造成了治理规范衔接性不足的挑战。

第三章 良法善治：城市边缘社区三治融合的分析视角与框架

前文的分析让我们得以在实践层面认识城市边缘社区三治融合的实践样态及其面临的挑战。"学术研究的首要目的是科学解释世界，将世界的本来面目和特征呈现出来。"① 在学术研究过程中，回答"是什么"仅仅完成了经验概括和问题发现的基础工作。要实现"科学解释世界"的目标还需要一个能够引领研究的理论视角，让研究得以穿梭于实践经验与理论知识之间，在"是什么"的基础上追问"为什么"，完成经验与理论的逻辑闭环，从发现问题走向分析和解决问题。科学解释是一个在经典理论与实践经验之间架起桥梁的系统工程，既不能机械地用理论去裁剪事实，也不能简单地将实践经验塞入某个理论系统，而是需要确定合适的理论系统作为根本的理论依据或者说合法性基础，实现实践与理论有效沟通。以 Q、M、L 三个样本社区为分析样本的实证研究表明，城市边缘社区三治融合所追求的是有效治理及好的治理，其实践中存在的问题归根结底就是因为主体积极性缺乏，治理方式融合性有限，治理规范衔接不足，难以达到"好"的治理状态。在政治学和法学理论上，

---

① 徐勇：《城乡差别的中国政治》，社会科学文献出版社 2019 年版，修订说明页。

有效治理、好的治理就是指善治。本章将良法善治作为城市边缘社区三治融合的分析视角，并基于分析实践问题的需要搭建相应的理论分析框架。

第一节　良法善治与城市边缘社区善治

良法善治作为治理的理想目标，是体现着政治善与法治善的"好的治理"，这已经成为学界的共识。在国家治理现代化进程中，"中国式善治"将全面依法治国和全面深化改革作为两个重要特征，体现着秩序性、参与性、公正性、成本性、稳定性等一系列要素，已经成为政治合法性的重要来源。[①] 但是，笔者在回顾和梳理善治理论研究时注意到，当前学界主要是从国家治理的宏观层面界定善治，对于基层社会的善治往往是直接套用国家治理层面的善治理论中抽象的价值要素来理解或界定的。诚如邓大才教授所指出的，基层治理单元与国家的性质不同，不能套用国家的善治概念及其要素。[②] 此外，这种简单套用还会导致在国家治理层面因为意识形态、政治审美或者理论滞后于现实而导致善治理论争议[③]，限制基层社会善治的理论精进和实践开展。例如，对于善治与法治何者优先的问题，若在社区治理研究中执着于这个问题，则不利于全面发掘不同社区底色所形塑的不同三治融合治理模式中蕴含的共通性善治经验，更遑论从这些经验中提炼一般性善治理论指导社区三治融合的治理实践。鉴于此，笔者无意于简单套用国家治理层面的善治要素

① 钱锦宇：《从法治走向善治的中国特色社会主义治理模式》，《法学论坛》2020 年第 1 期。
② 邓大才：《治理的类型：从"良序"到"善治"——以乡村社会为研究对象》，《社会科学战线》2018 年第 9 期。
③ 钱锦宇：《从法治走向善治的中国特色社会主义治理模式》，《法学论坛》2020 年第 1 期。

来界定作为城市边缘社区三治融合研究视角的善治，而是试图基于城市边缘社区三治融合的实践特点来界定善治，并以之为基础对城市边缘社区善治进行类型化分析。

一 城市边缘社区善治的界定

良法善治的简明定义就是依据好的法律实现好的治理。这里的"好"意指政治和法律系统所要求的"共同善"，属于一种政治哲学的范畴。任何一种政治哲学都具有辩护与批判的双重功能。① 一方面，共同善能够为某种治理的模式或状态进行辩护，为其提供合法性；另一方面，共同善也可以对某种治理的模式或状态进行批判，对其进行否定性评价。对于共同善理解的差别，会导致对于善治的不同界定。在国家治理的宏观层面，学者们大多将共同善理解为"公共利益最大化"，或者更为详细地表述为"给最大多数人带来幸福，又能给最需要改善境遇的人带来最大满足"②。基于这种理解形成的善治是一种国家和社会都处于最佳状态的治理，包括公正、参与、稳定、责任、回应、廉洁等众多要素，甚至可以说几乎能够囊括任何政治美德。然而，这种对于共同善的理解过于理想化和抽象化，在可预期的实践中难以实现。相应地，这种善治作为国家治理追求的终极目标和理想状态而存在，是一种辩护理论，为国家治理提供了合法性。

党的二十大提出的"打造宜居、韧性、智慧城市"，指明了城市善治的要求。在城市边缘社区治理这样的微观层面，治理具有规模较小、治理单元直接面对居民、公共事务主要由居民通过自治实现、法治和德治依附于自治主线等一系列不同于宏观层面国家治理的特征，共同善需要做更有现实性和具体性的理解，并重共同善的辩护与批判功能。从三

---

① 姚大志：《善治与合法性》，《中国人民大学学报》2015 年第 1 期。
② 苏君阳：《善治理想与和谐政治秩序建构》，《北京社会科学》2019 年第 8 期。

个样本社区三治融合的治理实践来看，共同善是一种实现社区公共事务有效处理前提下，社区自主治理与国家行政干预的基本平衡。而且，公租房是国家为保障城镇住房困难群体的住房权这一基本人权而开发建设的保障房，城市边缘社区治理的共同善最终需要落脚到社区居民"宜居"和"安居"需求的满足。基于这种理解，善治应当包括两对要素：第一对要素是治理的民主与有效，对应着城市边缘社区政治秩序和谐的"宜居"治理需求；第二对要素是治理的低成本与高稳定，对应着城市边缘社区政治秩序安稳的"安居"治理需求。

（一）社区宜居：民主治理与有效治理

从静态角度看，基层政治系统的共同善主要取决于它自身的合法性与有效性。社区民主将社区治理主体的权力转化为权威保证社区治理的合法性，而社区治理通过处理社区公共事务实现社区治理的有效性，善治就意味着民主治理与有效治理的双重实现。城市边缘社区是一个基层政治系统，善治需要同时实现民主治理与有效治理，让居民能够在城市边缘社区居住适宜，实现城市边缘社区政治秩序和谐。前文的实证研究中主要以居住满意度衡量城市边缘社区的宜居程度，但这主要是为了调查研究的方便。城市边缘社区宜居并不是指公租房的物理空间适宜居住，而是指城市边缘社区在满足居民最基本住房需求的基础上，通过三治融合有效处理社区公共事务和提供公共服务，满足居民的基本政治生活需求。其中，居民基本政治需求的充分表达和基本满足是民主治理的要求，而有效处理社区公共事务、提供公共服务务是有效治理的要求。

借用"合法性与有效性的不同组合"模型[①]，笔者以社区治理的民

---

① 魏晨、李华胤：《基层党建引领民主与治理有效互联的创新机制研究》，《中共天津市委党校学报》2020 年第 6 期。

主程度和治理有效性作为两个基本维度，将城市边缘社区三治融合分为四种标准化的状态：第一种类型的社区治理合法性和有效性双高，社区治理不仅充分反映了居民的公意，而且实现了社区公共事务的有效处理；第二种类型的社区治理合法性较高而有效性低，社区治理能够保证社区民主的良好实现，却不足以有效处理社区公共事务；第三种类型的社区治理合法性与有效性双低，社区治理既不能体现社区民意，也不能解决社区治理中的问题；第四种类型的社区治理合法性较低而有效性较高，社区治理只能处理社区公共事务，但是不能反映社区民意。如图3－1所示。第一种类型的社区治理是最理想的状态，善治得以实现，而第三种类型的社区治理是最糟糕的"失灵"状态，与善治完全背离。现实中，包括Q、M、L三个城市边缘社区在内的大多数城市边缘社区三治融合的状态都处于第二种类型和第四种类型，属于存在瑕疵的社区治理状态，如果能够强化社区治理或者发展社区民主，使治理有效性或者民主程度提高，则可以转化为第一种类型的社区治理，实现社区善治。否则，就会因为过于依赖国家公权力干预而使城市边缘社区三治融合的治理活动失去民主性或者有效性，恶化为第三种类型的社区治理，最终无法实现善治。

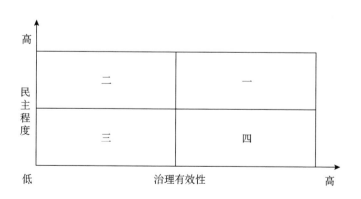

图3－1　城市边缘社区三治融合的四种状态

（二）社区安居：低成本与高稳定治理

动态来看，基层政治系统的共同善表现为一个治理状态逐步提升的政治过程。通过治理活动对于不同层次的善治要件的依次满足，使善治实现自身成效的提高，逐步从低水平的善治走向高水平的善治。邓大才教授提出善治存在四个层次的要件：秩序、参与、成本和稳定。[①] 他认为，以乡村社会为代表的基层社会治理可以根据善治在四个层次上的要求划分为三个大的类型：良好秩序、基本型善治和改进型善治。[②] 这三类治理本质上是层次化递进的，也可以说是治理的三个层次。虽然中国农村与城市的基层单元治理面对的是我国"城市与乡村二元政治结构"[③]，但是秩序性、参与性、成本性和稳定性都是城乡基层治理单元共同的要件。这种建立在基层单元的治理要件基础上的治理类型划分对于城市边缘社区这样的城市社区治理仍然具有适用性。第一个层次的治理是良好秩序。良好秩序是善治的必要不充分条件，良好秩序并不一定能实现善治。第二个层次的治理是秩序加上参与形成的参与型良序，即"基本型善治"。[④] 第三个层次的治理是改进型善治。改进型善治在基本型善治的基础上考虑到成本和稳定的因素，低成本高稳定型善治属于成效最好、水平最高的"最优型善治"。[⑤] 善治意味着在实现民主治理和有效治理的基础上，通过降低治理成本和提高治理稳定性实现向低成本

---

① 邓大才：《走向善治之路：自治、法治与德治的选择与组合——以乡村治理体系为研究对象》，《社会科学研究》2018 年第 4 期。

② 邓大才：《治理的类型：从"良序"到"善治"——以乡村社会为研究对象》，《社会科学战线》2018 年第 9 期。

③ 徐勇：《城市与乡村二元政治结构分析》，《华中师范大学学报》（哲学社会科学版）1990 年第 1 期。

④ 邓大才：《走向善治之路：自治、法治与德治的选择与组合——以乡村治理体系为研究对象》，《社会科学研究》2018 年第 4 期。

⑤ 邓大才：《走向善治之路：自治、法治与德治的选择与组合——以乡村治理体系为研究对象》，《社会科学研究》2018 年第 4 期。

高稳定型善治改进。这就需要通过三治融合使城市边缘社区善治向低成本与高稳定的理想状态优化，让居民能够在城市边缘社区居住安定，实现城市边缘社区政治秩序安稳。

二　城市边缘社区善治的类型化分析

根据上文对于善治的界定，城市边缘社区善治的改进方向是从"宜居"走向"安居"，即通过降低治理成本或者提高治理稳定性来实现更高水平的善治。在满足城市边缘社区宜居的治理需求，实现基本型善治的基础上，进一步考虑提升善治成效所需的成本与稳定，城市边缘社区善治可以划分为水平高低不同的四种类型。不同的城市边缘社区善治类型之间，可以通过降低成本或者提高稳定性，使善治从较低水平的类型向更高水平的类型改进。

（一）成本与稳定：城市边缘社区善治类型化分析的两个因素

确定城市边缘社区善治的成本，要对非市场决策问题的成本进行分析，解释公共选择的集体行动理论无疑是一个合适的分析框架。城市边缘社区居民构成了集体行动理论中的一个大集体，社区善治是被供给的集体物品，社区居民参与城市边缘社区三治融合的治理过程则是一个供给集体物品的过程。为了解释集体行动的逻辑，曼瑟尔·奥尔森建立了一个具有一般意义的集体物品供给的成本—收益分析模型。① 本书借助这个模型对城市边缘社区善治的成本加以说明：社区善治的成本 C 是居民分享善治宜居与安居成效的比率 T 的函数，可以表示为 C = f(T)。根据经济学一般原理，善治的平均成本曲线呈现 U 形（实质是 U 形的右半部分）；善治水平 T 和社区居民的数量规模 S 共同决定了善治的总收

---

① ［美］曼瑟尔·奥尔森：《集体行动的逻辑》，陈郁等译，格致出版社 2014 年版，第16—24 页。

益 Vg，于是有 Vg = ST；善治对居民个人所获得的收益 Vi 取决于它在善治总收益中所占的份额 Fi，故而有 Fi = Vi/Vg 和 Vi = FiST；城市边缘社区中居民个人所获得的好处就是 Vi − C。当社区善治的总收益超过总成本的量要大于它超过任何一个居民个体收益的量，居民个人的收益超过了为社区善治投入的成本（Fi > C/Vg，即 Vi − C/Vg > 0）时，城市边缘社区善治才会得到实现。如图 3 − 2 所示，当比率 T 处于 DE 之间时，城市边缘社区中居民个人所获得的好处 Vi − C > 0。若居民个人的数量规模为 K，则付出的成本 C（K）= QK，城市边缘社区善治的总收益 Vg（K）= HK。当且仅当 PK > QK，有（PK/HK）>（QK/HK），即 Fi > C/Vg 时，才能满足社区居民个人参与城市边缘社区三治融合实践的条件。基于上述分析，城市边缘社区善治的成本与其居民数量规模正相关，居民数量的增加将会导致城市边缘社区善治成本的增高，具体包括组织居民的成本和居民收益分配的成本。

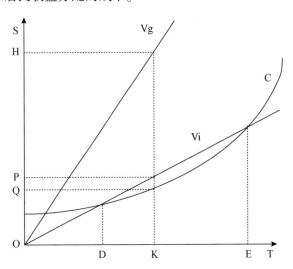

图 3 − 2 城市边缘社区善治的成本—收益分析模型

注：本图由笔者根据集体行动供给公共物品的成本—收益分析模型绘制而成。

资料来源：［美］曼瑟尔·奥尔森：《集体行动的逻辑》，陈郁等译，格致出版社 2014 年版，第 16—24 页。

　　就组织居民的成本而言，组织成本是集体中个人数量的一个单调增函数。城市边缘社区善治的成本—收益分析模型中，"U"形平均成本曲线形象地表明，组织成本随着城市边缘社区居民规模的扩大而急剧增加，进而导致平均成本并不是随着居民数量的增加而提高，而是非线性地快速提高。尽管城市边缘社区居民都以实现社区善治为根本目标，居民群体在追求社区善治时构成互相包容的"相容集体"，但不可否认居民群体在追求社区治理的具体目标时，又往往因为利益强异质性而表现出"排外集体"的特征，不同的利益诉求会让社区居民进一步分化为互相排斥的小群体。前文提及的社区居民因为饲养宠物而产生的利益冲突就反映出就是否允许饲养宠物问题存在互相排斥的居民小群体。这些在具体利益上相互排斥的小群体会在一定程度上消解社区居民群体的相互包容关系，使城市边缘社区不得不为实现居民群体的整体协同关系而付出更多成本建立、维持或遵循社区内的组织制度。此外，城市边缘社区的"污名化"产生的离心作用严重损害了居民对城市边缘社区的认同感和归属感，不仅使居民群体更加缺乏自我组织的团结意识，甚至还可能导致居民群体更加分裂。为了增强城市边缘社区居民群体的相容性和凝聚力，完成城市边缘社区共同体的塑造，必须投入较高的组织成本。因为只有投入较高的组织成本才会让城市边缘社区治理的平均成本随着居民群体增长的提高过程放缓，让社区居民参与城市边缘社区三治融合实践的区间扩大，使社区实现善治变得相对容易。

　　就居民收益分配的成本而言，城市边缘社区居民个人所获得的收益在社区总收益中所占的份额是影响善治成本的关键因素。曼瑟尔·奥尔森在研究中发现，具有共同利益的集体中，获得的收益在集体总收益中占最大份额的个人会不成比例地承担更高的成本，也就是存在"少数剥削多数"的倾向，会产生"搭便车"的动机和行为。[①] 埃莉诺·奥斯特罗姆对于公共事务治理的实证研究表明，如果集体中的成员不被置于其他成员所创造的集体利益之外，那么几乎每一个成员都会丧失为共同利益而行动的积极性，而成为等待他人行动后分享利益的"搭便车者"。[②]"搭便车"行为会让集体中的个人缺乏供给集体物品的动力，集体也最终会陷入"集体越大就越不可能去增进它的共同利益"[③] 的集体行动困境。为了防止或者消除"搭便车"行为，需要通过选择性激励建立公平相容约束，即通过奖励参与集体物品供给的个体，让集体物品供给者的收益不低于一定的比例。虽然选择性激励通过调整收益分配，让社区中获得的收益在社区总收益中占最大份额的居民个人能够积极参与城市边缘社区三治融合的治理实践，但是选择性激励并不是自发的，而是需要投入额外的成本才能实现。无论是智能门禁系统的弃用还是对拾纸皮行为的通融都体现了城市边缘社区"搭便车"行为的存在，这无疑会让城市边缘社区善治陷入集体行动困境。而要通过选择性激励突破集体行动困境，让城市边缘社区善治水平得到提升，就需要付出成本，实现居民收益的合理分配。

城市边缘社区善治的稳定是一个相较于成本更好理解的因素。稳定是指城市边缘社区政治秩序安稳，是在通过三治融合实现民主治理和有效治理，达到社区政治秩序和谐的基础上，让这种良好的社区政治秩序能够持续。这种可持续性有两方面的含义：第一，善治状态的持续存在，即城市边缘社区三治融合形成的社区政治秩序和谐不因社区内、外

---

① ［美］曼瑟尔·奥尔森：《集体行动的逻辑》，陈郁等译，格致出版社2014年版，第16—24页。

② ［美］埃莉诺·奥斯特罗姆：《公共事务的治理之道：集体行动制度的演进》，余逊达等译，上海译文出版社2012年版，第8页。

③ ［美］曼瑟尔·奥尔森：《集体行动的逻辑》，陈郁等译，格致出版社2014年版，第26页。

部因素而发生中断，保持善治对内、外部因素变化的韧性；第二，善治过程的持续发展，即城市边缘社区三治融合能够推动社区政治秩序和谐，随着时间推移而不断向更高水平的善治改进，保持善治的稳步发展。实践中，三个样本社区三治融合已经部分地反映出善治的稳定性因素。在新冠疫情期间，能够迅速组织动员社区各治理主体，通过三种治理方式相融合，制定具备可操作性的社区应急管理规范，保证社区政治秩序的稳定，就是善治韧性的表现；而三个样本社区的治理主体通过制定工作计划、完善工作制度、改善工作方案、进行工作效果评估等方式，优化三治融合的治理模式，使社区治理的成效得以提高，则是善治稳步发展的体现。

（二）城市边缘社区的四种善治类型

城市边缘社区善治以成本和稳定为两个变量，可以划分为四种类型。在以成本和稳定分别作为纵轴和横轴的正交坐标系中，稳定轴从左至右、成本轴从下至上，表示从低到高的变化趋势。善治的成本和稳定具有有界性，善治必须付出一定的成本且保持一定的稳定性，但是成本和稳定性都受到城市边缘社区治理资源的限制，不能高于治理资源的承受能力，因而既有上界也有下界。上下边界与坐标轴将城市边缘社区善治的空间划分为四个区域，这四个区域分别表示四种善治类型：一是高成本高稳定型善治，位于善治空间的第一象限，是社区善治需要比较高的成本，可以保持高稳定性的善治类型；二是高成本低稳定型善治，位于善治空间的第二象限，是社区善治虽然付出高成本，但是稳定性比较低的善治类型；三是低成本低稳定型善治，位于善治空间的第三象限，是社区善治需要的成本较低，但稳定性也比较低的善治类型；四是低成本高稳定型善治，位于善治空间的第四象限，是社区善治仅需要投入较低成本，同时可以保持善治较高稳定性的善治类型，如图 3 - 3 所示。从三个样本社区三治融合的实践样态来看，三个样本社区都能够实现基本型善治，但是改进型善治有所不同。比较而言，Q 社区的善治属于高成本高稳定型，虽然通过社区党组织整合社区多元主体进行共治，保持了治理有效状态比较高的稳定性，但是为此需要付出比较高的治理成本；M 社区的善治属于低成本低稳定型，虽然通过借助社区外部的政治势能降低了治理成本，但是造成了比另外两个社区更严重的公权依赖，影响了善治的稳定性；L 社区的善治属于高成本低稳定型，相较于另外两个社区治理成本更高，治理稳定性更低。

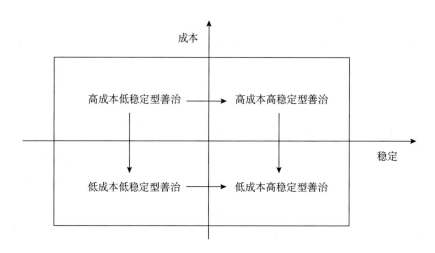

图 3 - 3　城市边缘社区的四种善治类型

注：本图由笔者根据邓大才教授关于善治类型的研究整理绘制而成。

资料来源：邓大才：《治理的类型：从"良序"到"善治"——以乡村社会为研究对象》，《社会科学战线》2018 年第 9 期。

城市边缘社区的四种善治类型治理成效不同，水平高低有别。如前文所述，低成本与高稳定型善治是城市边缘社区善治的理想状态，是城市边缘社区善治改进的目标。因而，我们可以按照善治成效或者说水平由低到高，将这四种善治类型分为三档：第一档是高成本低稳定型善治，第二档是高成本高稳定型善治、低成本低稳定型善治，第三档是低成本高稳定型善治。相应地，前两档的善治需要通过降低成本、提高稳定性，从而向低成本高稳定型善治改进。由于三治融合是一个有限资源约束下连续开展的实践过程，故而城市边缘社区善治水平宜逐档改进。如图 3 - 3 所示，高成本低稳定型善治首先需要通过降低成本或者提高稳定性改进为高成本高稳定型善治或低成本低稳定型善治，然后进一步通过降低成本或者提高稳定性改进为低成本高稳定型善治，实现善治水平的提高。邓大才教授提出，降低善治成本存在强化德治行为、优化自治行使、提高法治意识、明确自治规则等多种途径，而提高善治稳定性主要有建立稳定规则、形成稳定程序、以自治和法治保证规则执行三条途径。[①] 本书认为，这些途径都可以归纳于三治融合的各项机制优化之中，即通过从主体、方式和规范等维度优化三治融合，实现城市边缘社区善治水平的提高。

第二节　"强国家—强社会"：城市边缘社区 善治研究的理论范式

城市边缘社区善治需要党组织、政府、居委会、居民、物业管理公司与运营机构等诸多主体参与三治融合的治理实践活动，这些治理主体可以归结为政党、国家、社会三种治理的关键力量。基于上文对于善治的界定和对城市边缘社区善治的类型分析，我们可以将城市边缘社区三治融合的良法善治视角回归于推进国家治理体系和治理能力现代化的话语体系，思考城市边缘社区治理的"元治理"问题[②]，探讨政党、国

---

① 邓大才：《治理的类型：从"良序"到"善治"——以乡村社会为研究对象》，《社会科学战线》2018 年第 9 期。

② "元治理"被认为是"治理的治理"，即为了克服治理失灵，实现善治目标而进行的"自我治理的治理"，或者说"自我组织的组织"，追求各种治理的主体和方式之间的协调。Carey Dobrstien，"Meta - Governance of Urban Governance Networks in Canada：In Pursuit of Legitimacy and Accountability"，*Canadian Public Administration*，Vol. 56，No. 4，2013，pp. 584 - 609.

家、社会这三种治理的关键力量在城市边缘社区善治实现过程中的地位和作用。这种回归的必要性在于善治虽然需要在基层社会治理的层面界定，但是城市边缘社区的善治需要以更加宽阔的外部视野，从国家与社会形成良好政治秩序的维度，对政党、国家、社会三者的关系形成体系化的思考和综合性的理论。城市边缘社区不仅是基层社会治理的单元，也是国家治理的基层单元，与社区外部的党组织和政府紧密关联。从三个样本社区三治融合的实践样态来看，党组织和政府掌握着城市边缘社区治理所必需的政治和经济资源，从高位推动着城市边缘社区善治的实现，是城市边缘社区三治融合不可忽视的力量。如果我们忽视城市边缘社区治理的"元治理"问题，从城市边缘社区三治融合研究理论视角来看，善治就会出现要么只见社会，要么只见国家、社会，而不见政党的缺憾。

一 城市边缘社区善治研究的四种理论范式解析

我国善治研究的理论范式是与现代的治理与善治概念一同舶来的，一开始就深受 20 世纪八九十年代西方善治理论的影响，将国家与社会视为抽象的二元对立关系。在这种关系之下，既强调社区作为国家治理单元的属性，也关注社区作为社会自治单元的属性。社区是国家与社会交接的场域，城市边缘社区的三治融合也就成为观察国家与社会两种力量如何在治理过程中构建良好政治秩序进而实现社区改进型善治的窗口。自改革开放以来，在中国共产党的领导下，我国成功开辟了一条社会主义发展中国家的政治发展新道路，社会治理成功实现了从传统到现代的转型，国家与社会的整体关系发生了深刻的变化。这促使学者们开始注重政党在社区善治实践中的作用。因此，本书将分别解析社会中心主义、国家中心主义、国家与社会互动主义以及政党中心主义四种理论范式及其转换过程，从中发现和选择城市边缘社区三治融合的善治研究理论范式。

（一）社会中心主义范式

这种理论范式以"社会本体论"为基础，伴随着西方现代治理理论批判以国家为核心议题的旧制度主义兴起，典型的理论就是行为主义的政治系统论、结构功能主义和现代化理论。① 可以说，西方现代的治理理论本身就是社会中心主义范式的体现，意味着"治理社会化"，即主要由社会而不再是国家去承担治理责任。其与政治民主化、经济市场化同为新自由主义政治意识的重要组成部分，在 20 世纪末成为一种流行的政治思潮。现代意义上的"善治"理念由世界银行在 1989 年的《非洲发展报告》中首次提出，治理社会化的程度成为衡量善治的重要标准，带有明显的社会中心主义倾向。时至今日，社会中心主义范式的善治研究理论范式对政治仍然有着巨大的影响，甚至作为一种政治意识工具成功输出到很多非西方政治体系的发展中国家。尽管带有西方意识形态的色彩，但社会中心主义范式作为一种研究善治的知识体系仍然具有理论价值。我们在强调中国治理经验研究的时候，不应当怀有一种先入为主的排斥甚或是傲慢的态度对待社会中心主义范式，而是应当基于其理论渊源以及对当代中国善治理论的发展和影响做出评价。

社会中心主义范式的种子在霍布斯、洛克、卢梭等启蒙时代的政治学家和法学家提出社会契约论时就已经被埋入了社会本体论的土壤。在讨论国家的起源时，启蒙思想家从亚里士多德"国家（政治共同体）—社会（社会团体）—共同善"的国家社会共同体话语②中获得启

---

① 李新廷：《社会中心主义・国家中心主义・政党中心主义——西方比较政治学研究视角的演进与中国关照》，《国外理论动态》2016 年第 2 期。

② 国家社会共同体说认为，每一个国家（即"城邦"）都是一种政治团体（即"政治共同体"），而每一种政治团体都是为了某种"共同善"而建立的，作为政治团体的城邦也就是追求"善业"的社会团体。[古希腊] 亚里士多德：《政治学》，吴寿彭译，商务印书馆 1997 年版，第 1—9 页。

发，提出社会契约论。他们假定在国家形成之前，人们处于无政府的自然状态，或者说生活在一个"自然国度"（State of Nature），每个人根据"自然法"（Nature Law）而享有"自然权利"（Nature Right）。但是自然状态下，人们为个人利益最大化会滥用权利，反而使人类的生命财产受到威胁。因而，人们会逐渐通过明示或者默示同意订立一种契约，将自己的部分权利让渡出去，形成国家；使自己摆脱自然状态，进入社会状态。这些启蒙思想家对于自然状态有着不同的设想，这些设想也决定了他们对于国家和社会关系的不同认识。

霍布斯假定自然状态是"每一个人对每一个人的战争"，因而其反对"每一个人都是善恶行为判断者"的观念，主张为了克服不安全的自然状态，"利维坦"在整个社会中就可以拥有至高无上的判断权力以维护社会稳定和安全。社会中个人的自由取决于体现为法律的国家主权者意志，"臣民的自由只有在主权者未对其行为加以规定的事务中才存在"①。这就意味着每一个人都将全部的权利让渡给了国家，国家统治社会，并不存在一个独立于社会之外的国家，也不存在一个独立于国家之外的社会。

洛克假设自然状态并不是霍布斯描述的"战争状态"，只是存在权利滥用的问题。因而，虽然人们在参加社会的同时也把自然状态下拥有的权利交给了社会，但这只是出于个人更好地保护自己及其自由和财产的动机。② 人们的人身、自由和财产作为受保护的对象，并没有在人们摆脱自然状态进入社会状态的过程中被转让给国家，国家所能享有的不过是"保护性权力"，国家权力受到严格限制。换言之，在社会契约中，人们保留了人身、自由和财产权利，如果国家侵犯这些权利则属于"违约行为"，人们可以收回那些已经转让给国家的权利，直到完全推

① ［英］托马斯·霍布斯：《利维坦》，黎思复等译，商务印书馆2009年版，第165页。
② ［英］约翰·洛克：《政府论》，叶启芳等译，商务印书馆2009年版，第80页。

翻这个国家并建立新的国家。在洛克的理论中，存在一个不受国家随意干预的社会，并且国家可以化约成为保护社会而存在的有限权力。

卢梭则预想自然状态是人们无忧无虑的自由状态，促使人们签订社会契约的原因在于自然环境已经变化到人们无法以个体力量维持生存的地步，需要个人联合起来进入社会状态，以集体作为一种新的生存方式。而进入社会状态就意味着人们需要把自身及其权利全部转让给集体，以自然状态下的绝对自由换取社会自由。① 为了保证集体作为共同体具有统一性，是一个"公共的大我"，卢梭区分了反映公共利益的"公意"和代表私人利益之和的"众意"。他支持国家以公民大会的形式来表达"公意"，而反对在国家内组建任何形式的派系表达部分人的"众意"，以防止其侵蚀"公意"。② 按照卢梭的观点，国家内不应当存在政党政治或者社会团体，社会契约否定了社会自组织的合法性，国家意志本质上就是社会意志，国家和社会虽有分实为合。

他们在以社会契约论共同塑造社会本体论的基础时，也分别赋予了社会中心主义范式国家是必要的恶、国家是维护社会的有限公共权力、国家应当也只能体现公意的基因，这决定了社会中心主义范式必然表达为强调社会环境和政治系统而消解国家的政治逻辑，西方政治学产生了"国家（政府）是一个问题而非解决方案"的认识，社会中心主义范式萌发。行为主义率先提出"国家的含义长期以来已经为各种观念所模糊，成为一个混乱的概念，应当以政治系统来代替"，而"社会通常被认为是评估系统中最包罗万象的实体"，因此任何社会现象均可被视为一个或多个政治系统。③ 简言之，就是应当以政治系统取代国家作为描

---

① ［法］让·雅克·卢梭：《社会契约论》，何兆武译，商务印书馆 2009 年版，第 20—21 页。

② ［法］让·雅克·卢梭：《社会契约论》，何兆武译，商务印书馆 2009 年版，第 36 页。

③ ［美］R. H. 奇尔科特：《比较政治学理论：新范式的探索》，高铦等译，社会科学出版社 1997 年版，第 167 页。

述社会现象的工具。善治理论研究的重点被放在政治系统与社会环境的互动，形成了社会中心主义。社会中心主义将社会作为政治秩序的主要行动者，而将国家化约为结构或机会，视为一种解释社会现象的理论工具。善治就意味着现代国家正在把原先由它独自承担的责任转移给社会，这种责任转移表现为社会组织逐渐取代政府成为治理的中心。国家和社会在抽象的二元关系中被对立起来，并且实践中的国家仅仅是碎片化的、缺少协调性的政治系统，只有社会作为环境保持整体性存在。国家与社会组织之间的博弈是"为实现社会控制而进行的决定性的斗争"，而国家权力与不同社会组织的斗争逻辑并不相同，因此"国家在社会之中"。① 社会中心主义传递出的是一种主张国家退场、消解国家逻辑的立场，反感国家及政府的干预与管理，对社会自治则报以热情并进行颂扬。在社会中心主义的支持者看来，社会完全可以通过自治实现"没有政府的治理"②，善治应当走上"弱国家—强社会"的道路。

客观上，我国城市社区治理的理论和实践曾经受到社会中心主义范式较多的影响。在全能主义国家转型的特定阶段，社会中心主义范式甚至一度成为广为接受的理论思想。其对于社会自主性的强调，成为一种"思想解放"或者说"制度矫正"，打破传统"国家统合社会"的"全能主义国家"治理模式历史惯性。诚如有学者所言，社会中心主义强调"眼睛向下"，将关注的焦点由国家转移到社会领域。③ 正是这种"眼睛向下"，才为社会组织在社区治理中的成长创造了可能，也为社会组织成长并带动具有自身独立性、与公权力良性

---

① ［美］乔尔·S. 米格代尔：《社会中的国家：国家与社会如何相互改变与相互构成》，李杨等译，江苏人民出版社 2013 年版，第 39 页。

② ［美］詹姆斯·N. 罗西瑙：《没有政府的治理——世界政治中的秩序与变革》，张胜军等译，江苏人民出版社 2001 年版，第 329 页。

③ 康晓光、韩恒：《分类控制：当前中国大陆国家与社会关系研究》，《社会学研究》2005 年第 6 期。

互动的现代社区发育提供了条件。现代化的社区为国家权力与社会成员权利提供了一个缓冲地带，防止国家权力毫无转圜地穿透政治国家与社会生活的边界，以强大的控制力直接作用于社会成员，对社会成员权利造成巨大的损害。不过，这种影响并不意味着对于社会中心主义范式的完全接纳，其实践意义在于矫正我国"全能主义国家"治理模式下，地方基层政府及其代理人试图依靠政治权力来形塑基层权力秩序所形成的"对上负责"的政治惯习，进而解决基层政府"丧失与基层社会亲和性"① 的问题。

理论上，作为社会中心主义范式思想渊源的社会契约论本身存在局限。"18 世纪的思想家们，也同他们的一切先驱者一样，没有能够超出他们自己的时代使他们受到的限制。"② 将社会与国家对立起来的社会本位虽然有助于打破国家全能主义的束缚，但是社会与国家抽象的二元对立遮蔽了不同地域、不同文化中社会与国家丰富多样的实践差异。在西方政治理论中，国家与社会关系模型只是一种理想类型，各个国家和地区的实践中可能出现明显的地方性特色。社会中心主义建立在欧美政治发展道路的经验之上，尽管能够解释一些具体的治理现象，但绝非普遍适用的不二范式。实践中，我国的社会治理，尤其是基层社会治理，始终是在国家城乡二元结构下作为国家治理重要组成部分的政治实践。无论是相对于政府管理而开展的社会自治，还是相对于国家层面的治理而进行的社会层面的治理，都不可能脱离国家治理的框架而单独存在。正如徐勇教授所指出的那样，自治的成长，需要政府下放权力、转变职能，在自治基础上重新塑造政府。③ 国家以及作为国家具象的政府、公

---

① 渠敬东等：《从总体支配到技术治理——基于中国 30 年改革经验的社会学分析》，《中国社会科学》2009 年第 6 期。

② 《马克思恩格斯选集》第三卷，人民出版社 1995 年版，第 356 页。

③ 徐勇：《论城市社区建设中的社区居民自治》，《华中师范大学学报》（人文社会科学版）2001 年第 3 期。

共政策和国家法始终在社会治理中占据主导地位，国家（政府、公共政策和国家法）的转型更多地作为社会自治成长的先决条件，而不是单纯作为社会自治的结果。

（二）国家中心主义范式

这种理论范式以"国家本体论"为基础，是对于传统研究中将国家放在中心位置的回归。针对社会中心主义解释治理实践"只见社会，不见国家"的局限，学者们呼吁"把国家重新引入对社会抗议的分析"，以结构性的视角将国家视为一个独立的结构，形成了"回归国家学派"。① 以亨廷顿为代表的新保守主义者也在反思以欧美国家经验为基础的社会中心主义范式的基础上，为发展中国家提出一条"权威—秩序—发展"强调政治秩序稳定的国家治理现代化之路，从政治世俗化、政治专业化和公众参与角度来界定现代化国家，强调国家的政治权威与政治秩序，并且主张"政治学首要特性不是科学性，而是国家性"②。国家中心主义范式认为，国家存在的价值（即"国家目的"）体现在关乎安全、秩序、正义、暴力、权力与权威的概念体系中。暴力维护安全，权力守护秩序，权威达成正义。由于权威源于权力，权力源于暴力，因而在安全的基础上建构秩序，在秩序的前提下实现正义是国家的最终目标。③ 国家中心主义范式在公共政策研究领域形成了"国家能力"概念，并用其指称国家将自己意志转化为现实的能力，并进一步以"国家能力"为核心形成了国家治理理论。④ 在国家治理理论下，国家

---

① ［美］西达·斯考切波：《国家与社会革命：对法国、俄国与中国的比较分析》，何俊志等译，上海人民出版社2007年版，第32—33页。

② Samuel Huntington, "Order and Conflict in Global Perspective", Gerardo L. Munck and Richard Snyder Edited, *Passion, Craft and Method in Comparative Politics*, Baltimore: The Johns Hopkins University Press, 2007, p. 225.

③ ［美］莱斯利·里普森：《政治学的重大问题——政治学导论》，刘晓译，华夏出版社2001年版，第60页；杨光斌：《政治学导论》，中国人民大学出版社2019年版，第90页。

④ 杨光斌：《政治学导论》，中国人民大学出版社2019年版，第207页。

制度结构的重要性重新得到了重视。虽然国家中心主义范式下的国家治理理论与我国推进国家治理体系和治理能力现代化具有不同的理论基础，但是都注重国家在治理过程中的重要地位，二者存在一定程度的契合。这为我国的国家治理理论吸收借鉴国家中心主义范式理论的有益观点丰富自身提供了可能。

事实上，从思想渊源来看，我国的国家治理理论在一定程度上与国家中心主义范式相契合，并且实现对国家中心主义范式的超越具有必然性。国家中心主义范式深受黑格尔国家理论的影响，体现着黑格尔在批判启蒙思想基础上形成的"政治国家高于市民社会"观念。黑格尔认为，国家与社会不能等同或者混淆，社会和国家处在不同的层次：一方面，国家对社会而言是外在必然性及其最高权力，社会从属并依附于国家权力；另一方面，国家又有其内在目的，是社会中分散的、冲突的个人利益的统一。① 在黑格尔看来，国家才是单个人结合起来的最终目的，而不是单个人结合起来以国家形式保护个人本身的利益，所以他说："国家是客观精神"②，"个别的人只是些环节罢了"③。虽然黑格尔批判了启蒙思想，系统地阐释了国家和社会的关系，并且认识到国家与社会并非一个层次的存在，但是他将国家的产生诉诸抽象伦理，以客观精神来解读国家，没有走出唯心主义的误区。马克思批判地继承了黑格尔的观点，并提出唯物主义的国家起源理论：国家并不是从外部施加于社会的某种强力，而是"社会在一定发展阶段上的产物"，是"从社会中产生但又居于社会之上并且日益同社会相异化的力量"。④ 我国的国家治理理论以马克思的观点为思想渊源，在继承和发展马克思观点的过

① ［德］黑格尔：《法哲学原理》，范扬等译，商务印书馆 2009 年版，第 294—297 页。
② ［德］黑格尔：《法哲学原理》，范扬等译，商务印书馆 2009 年版，第 289 页。
③ ［德］黑格尔：《法哲学原理》，范扬等译，商务印书馆 2009 年版，第 294 页。
④ 《马克思恩格斯选集》第四卷，人民出版社 1995 年版，第 170 页。

程中形成了社会主义现代化的国家治理理论。

国家中心主义范式仍然是在抽象的国家和社会二元对立关系框架中找回国家，因而治理过程中国家与社会仍然是一种零和博弈的状态。从社会中心主义到国家中心主义的范式转换就是"治理国家化"取代"治理社会化"，让治理回归"强国家—弱社会"的道路。这条回归道路以弱化社会作为强化国家的"对价"，不可避免地将治理导向国家统治（管理）社会的"行政国家"极端。"国家"与"政府"再度成为相互混同的概念，并借由"国家—国家机关—政府机关—基层政府"的权力代理系统，在基层社会消弭国家与基层政府的区别，让二者在事实上成为同一概念。如此，治理就是指政府做事的方式，基层治理就是国家为社会订立规则并获取服从的问题，国家成为地方秩序的唯一供给方。相应地，国家中心主义范式所强调的"国家能力"也被视作"贯彻政策的行政能力"或者"国家执行其政治决策的能力"。① 与其说国家中心主义范式意味着国家重回治理的中心，毋宁说国家中心主义范式是行政治理（政府治理）的再度强大。在国家中心主义范式下，作为国家具象的基层政府是城市边缘社区三治融合的关键力量，只有根据国家法律展开城市边缘社区治理，才能实现善治。城市边缘社区应当进行"强国家—弱社会"的社区治理，社区善治被视为国家行政治理的结果。

（三）国家与社会互动主义范式

该理论范式批判了国家中心主义范式和社会中心主义范式将国家与社会抽象地视为二元对立实体的理论假设，转而采取国家与社会的关系主义视角。在关系主义视角下，国家和社会都不是固定的实体，二者在

---

① ［美］彼得·埃文斯等：《找回国家》，方力维等译，生活·读书·新知三联书店2009年版，第21页。

相互作用的过程中都会发生变化。这种视角并不否认国家与社会的区别，但是认为二者因为不是固定的实体，所以没有明确的界限，在二者的"核心区域"或者说"绝对领域"之间，是由治理活动形成的国家与社会交叉的模糊地带。社区是这种模糊地带的典型代表。在这个模糊地带，社区治理体现为一个国家与社会通过治理主体的治理活动实现合作甚至互嵌的过程。① 国家与社会互动主义范式让三治融合的治理实践不再局限于国家与社会简单、抽象的二元静态框架中，而是成为一种沟通国家治理和社会治理的动态过程。这种更具包容性的范式存在两方面的意义：其一，治理的活动场域可以在国家与社会二元领域的基础上进一步扩展和细分，形成更为复杂的活动领域；其二，治理中的国家与社会不再是你强我弱的零和博弈关系，建立"强国家—强社会"的国家与社会互构关系，实现国家与社会的良性互动、双向构建和共建共享发展成为可能。国家与社会互动主义范式克服了国家中心主义和社会中心主义将国家与社会对立起来并片面强调某一方重要性的局限。

国家与社会互动主义范式根基于国家与社会同源且相互作用的理念，其所主张的国家与社会互构关系在本质上与马克思主义的国家观是一致的。马克思在进一步思考国家未来走向时，提出国家自行消亡的观点。正如有学者所评价的那样，"国家是自为性领域，社会是自在性领域"，国家之所以能够存在，是因为社会还不能完全自行控制自身运行的过程，马克思"在普遍参与的基础上建立起来的新型的国家政权和社会没有根本的利害冲突的意义上，看到了国家职能回归社会的必然性"。② 国家与社会互动主义范式不再从预想中的国家或社会

---

① 仇叶：《实体主义与关系主义视角下社区治理研究的分殊与融合》，《南京农业大学学报》（社会科学版）2016 年第 1 期。

② 荣剑：《马克思的国家和社会理论》，《中国社会科学》2001 年第 3 期。

立场出发，而是深入社区所处的模糊地带，具体考察国家与社会在二者交接点发生的渗透、嵌入、融合等互动关系。在客观方面，国家与社会互动所形成的制度结构往往按照其更具"国家性"或者"社会性"而被二分，以便以这种二分为基础观察制度结构的变迁。例如，制度经济学将制度划分为正式制度与非正式制度，社会学将秩序划分为大传统和小传统，法学则将法律分为正式规范（国家法）与非正式规范（民间法）。主观方面，国家与社会互动所形成的行为方式则被归结为各种"政社合作"模式①，强调国家（政府）在与社会互相合作过程中通过权力让渡使国家（政府）职能向社会回归，走上"强国家—强社会"的治理之道。

国家与社会互动主义范式对当前我国社区治理的研究颇具影响，对我国社区治理实践也具有比较强的解释力。"应当将治理放在'国家'及国家与社会关系的角度来分析"② 已经成为社区治理研究的一种共识，国家与社会在彼此互动的基础上形成的"互嵌式"关系也成为对

---

① 所谓法团主义模式，是指国家和社会组织之间建立常规性、制度化的互动机制，保证国家与社会能够通过制度供给和内生秩序的联通形成深度融合。Philippe C. Schmitter, "Still the Century of Corporation?", in P. C. Schmitter and G. Lehnbrucheds, *Trends Toward Corporatist Inter mediation*, Beverly Hills：Sage, 1979, pp. 7 – 52. 所谓合作治理模式，是指非政府部门与政府部门通过公私合作关系直接参与公共政策的制定和执行过程，从而在实质意义上实现公私部门共享决策权力，共担决策责任，让国家与社会在公共政策的制定和执行过程中实现深度合作的社会治理。Chris Ansell and Alison Gash, "Collaborative Governance in Theory and Practice", *Journal of Public Administration Research and Theory*, Vol. 18, No. 4, 2008, pp. 534 –571. 所谓第三方治理模式，是指公共性组织作为政府的"伙伴"承担社会公共领域的治理任务，实质上是国家赋权社会组织进行治理的模式。[美] 莱斯特·M. 萨拉蒙：《公共服务中的伙伴》，田凯译，商务印书馆 2008 年版，第 43 页。所谓契约关系模式，是指政府通过行政契约的方式将公共服务外包给社会公共组织或者私人部门从而实现社会治理，国家与社会之间类似于"雇佣合同"的"雇佣"关系，而不是"合伙合同"的"伙伴"关系。Van Slyke, "Agents or Stewards：Using Theory to Understand the Government – Nonprofit Social Service Contracting Relationship", *Journal of Public Administration Research and Theory*, Vol. 17, No. 2, 2006, pp. 157 –187.
② 徐勇、吕楠：《热话题与冷思考——关于国家治理体系和治理能力现代化的对话》，《当代世界与社会主义》2014 年第 1 期。

社区治理中国家与社会互动关系的经典描述。学者们倾向于将改革开放以来社区治理实践取得的成功经验归结于国家与社会合作治理的成果，如认为社区善治的实现"得益于各地干部群众在国家政策推动下，结合实际改革创新"①。相应地，社区及社区治理的内涵在国家与社会的二重维度下得到了更加全面和深入的认识。② 国家与社会互动范式并非固定采用上层或下层的视角，而是一种上下扫描的动态视角：一方面，关注国家嵌入社会治理的建构性政治，国家将现代化的治理体系通过科层制的政府体制自上而下地延伸到处于基层的社区，发挥体制吸纳力、制度整合力和政策执行力，保证国家治理在基层社会的具体实现。另一方面，关注社会嵌入国家治理的"创造性政治"，基层社区通过自觉自主的政治行为，借助各种社会力量，自下而上地为居于上层的国家输送治理的实践经验，推动国家治理体系的变迁和治理能力的提升。国家与社会的互动关系让基层智慧得以与顶层设计相结合，让善治得以步入"强国家—强社会"的轨道。在国家与社会互动主义范式下，城市边缘社区善治的实现需要通过国家的建构性政治和社会的创造性政治共同发挥作用，使国家与社会在互动过程中形成互相嵌入的"强国家—强社会"关系。

（四）政党中心主义范式

政党中心主义范式对将国家与社会对立起来的理论假设同样持批判态度。不过，政党中心主义采取了另一种视角转换方式，不再将治理研究的视角停留在"国家—社会"的关系表达，而是致力于构建一套将政党从幕后请上前台的善治理论范式。西方国家的实践经验决定了其政治理论习惯于从国家与社会来考察政治发展的历程和方向，政党作为某

---

① 龚维斌：《改革开放 40 年中国社区治理的回顾与反思》，《社会治理》2018 年第 8 期。
② 袁方成：《国家治理与社会成长：中国城市社区治理 40 年》，上海交通大学出版社 2018 年版，第 30 页。

个集团利益的代表，不足以与国家或者社会相提并论。尽管一些西方学者也注意到了政党之于现代政治具有重要地位①，但西方社会科学研究始终锚定在"国家—社会"的知识体系中，政党只会被视为政治活动中的利益集团，是选举制度和议会政治的附属物。我国的现代化经验与西方国家有着天壤之别。我国的政治发展是在中国共产党的领导下，以党的建设带动社会主义民主化、法治化，从而在保持政治稳定的前提下实现政治现代化。中国共产党在我国政治现代化的过程中始终处于领导核心的地位，这是任何西方政党都不可比拟的，创造的中国政治经验也是西方理论范式无法解释的。我国学者在研究我国政治制度变迁和国家治理的过程中，逐渐提出"政党中心论"②"政党主导"③"以政党为中心"④和"政党中心主义"⑤的理论，建立了政党中心主义范式，将政

---

① 例如，亨廷顿认为现代化中的政治体系（发展中国家）的安定取决于政党的力量，没有强有力政党的政治体系中更容易出现政治不安定。只有强大的政党主导才能实现政治安定下的社会进步和经济发展。谢茨施耐德提出责任政党政府理论，主张政党构成民主制度的核心，政党不是政府的附属物，而是处于现代政府的中心并扮演着重要角色。［美］塞缪尔·P. 亨廷顿：《变化社会中的政治秩序》，王冠华等译，上海人民出版社 2008 年版；［美］谢茨施耐德：《政党政府》，姚尚建译，天津人民出版社 2016 年版，第 44 页。

② 杨光斌教授在中国政治变迁的研究中提出"政党中心论"，并发展出"组织国家的政党及政党中心主义"理论，总结出政治秩序中政党中心主义的线索。杨光斌：《政治学导论》，中国人民大学出版社 2019 年版，第 155—157 页。

③ 林尚立教授认为"政党主导"是我国现代化发展的基本政治逻辑。林尚立：《政党与国家建设：理解中国政治的维度》，载陈明明《中国模式构建与政治发展》，复旦大学出版社 2012 年版，第 8—10 页。

④ 王侃教授批判了社会中心主义和国家中心主义，认为它们是近代西方国家现代化的"地方性经验"，对后发国家现代化的进程缺乏解释力；仅仅将政党视为宪政体系内的参与者，无法解释作为国家建立和建设领导者的政党在现代化过程中发挥的作用；任何一方都在朝自身局限的方向发展，其理论本身的缺陷正在越来越清晰地展现出来。并且，他还在批判的基础上以中国共产党领导人民实现国家现代化的历程说明"政党中心主义"体现出以政党为中心的中国道路对西方历史经验的超越。王侃：《以政党为中心的中国话语与中国道路》，《浙江学刊》2020 年第 5 期。

⑤ 郭定平教授引入政党中心主义的新视角研究我国政党与国家治理之间的关系，指出我国政党中心的国家治理创造了大党与大国治理的新经验。郭定平：《政党中心的国家治理：中国的经验》，《政治学研究》2019 年第 3 期。

党作为国家治理的核心变量。这种范式主张，就治理能力而言，政党具有治理功能，不仅可以成为某种政治利益的代表，还具有利益整合的能力，主导政策的制定和执行；就治理体系而言，政党处于国家治理的中心地位，是中坚轴线，主导着整个国家治理过程。该主张根植于中国共产党领导国家现代化进程的政治实践经验，因而可以从我国的国家治理模式流变历史中认识政党中心主义范式建立的必然性。

中国共产党领导中国革命取得成功，既是执政党也是领导党，在国家的建立和治理中发挥了领导核心作用，领导中国建立了政党中心的治理体制。然而，中国共产党在领导人民建设社会主义现代化国家的探索时期，党的"一元化领导"将国家嵌入政党，导致了"党政不分""以党代政""以政代企"的现象，特别是在党的权力过分集中破坏了民主集中制后，"以政党为中心"变质为"以个人崇拜为中心"，实际上削弱了党的领导，国家的治理也陷入混乱。① 改革开放以后，中国共产党深刻反思了党的"一元化领导"存在的弊端，进行政治体制改革，重塑党和国家的关系，改善党的领导。政党中心的国家治理回到正轨，伴随着经济社会全面蓬勃发展的国家现代化，政党中心的国家治理模式逐步成型。中国特色社会主义进入新时代以来，加强中国共产党的全面领导成为国家治理的首要政治原则，党的领导对于推进国家治理体系和治理能力现代化至关重要，政党与国家在治理过程中互相嵌入，政党中心的国家治理模式正式建立，并处于不断完善与发展的状态。同时，政党中心主义范式研究的视野也逐渐从宏观的国家治理下移到基层社会的治理，强调政党在基层社会治理过程中的整合作用。政党中心主义范式下，政党是城市边缘社区治理的核心力量，党的领导是实现城市边缘社区善治的政治保障。

---

① 郭定平：《政党中心的国家治理：中国的经验》，《政治学研究》2019 年第 3 期。

二 "强国家—强社会"：城市边缘社区善治研究理论范式的新选择

"弱国家—强社会"的社会中心主义范式对于城市边缘社区善治研究具有明显的局限性。城市边缘社区本身就是国家住房保障政策的产物，是政府执行国家公共政策的结果。《公共租赁住房管理办法》及地方出台的公租房管理法规是公租房社区法治实践的重要依据，公租房政策对于公租房有限产权的安排深刻影响着社区自治的开展。住房保障主管部门在城市边缘社区内保持着强势且必要的权力，其行政公权干预着城市边缘社区三治融合的治理实践活动，在客观上和主观上都塑造了城市边缘社区三治融合中行政权与自治权的关系。城市边缘社区内国家与社会并不是如社会中心主义范式所想象的那样是一种抽象的二元对立，而是存在复杂的关系，如在 Q 社区二者表现出嵌入关系的特征，在 M 社区二者则更接近于合作关系。城市边缘社区三治融合需要代表国家的基层政府和住房保障部门在高位推动，提供外部政治资源的支持。国家在城市边缘社区善治实现的过程中并不是一种约化的结构，而是一种不可或缺的主要力量。如果国家在城市边缘社区三治融合的治理实践中只是"碎片化"地存在甚至"退场"，那么城市边缘社区善治将失去实现的可能。

"强国家—弱社会"的国家中心主义范式并非城市边缘社区善治研究理论范式的应然选择。从三个样本社区三治融合的实践样态来看，首先，城市边缘社区三治融合是以自治为基础性的主线或者说主体，尝试以行政权嵌入社区治理、自治权与行政权的合作或者"契约化治理"等方式去除不必要的行政干预，通过社区居民的双向对话和共向决策努力让社区民主治理运转起来，其本身就肩负着实现基层民主的治理使命。其次，城市边缘社区三治融合以法治作为底线性的保障，所追求的善治不仅是街道办事处、住房保障主管部门等行政主体通过《公共租赁住房管理办法》等公租房管理法规实现对于城市边缘社区的社会控制，还包括由出自国家的正式规范与出自社会的非正式规范共同建构城市边缘社区的良好政治秩序。最后，城市边缘社区三治融合以德治作为价值引领，其公共道德规范是社区内生的，国家治理能力展现为对于价值观念的整合，而不是施加外在的强制力。尽管城市边缘社区三治融合需要"强国家"，但这种"强国家"不是以"全国家""大国家"式的行政治理取代社会治理。国家并不是城市边缘社区秩序的唯一供给者。出自国家的正式规范只是城市边缘社区三治融合的根本规范和原则性规范，处理社区公共事务实质上主要依赖城市边缘社区内部的非正式规范。社会力量在城市边缘社区善治实现过程中的重要作用应当得到国家的尊重。社区居委会、物业管理公司、运营机构和居民所需的是政府赋权增能，而不是被直接纳入国家治理的基层体系，由基层政府包办社区治理。

"强国家—强社会"的国家与社会互动主义范式体现出国家与社会良性互动、双向构建的政治发展趋势，能够阐明国家与社会这对关键的治理力量在城市边缘社区善治实现过程中的地位和作用。在自治方面，城市边缘社区的自治受到公租房政策的影响，形成了强调使用权、弱化所有权的"共治共享"的理念，自治的意义不再局限于社区公共事务自主解决的社会自治，同时也具备了培育积极公民，以基层民主方式保证国家公共政策实现的国家治理使命。如此，自治才能成为基础性的主线，穿插带动社区法治和德治的开展。在法治方面，《公共租赁住房管理办法》等体现国家意志的正式规范与社区公约、住户管理公约等体现社区意志的非正式规范相结合，正式规范对社区的控制融入社区规范治理的法治目标，形成了一整套社区治理规范体系，以保持行政权与自治权有张力地合作，维护社区良好的政治秩序，保障社区自治和德治的平稳进行。在德治方面，以社会主义核心价值观培育社区公共精神，提升居民的公共德行，塑造居民追求国家治理与社会治理整体"善"的诉求，为自治和法治奠定思想基础，指引正确方向。但是，国家与社会互动主义范式没有突出政党在城市边缘社区善治实践中的地位和作用，需要以政党中心主义范式加以补正。

在处于国家基层的城市边缘社区，"党建＋"社区三治融合的治理模式使社区各项公共事务的治理趋于善治。这种治理实践生动地注解了善治研究的政党中心主义范式。不同于以往在社区由党领导的单位包办社区事务，"党建＋"强调以社区党组织为政治核心的多元主体合作治理，既注重社区党组织的领导核心地位，也强调社区各治理主体积极性和能动性的发挥。在作为分析样本的三个样本社区，党组织是社区三治融合实现善治的政治核心，为三治融合治理活动的开展整合资源、凝聚力量、建立机制。无论是党组织体系完备的武汉市 Q 社区和重庆市 M 社区，还是党组织体系相对简单的深圳市 L 社区，由社区党组织召集的联席会议都是沟通住房保障部门、街道办事处等政府部门与社区居委会、公租房运营机构、物业管理公司等社区社会组织的关键环节，使社区治理资源得到整合，让社区各治理主体之间形成合力。联席会议保证了协商民主自治的正常开展，让居民的自治意愿和国家的公共政策意志能够达成一致，并最终通过社区内的联动机制得到实施。城市边缘社区党组织体系是否坚强有力直接影响了社区善治的成效。在社区党组织体系完备、实现了网格党建的武汉市 Q 社区和重庆市 M 社区，三治融合的治理成效较高；而深圳市 L 社区由于欠缺具有强整合能力的基层党组织，虽然三治融合治理实践取得了一定的成效，但是居民参与程度不足，公权依赖的问题更加明显。

综合以上分析，从城市边缘社区三治融合研究视角出发，善治应当根植于国家与社会互动主义和政党中心主义相结合的新理论范式，综合考量政党、国家、社会三种治理力量在基层社会善治实现过程中的地位和作用。一方面，要看到国家与社会在城市边缘社区三治融合的善治实现过程中，"强国家—强社会"的互动关系；另一方面，也不能忽视党在这种互动关系中的政治核心地位。本书认为，这种新选择的理论范式同样可以归纳为"强国家—强社会"，不过应当被赋予新的内涵。

"强国家—强社会"作为城市边缘社区善治研究理论范式的新选择，强调党领导下的强国家与强社会互动关系，是城市边缘社区三治融合实现善治过程中政党、国家、社会三者关系的应然状态，如图3－4所示。党是领导国家和社会的政治核心，是形成和维系"强国家—强社会"关系的关键力量。在国家与社会的二元关系模式下，在城市边缘社区这样的国家和社会交接的模糊地带，"强国家—强社会"需要国家与社会两种力量通过复杂的博弈过程，经过长时间的调试才能形成。而这种调试过程会增加治理成本，降低治理稳定性，不利于城市边缘社区的善治。在政党、国家与社会的三元关系模式下，党通过对国家和社会的领导，以自身的组织体系和治理资源整合能力，为国家与社会的互动注入新的政治能量，同时提升国家和社会的治理能力，能够实现国家与社会关系的快速调试，强化二者在交接模糊地带的共治能力，建立并保持"强国家—强社会"关系。可以说，党的领导是城市边缘社区善治研究"强国家—强社会"理论范式的题中应有之义。

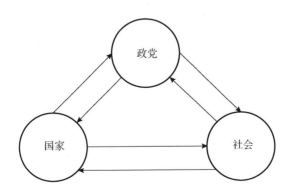

图3－4　政党、国家与社会的关系

第三节 城市边缘社区三治融合的善治理路

善治作为城市边缘社区三治融合的一种理论视角，需要回答的关键问题是三种治理方式应当因循何种理论路径相互融合，实现城市边缘社区善治。基于前文对善治理论和三治融合的研究梳理，本书将三治融合的善治理路归纳为结构整合论、功能协同论和系统衔接论三条。从解释三个样本社区三治融合实践样态的能力来看，三条不同的善治理路各有其可取之处，但并不完备。城市边缘社区三治融合的善治理路不能简单套用其中的任何一条，而要借鉴并拓展这三条善治理路的具体分析模型，总结出适合于城市边缘社区三治融合治理问题分析的结构化理论。

一 城市边缘社区三治融合治理的三条善治理路评析

当前研究提出三条三治融合的善治理路：一是结构整合论，以"组合框"理论为代表，主张三种治理方式不同的组合会形成不同水平的层次性善治，应当通过调整三治治理方式的组合实现善治的帕累托改进，追求"最适宜的善治"。[1] 二是功能协同论，以"箱式治理"结构分析为代表，注重在三种治理方式作用边界约束下，通过三种治理方式的功能协同，追求良好的实践效应。[2] 三是系统衔接论，以"指数"三维模型理论为代表，认为三治融合具有"乘数效应"，三种治理方式虽然各成体系，但是在三治融合中三者缺一不可，只有系统地衔接在一起才能

---

① 邓大才：《走向善治之路：自治、法治与德治的选择与组合——以乡村治理体系为研究对象》，《社会科学研究》2018 年第 4 期。

② 陈涛、李华胤：《"箱式治理"：自治、法治与德治的作用边界与实践效应——以湖北省京山市乡村振兴探索为例》，《探索》2019 年第 5 期。

实现善治。① 下文将分别述评这三条善治理路。

（一）结构整合论：三治融合的"组合框"理论

城市边缘社区治理的三种治理方式通常是在某种治理的过程或结构中共同发挥作用，而不是单独实现善治。在 Q、M、L 三个样本社区三治融合的治理实践中，三种治理方式虽然以不同的实践形式表现出来，但是这些实践统一于社区公共服务提供和社区矛盾化解的过程。学者们在总结三治融合实践经验时使用的"三治合一""三治一体""一体两翼""自治为体，法德两用""三治互嵌"等表述都体现出三治融合的结构整合观念。邓大才教授提出的"组合框"理论集中体现了这种结构整合观念。在"组合框"理论看来，善治是不同治理方式形成的一个多类型"组合框"，具有不同标准和不同类型，因此，善治不是最终目标，高质量、高水平的改进型善治才是善治的最终目标。② 三种治理方式，在一定条件下单独可以实现"单一治理式善治"，两两组合可以实现"两两组合式善治"，三者组合可以实现"三者组合式善治"，三者构成了一个善治的治理成效递增序列。③ 这个善治的治理成效递增序列与前文所述的基于善治需求或要素满足而形成的基本型善治和改进型善治具有一定的对应关系。

具体而言，在只考虑有无某种治理方式存在的情况下，这三大类可以划分为七种经典的善治类型，即三种单一治理式善治、三种两两组合式善治和一种三者组合式善治。这七种典型的善治类型的治理成效各有不同：三者组合式善治的治理成效高于两两组合式善治，而两两组合式

---

① 郁建兴、任杰：《中国基层社会治理中的自治、法治与德治》，《学术月刊》2018 年第12 期。

② 邓大才：《走向善治之路：自治、法治与德治的选择与组合——以乡村治理体系为研究对象》，《社会科学研究》2018 年第 4 期。

③ 邓大才：《走向善治之路：自治、法治与德治的选择与组合——以乡村治理体系为研究对象》，《社会科学研究》2018 年第 4 期。

善治的治理成效高于单一治理式善治，见表 3 – 1。在实践中，自治、法治、德治的结合往往并不是平均用力，也并非同等重要，而是形成有主有辅的组合实现善治。一旦考虑到不同治理方式的力度差异，三治融合就会在序列的基础上产生谱系化的组合结构，形成无数善治类型，如重法弱德式善治、弱法重德式善治、强自治式善治等。[①] 这就意味着善治不再是一类，更不只是一种，而是一个多类型的"组合框"。通过调整三治组合提升善治的治理成效是一个由治理单元特质情况决定的帕累托改进过程，因而在实践中应当因地制宜追求"最适宜的善治"。[②] 亦即，社区应当根据自身的治理资源情况，因地制宜地选择不同治理方式的强度组合，形成最适合本社区的三治组合结构，并根据社区治理资源情况的变化调整三治组合结构，实现善治的帕累托改进。

表 3 – 1　　　　　　　　　七种典型的善治类型及其治理成效

善治类型		三治的组合方式	治理成效
单一治理式善治	自治型善治	自治	较低成本较高稳定型善治
	法治型善治	法治	高成本高稳定型善治
	德治型善治	德治	低成本低稳定型善治
两两组合式善治	依法自治	自治 + 法治	相互补充，降低成本，提高稳定性
	以德自治	自治 + 德治	
	德法并重型善治	法治 + 德治	

① 邓大才：《走向善治之路：自治、法治与德治的选择与组合——以乡村治理体系为研究对象》，《社会科学研究》2018 年第 4 期。

② 邓大才：《走向善治之路：自治、法治与德治的选择与组合——以乡村治理体系为研究对象》，《社会科学研究》2018 年第 4 期。

续表

善治类型	三治的组合方式	治理成效
三者组合式善治	自治＋法治＋德治	进一步提高善治成效，趋于最优型善治

注：本表由笔者根据邓大才教授的相关研究整理制作而成。

资料来源：邓大才：《走向善治之路：自治、法治与德治的选择与组合——以乡村治理体系为研究对象》，《社会科学研究》2018 年第 4 期。

在治理资源整体相对贫乏的城市边缘社区，三治融合的结构整合具有以下特征：其一，自治是整合社区有限治理资源的基本方式，是不可或缺的治理方式，法治或德治的单独治理都会因为缺乏足够的治理资源支持而不能达到改进型善治状态。城市边缘社区内，租金缴纳、房屋续租、饲养宠物、门禁系统使用、纸皮堆积等相关问题的解决都表明，在公共事务的处理过程中，即使存在法律规范和道德规范可以维持基本的政治秩序，如果自治处于缺席状态，社区内的法律和道德资源也得不到整合，更不会被充分运用，社区有效治理只能以高成本实现或者只能在短期内实现。其二，自治虽然能够整合资源实现社区有效治理，但是社区大量的治理资源有赖于外部行政机关通过授权委托执法或者支持道德文化活动的形式输送到社区内，仅依靠自治只能形成达标型善治，因而需要建立三者组合式善治，进一步提高善治成效。无论是 Q 社区的"天天敲门组"，M 社区的"楼层互助"，还是 L 社区筹备中的"住户委员会"，居民互帮互助自组织的设立和活动都需要直接或间接地与法治和德治相结合。其三，当前由于社区居民的公共性较弱，受到住房保障主管部门的行政干预较多，最适宜的善治是"重法弱德式善治"。随着社区社会资本的培育和社区公共精神的提振，社区居民的参与程度和公德意识都会提高，社区治理将更加取决于居民有组织的团结，而减少对外部行政力量的依赖，社区自治和德治将得到增强。在道德力量与规制力量替代效应、过度参与等政治机制的复杂作用下，德治与法治将更加趋于均衡，自治作为主体性的治理方式将得到进一步强化，届时最适宜的善治会转变为"强自治式善治"。

三治融合的"组合框"理论对于城市边缘社区三治融合的结构整合具有适用性，城市边缘社区三治融合的治理实践可以视为"组合框"理论的一个例证。现实来看，城市边缘社区的治理整体上已经属于基本型善治，但是在一些社区公共事务处理过程中，居民的参与性不足，仍然处于有良好秩序而无善治的状态。因而，要实现城市边缘社区善治的帕累托最优，需要增强社区的自治和德治，使三治之间的力度配比得到调整，德治与法治趋于均衡，自治更加强化。理论而言，城市边缘社区最适宜的善治类型将从当前的"重法弱德式善治"逐渐向"强自治式善治"转变。如果城市边缘社区治理资源的状况保持稳定，那么可以通过三种治理方式之间的力度调整稳步实现社区善治的帕累托最优，趋近"最优型善治"。然而，公租房的租赁型保障性住房性质决定了城市边缘社区受到国家住房保障政策和法律制度变动较大的影响，面临较强的行政干预，社区治理资源很难保持稳定，所以城市边缘社区三者组合式善治需要根据国家住房保障政策和法律制度的变动而及时做相应调整，才能保持善治的适宜性及其帕累托最优。

当然，三治融合的"组合框"理论也有不足之处。这种理论将关注重心放在三种治理方式有或无、强或弱的组合形式上。尽管理论中对三治融合实现善治的观念有所体现，但更多地关注三种治理方式"结合"在一起的善治状态，对于应当达到"融合"的善治状态研究还需要进一步推进。

（二）功能协同论：三治融合的"箱式治理"结构分析

在城市边缘社区三治融合的治理实践中，三种不同的治理方式，各有其功能。无论是武汉市 Q 社区自治做主线、法治保底线、德治树高线，还是重庆市 M 社区自治做主体、法治做保障、德治做支撑，抑或是深圳 L 社区自治为本、法治为要、德治为基，都蕴含着对三种治理方式不同功能的认识。三治融合的善治理路可以从三种治理方式功能的角度切入，通过研究自治、法治、德治的功能协同建构理论。基于此，有学者提出了三治融合的功能协同论，主张在三种治理方式各自作用的边界约束下，通过三者的功能协同实现善治，并建立了"箱式治理"结构分析模型。① 该模型建立在两个重要的理论认识基础上：一是自治受到特定政治框架约束，是一种受限制的权利义务表现形式；二是约束自治的政治框架由法律与道德共同构成，并且"法是他律，德是自律"②。"箱式治理"结构以自治作为本体性制度安排，将德治和法治分别对应于自律和他律，并作为守卫道德和法律边界的治理方式，进而将善治的可能空间限定在由法律底线和道德顶线的范围内，以三种治理方式的不同功能结构划分治理类型，如图 3 – 5 所示。

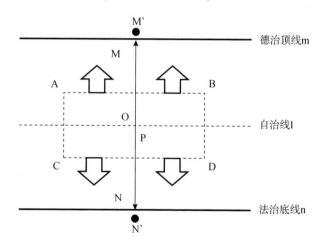

图 3 – 5　三治融合的"箱式治理"结构

资料来源：陈涛、李华胤：《"箱式治理"：自治、法治与德治的作用边界与实践效应——以湖北省京山市乡村振兴探索为例》，《探索》2019 年第 5 期。

---

① 陈涛、李华胤：《"箱式治理"：自治、法治与德治的作用边界与实践效应——以湖北省京山市乡村振兴探索为例》，《探索》2019 年第 5 期。
② 《江泽民文选》第一卷，人民出版社 2006 年版，第 567 页。

在"箱式治理"结构的提出者看来，以法治底线 n 和德治顶线 m 作为边界，可以将整个自治的空间（同时也是治理的空间）划分为三部分。在 n 之下以及 m 之上的部分分别意味着对于法律和道德的违反，脱离了约束框架，不能实现善治。图中的 N'和 M'分别代表了违法和违德的异常值，属于无效治理的范畴。而处于 m 与 n 之间的部分为有效治理的可能空间，图中线段 MN 意味着德治与法治约束下的"自治全距"，代表自治所具有的弹性空间。在这个弹性空间内，自治事务可以通过法治或者德治的方式去解决，因而自治事实上形成了一个在 m 与 n 之间上下移动的"自治框"，以四边形 ABCD 表示。自治线 l 与自治全距 MN 的交点为"箱式治理"结构点 O，根据 MN 到线 l 的距离（同时也是到点 O 的距离）可以区分出三类治理类型：当 l 趋近于点 M 时，则自律大于他律，属于"德主法辅型自治"；当 l 趋于 N 点时，则他律大于自律，属于"法主德辅型自治"；当 l 将自治框上下平分，经过 MN 中点时，则自律与他律相等，属于"德法均衡型自治"。实证研究表明，前两类治理虽然属于善治，但是善治的治理成效一般，而"德法均衡型自治"是最高效的有效治理。

三治融合的"箱式治理"结构分析对于通过自治、法治、德治的功能协同实现城市边缘社区善治极具启发意义。三个样本社区三治融合的实践表明，自治作为三治基础性融合主线，是在道德和法律的约束下展开的，法治和德治是确保自治不逾越有效治理边界的必要方式；法治与德治在实践中往往并不均衡，保持着城市边缘社区善治的弹性空间，并且因为这种不均衡导致善治的成效一般，尚未达成改进型善治；通过调整法治与德治方式运用的比重，城市边缘社区的善治层次能够得到提升，更加趋于"德法均衡型自治"的理想状态。

不过，作为分析样本的三个样本社区三治融合实践中，也存在一些"箱式治理"结构分析不适用的现象。如在三个样本社区因为客观原因而事实上普遍存在的家属非法入住情况，违反了法律，同时也不符合道德要求，以事实合理性为基础在社区内的通融（自治）也能实现社区善治，反而是严格的刚性执法（法治）或者是严厉的道德谴责（德治）更有可能导致社区爆发冲突使治理无效。此时，社区自治同时落入 N'和 M'标志的异常值区域，在"自治全距"外，却可以实现有效治理。在遵循"箱式治理"结构分析模型理论认识的前提下，这些现象可以从两个方面解读：其一，有效治理空间并不仅有以法治底线 n 和德治顶线 m 作为边界一种表示方式，可以有其他的法律与道德边界表示方法，突破法治底线 n 和德治顶线 m 的治理行为可以在同一个无效治理空间内；其二，自治框 ABCD 是通过法治或者德治方式协同解决自治事务的形象表现，因而自治框 ABCD 并非全部位于有效治理空间内才是有效治理，只要其几何中心 P 位于有效治理空间内，社区就可以实现有效治理。也就是说，自治在一定范围内出现可容忍的违德行为，甚至是迫不得已的轻微违法行为，仍然能够实现低效的善治。

（三）系统衔接论：三治融合的"指数"三维模型

城市边缘社区三治融合的治理实践中，三种治理方式的主体、规范和技术要素相互交叠，衔接成一个"你中有我，我中有你"的整体性治理系统。在三个样本社区内，居委会、物业管理公司和运营机构等社区治理主体通常以联动方式开展社区治理活动，社区的文明公约、住户管理规约、管理规定等社区治理规范往往是法律规范、道德规范和自治规范的内容整合后的产物，互联网和大数据支持的网格化"线上＋线下"治理技术也是由三种治理方式共用。新中国基层治理现代化的演进逻辑是从总体性支配到社会化整合，我国乡村治理存在问题的根本原因是缺乏总体性治理思路，未来应当走向系统性、整体性、全面性、协同性的总体性治理。① 理论上，总体性、整合性、系统性治理已经成为基层治理走向的主基调。三治融合的系统衔接论以整体性治理理论为基础建立，认为只有三种治理方式实现系统衔接才能使社区的治理达到善治。郁建兴教授和任杰博士提出的"指数"三维模型理论是系统衔接论的代表。这种理论认为，三治融合并非简单相加或组合，而是具有"乘数效应"，故而可以将三种治理方式视为相对独立的变量，用三者作为坐标轴正交构成的三维坐标图表示三种治理方式的融合，以三者的"指数"三维模型解释三治融合的善治理路，如图 3－6 所示。

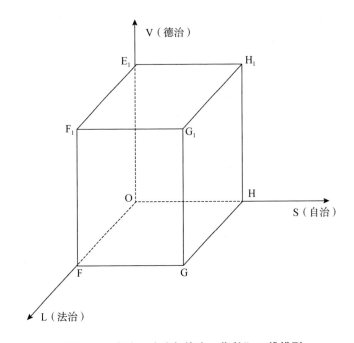

图 3－6　自治、法治与德治"指数"三维模型

资料来源：郁建兴、任杰：《中国基层社会治理中的自治、法治与德治》，《学术月刊》2018 年第 12 期。

---

① 李春根、罗家为：《从总体性支配到社会化整合：新中国 70 年基层治理现代化的演进逻辑——国家与社会关系的分析视角》，《华中师范大学学报》（人文社会科学版）2020年第 3 期。

"指数"三维模型理论必须满足三个前提条件，才能运用三治的"指数"分析包括社区治理在内的基层社会治理效果是否达到善治以及善治成效的高低。第一，三治融合被视为"乘法"运算，三治融合在效果上具有"乘数效应"，用公式总结就是"自治中有法治和德治×法治中有自治和德治×德治中有自治和法治＝善治"。[①] 相应地，自治、法治、德治的缺少也不再是"减法"运算，而是乘数项的消失，在"乘数效应"的作用下会对善治的效果产生重大影响。[②] 第二，当下基层社会治理实现善治需要"自治×法治×德治"，即基层社会治理的三治融合是以三种治理方式为三个维度的立体结构。单一治理模式在现代社会中不具有可操作性，"德法合一"的传统治理模式也早已经不具有存续基础，因此，可能治理的结合方式实际上只有"自治×德治""自治×法治"和"自治×法治×德治"三种。进一步来看，前两种结合方式只能在特定的社会条件支持下形成达标型治理，只有最后一种结合方式才能从一般意义上实现善治。第三，三个维度的"指数"大小可以刻画出社会善治的水平，同时三维"指数"所构造的空间为"社会成长空间"，这个空间会随着三维"指数"的提升而扩大。[③] 在这个空间内，基层社会的治理处于善治状态。

根据郁建兴教授和任杰博士的观点，在"指数"三维模型的三维坐标图中，S、L、V 三个坐标轴分别代表自治、法治、德治三个维度，三个坐标轴构成了一个空间直角坐标系，这个空间中的组合就表示"自治×法治×德治"。长方体 $E_1F_1G_1H_1 - OFGH$ 是整个"社会成长空间"，

---

① 郁建兴、任杰：《中国基层社会治理中的自治、法治与德治》，《学术月刊》2018 年第 12 期。

② 郁建兴、任杰：《中国基层社会治理中的自治、法治与德治》，《学术月刊》2018 年第 12 期。

③ 郁建兴、任杰：《中国基层社会治理中的自治、法治与德治》，《学术月刊》2018 年第 12 期。

其体积没有固定值，可以随着三维坐标的延展而变化。坐标轴中任何一点的三维坐标，在坐标轴上对应的刻度就是相应的指数水平，如在 S 轴上对应的刻度就是"自治指数"。三种治理方式的"指数"数值越高，其中的长方体 $E_1F_1G_1H_1$ – OFGH 的容积也就越大，表示社会力量越强，善治的水平越高。就笔者对于该模型的理解，图中表示社会成长空间的长方体最终是由 G_1 点的坐标决定的。G_1 点表示一种三治融合的善治理想状态，对应着一定的社会成长空间，如果这个空间足够充分则意味着社区善治的实现。

"指数"三维模型为城市边缘社区三治融合的治理实践提供了一个整体性的善治理论框架。首先，该模型解释了三治融合对于城市边缘社区善治实现的必要性。城市边缘社区治理资源贫乏，自治、法治、德治的指数本身并不高，如果不将三者结合起来，那么社区治理的效能将因为缺失某种治理方式而无法实现社区的良好政治秩序，更遑论实现社区善治了。其次，该模型解释了三治融合对于城市边缘社区善治实现的可行性。城市边缘社区虽然治理资源贫乏，但是通过治理主体联动、治理规范整合、治理技术共用，实现了有限治理资源的整合，让社区的善治成为可能。最后，该模型为城市边缘社区三治融合实现善治的发展提供了方向性的指引。要尽量提高城市边缘社区的社会成长就需要提升三治的"指数"，即从自治、法治、德治三个方面提高善治的成效，从而使整个治理系统向改进型善治的方向优化。例如，可以通过培育社会资本增强居民对社区的信任度和归属感，使居民积极参与社区协商民主自治，从而提升自治指数，让社区善治的成效提高。

但是，该模型也存在与城市边缘社区三治融合的治理实践不符合之处。一方面，城市边缘社区的自治受到法治和德治的约束，而道德与法律之间的替代关系也决定了法治和德治存在相应的边界。因而，城市边缘社区的善治空间（同时也是社会成长空间）是有限的，受到治理方式的约束。当然，治理方式的选择最终取决于治理资源的丰富程度和分布状况，公租房治理资源的有限性是决定城市边缘社区善治空间有限的根本因素。另一方面，城市边缘社区社会成长空间越大意味着社会力量越强，但是这并不意味着善治水平的提升。在善治理论下，社会力量的强弱主要体现为社区居民的参与程度，只是善治的一个必要因素。社会成长空间最大化时，善治空间虽然也最大，决定着空间大小的顶点却不一定等同于善治的理想状态。作为理想状态的最优型善治除了参与性之外，还注重成本性和稳定性。因此，城市边缘社区的最优型善治并不一定要实现社会力量最强，而是追求善治空间内各种治理方式（治理力量）的均衡调配。

二　结构化理论：城市边缘社区三治融合的善治新理路

综合以上分析，三治融合的"组合框"理论对于三种治理方式的组合结构分析是最基础的善治理路。"箱式治理"结构分析模型和"指数"三维模型在"组合框"理论的基础上有所延伸，但是仍然存在不完备之处。下文将对"箱式治理"结构分析模型和"指数"三维模型进行拓展，形成一个能够包容结构整合论、功能协同论和系统衔接论的结构化理论。这个结构化理论能够为我们从治理的主体、方式和规范三个要素维度分析三治融合实现城市边缘社区善治提供理论支持，是城市边缘社区三治融合的善治新理路。

（一）"箱式治理"结构分析模型拓展

本书首先拓展"箱式治理"结构分析模型，调整德治与法治功能协同实现善治的理论分析框架，如图 3 - 7 所示。虽然法治应当具有道德性，但是在"法律—权利—是非论"和"道德—德行—善恶论"两套话语体系下，法治与德治可以视为处理自治事务时，两种相对独立的、可以选择的自由度（变量），分别用横轴 n 和纵轴 m 表示。法律规范和道德规范赋予自治主体的强制性义务构成了法治和德治的边界，分别以直线 l_1 和 l_2 表示。在 l_1 左侧和 l_2 下侧的空间，即图中的矩形 OMTN 内，治理行为既符合法律也符合道德，属于有效治理空间。而在矩形 OMTN 外，因为违反法律或者道德，所以属于无效治理的空间。这个无效治理的空间又可以进一步分为 S_1、S_2、S_3 三部分：在 S_1 内，治理处于符合法律但违反道德的状态；在 S_2 内，治理处于同时违反道德和法律的状态；在 S_3 内，治理处于符合道德但违反法律的状态。这与城市边缘社区三治融合的治理实践相符合。例如，违法养犬、高空抛物既有违道德也有违法律，如果不以法治和德治同时约束，则社区治理状况就会落入 S_2 内；在社区车位紧张的情况下长期占用车位，虽不违反法律，但是有违公德，如果不以"文明礼让"的道德引导，则可能使社区治理状况落入 S_1 内；在不影响他人生活的情况下擅自改变公租房用途，虽然不违反公德，但是违反了法律，如果不以法律手段强制退出，则社区治理状况就会落入 S_3 内。

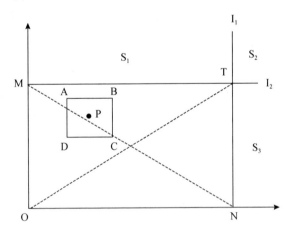

图 3-7　三治融合"箱式治理"结构的拓展

城市边缘社区三治融合的过程表现为自治框 ABCD，在矩形 OMTN 内自由移动。自治框 ABCD 的几何中心 P（自治框的结构点）与矩形

OMTN 的关系决定了治理的类型与成效：当 P 位于矩形 OMTN 内，即使自治框 ABCD 部分超出有效治理区域，自治仍然能够通过协调德治和法治的关系实现低效的善治；当 P 趋近于 l_1 时，自律大于他律，属于"德主法辅型自治"；当 P 趋近于 l_2 时，则他律大于自律，属于"法主德辅型自治"；特别地，当 P 位于矩形 OMTN 对角线 MN 和 OT 的交点时，自律与他律相等，属于"德法均衡型自治"，是社区善治最理想的状态。经过拓展的模型分析表明：一方面，城市边缘社区三治融合实现善治要注重法治与德治的功能协同，以实现法治与德治均衡为最理想的善治；另一方面，最理想的善治具有严苛的条件要求，实践中首先需要实现不逾越法律和道德边界的达标型善治，然后改进法治与德治的运用方式，逐步提高二者的协调程度，才能使善治层次得到提升。

（二）"指数"三维模型拓展

拓展"箱式治理"结构分析模型后，我们可以将"指数"三维模型拓展为一个能够包容结构整合论、功能协同论和系统衔接论的结构化理论。这个拓展后的"指数"三维模型虽然不能克服无法进行量化计算的问题，称不上是严格推导形成的数学模型，但是可以使城市边缘社区三治融合实现善治的理论分析更加符合模型的空间几何意义，能够更好地阐明城市边缘社区三治融合的善治理路，如图 3-8 所示。

首先，可以优化"指数"三维模型的前提条件，即赋予三治融合新的"运算方式"定义。对于空间直角坐标系内的一点 P（S_P，L_P，V_P），其对应着一种具体的三治融合的治理状态。其坐标值 S_P、L_P、V_P 分别为这种治理状态的自治指数、法治指数、德治指数，分别与点 P 在三个坐标轴上的投影点 P_S（S_P，0，0）、P_L（0，L_P，0）、P_V（0，0，V_P）相对应。此时，三治融合不是其指数数值之间做"乘法"或者"加法"，而是代表三治的"向量"做"加法"，用公式表示：$OP = OP_S + OP_L + OP_V$。从三个样本社区三治融合的治理实践过程来看，三种治

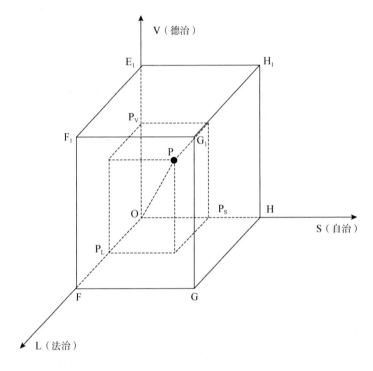

图3-8　自治、法治与德治"指数"三维模型的拓展

理方式确实并非简单地叠加，而是以不同的力度组合在一起发生作用。三治融合更加类似"力的合成"，应当用"向量加法"，而不是数值的加法运算。从三个样本社区三治融合的实践效果来看，三种治理方式相融合并未发生夸张的"乘数效应"，甚至因为三种治理方式作用方向的差异和作用力度的不同而存在一定的相互抵消效应。这也与"向量加法"的运算法则相符合。其实，"自治＋法治＋德治"意在表示三治组合，而用"自治×法治×德治"则在表示三治组合的基础上，强调三者并非简单相加，而是存在复杂的融合关系。以"向量加法"表示三治融合既能表明三治组合之意，其运算结果也符合"组合框"理论下三者组合式善治的治理成效高于两两组合式善治的治理成效，而两两组合式善治高于单一治理式善治的善治序列。相应地，其治理成效应当以

点 P 到原点 O 的距离 $|OP|$ 表示。其运算公式：

$$|OP| = \sqrt{S_P{}^2 + L_P{}^2 + V_P{}^2}$$

其次，可以扩展对于长方体 $E_1F_1G_1H_1-OFGH$ 的理解，不仅将其作为城市边缘社区的"社会成长空间"，也可以将其理解为城市边缘社区三治融合的善治空间。显然，在自治、法治、德治正半轴构造的空间内，三种治理方式都处于"好"或者说"正向"的状态，长方体 E_1F_1 G_1H_1-OFGH 所表示的必然是一个善治空间。这个善治空间的大小取决于顶点 G_1（S_1，L_1，V_1）的位置。尽管城市边缘社区的善治空间可能因为国家公租房政策和法律制度的变迁、社区外社会力量的参与、社区社会资本培育等原因而增长，但正如前文所言，城市边缘社区的治理资源有限性决定了其善治空间受到治理方式的约束，具有有限性。如果长方体 $E_1F_1G_1H_1-OFGH$ 表示的是当前城市边缘社区的有效治理空间，那么只有点 P 位于长方体 $E_1F_1G_1H_1-OFGH$ 内，即 $S_1 \geq S_P$，$L_1 \geq L_P$，$V_1 \geq V_P$ 时，才能实现城市边缘社区善治。这意味着拓展后的"箱式治理"结构分析模型可以视为拓展后的"指数"三维模型投影到面 FOV 内的情况。此时，前者中的点 P 是后者中点 P 的投影，后者的点 N、M、T 分别与前者的点 F、E_1、F_1 相对应。这种投影关系也让我们可以大胆地猜想由自治框 ABCD 移动得出的"自治在一定程度范围内出现可容忍的违德，甚至是迫不得已的轻微违法，仍然能够实现低效的善治"这一现象同样会出现在拓展后的"指数"三维模型中。

最后，拓展后的"指数"三维模型可以得出与"组合框"理论和拓展后的"箱式治理"结构分析模型相一致的结论。其一，城市边缘社区三治融合的治理实践表明，当点 P 位于善治空间内时，城市边缘社区治理在整体上已经达到了基本型善治。但是 $|OP|$ 的值并不大，善治成效并不高，需要通过改进自治、法治、德治的组合力度和方式来提升三治的指数，实现改进型善治。其二，城市边缘社区通过三治融合实现

善治的最适宜状态是三种治理方式趋于均衡的状态，这种状态并不一定意味着 P 点与顶点 G_1 重合，而是综合考虑城市边缘社区善治的秩序性、参与性、成本性和稳定性等要素后进行的三治功能结构选择。其三，最理想的善治状态具有严苛的条件要求，所以点 P 不是在善治空间内随机跳动的，而是会有轨迹地缓慢移动。这表明城市边缘社区三治融合实现善治是一个"渐进均衡"的善治改进过程。在城市边缘社区三治融合实践中，首先需要保证不逾越法律和道德边界的基本型善治实现，然后需要根据国家住房保障政策和法律制度变动而及时做相应调整，才能保持善治的适宜性及其帕累托最优。

小　结

社会科学研究应当追求实践逻辑与理论关怀的统一，需要在具体实践与抽象理论之间铺设认知的通道。本章基于前文的实践研究结论，将善治作为城市边缘社区三治融合的一种理论视角，并基于分析实践问题的需要搭建相应的善治理论分析框架。善治是能够实现民主参与和有效治理的良好政治秩序。城市边缘社区善治是指在满足居民最基本住房需求的基础上，通过三治融合有效处理社区公共事务，提供公共服务，让居民能够在城市边缘社区居住安定，实现城市边缘社区政治秩序和谐。城市边缘社区善治的改进方向是从"宜居"走向"安居"，即通过降低治理成本或者提高治理稳定性来实现低成本高稳定型善治。降低治理成本和提高治理稳定性都存在多种途径。这些途径可以归纳于三治融合的各项机制优化之中，即从主体、方式和规范等三治融合的要素维度优化三治融合，实现城市边缘社区善治水平的提高。城市边缘社区的善治研究应当根植于"强国家—强社会"的新理论范式，将国家与社会互动主义和政党中心主义相结合，既要看到国家与社会在城市边缘社区三治融合实现善治过程中的互动关系，也不能忽视党在这种关系中的政治核心地位。当前理论研究提供了三治融合的三条善治理路，以"组合框"理论为代表的结构整合论，以"箱式治理"结构分析为代表的功能协同论，以"指数"三维模型为代表的系统衔接论。拓展既有理论分析模型，可以形成一个能够包容结构整合论、功能协同论和系统衔接论的结构化理论。这个结构化理论为我们从治理的主体、方式和规范三个要素维度分析三治融合实现城市边缘社区善治提供了理论支持。

第四章　城市边缘社区三治融合的关系构造

如阿特斯兰德所言："理论和方法论的任务不是创造真理，而是达到解释真实。"[①] 本章以善治为分析视角，采取"以分求合"的解构性研究思路，从主体、方式和规范三个要素维度分析城市边缘社区三治融合的关系构造，尝试为城市边缘社区三治融合的外在特征是什么的问题提供一个具有一般解释力和普遍指导意义的答案。首先，在治理主体方面，厘清党组织、政府、居委会、居民、物业管理公司与运营机构等社区多元共治主体的定位与职能；其次，在治理方式方面，分析自治、法治和德治三者之间的有机融合关系；最后，在治理规范方面，缕析作为"元治理"依据的正式规范和作为"软法"的非正式规范的互补互动关系。

第一节　治理主体：多元共治

善治意味着有秩序的治理，有秩序却不一定意味着善治的实现。在计划经济时期，街道社区的权力结构是单一集中的，权力运行也是简单

---

① ［德］彼得·阿特斯兰德：《经验性社会研究方法》，李路路等译，中央文献出版社1995年版，第1页。

明确的。相应的社区治理主体结构也十分简明清晰。但是，这种主体结构缺乏灵动和活力，权力秩序过于呆板，不利于社区治理资源的优化配置，严重影响了社区治理的成效，常常有秩序而无善治。随着我国从计划经济向市场经济转变，社区治理的整体结构也由"单位制"向"社区制"变迁。这种变迁在为社区治理提供发展机会，释放社会活力，促进资源调配的同时，也引发了社区主体关系的多元化和社区权力秩序的多样化，逐步形成了多元共治的社区治理主体结构。多元共治既给当前社区治理的秩序重构造成了挑战，也为社区治理实现共建共治共享的格局提供了机遇。相较于商品房社区，城市边缘社区居于劣势边缘地带，经济、社会和政治资源贫乏，所面临的挑战尤其严峻。城市边缘社区要应对挑战，把握机遇，通过三治融合实现善治，必须在社区治理主体由一元向多元变迁的过程中，实现党组织、政府、居委会、居民、物业管理公司与运营机构等多元主体的共治，形成治理主体各归其位、各司其职、各尽其能、相互合作的政治秩序。

　　无论是"单位制"到"社区制"变迁中治理主体由一元到多元的演变，还是当前学者基于社区治理"行政化"实践研究提出的"街居治理共同体"[①]，都在"强国家—强社会"的善治研究理论范式下，将关注中心放到社区治理过程中各治理主体的"行动者—空间"关系结构上。[②] 从三个样本社区三治融合的实践经验来看，在"行动者—空间"关系结构中，党领导下国家与社会之间的互嵌、互构、互动是影响社区治理主体结构的根本因素，体现着社区空间的政治性。而社区空间内治理权力和治理资源的分配与整合状况直接形塑城市边缘社区三治融合的具体样态，决定着不同的多元共治格局下三治融合的治理成效。近

---

　　① 王德福：《社区行政化与街居治理共同体》，《行政论坛》2019 年第 6 期。
　　② 桂勇：《略论城市基层民主发展的可能及其实现途径——以上海市为例》，《华中科技大学学报》（社会科学版）2001 年第 1 期。

代以来，我们对权力的理解深受韦伯强调强制的权力观、帕森斯突出共识的权力观、福柯批判性权力观念的影响。[①] "权力即为压迫"已经是明日黄花，并非当代话语，新的权力手段"不靠权力，而靠技术；不靠法律，而靠正常化；不靠惩罚，而靠控制"[②]。哈特将权力分为排他性与非排他性两种，前者指专属于某一主体的权力，后者指不特定主体共享的权力。[③] 在"行动者—空间"关系结构中，社区治理权力是一种具备共识因素的、非排他的、与技术紧密结合的权力。"关系即权力，权力在关系中。"[④] 社区治理权力集中表现为在社区治理关系中一种配置社区治理资源的手段，而社区各治理主体围绕治理权力的分享形成多元共治的关系结构。因此，良法善治视角下城市边缘社区三治融合的多元共治主体结构分析不仅要考虑党领导下国家与社会互动的影响，也要关注权力与资源的投入与运用情况，如图4-1所示。

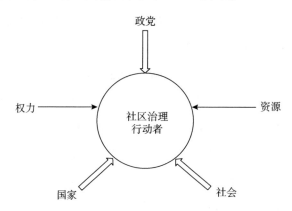

图4-1 多元共治主体的分析框架

---

① 吴玉章：《法律权力的含义和属性》，《中国法学》2020年第6期。

② ［法］米歇尔·福柯：《必须保卫社会》，钱翰译，上海人民出版社1999年版，第14页；［法］米歇尔·福柯：《福柯集》，杜小真选编，上海远东出版社2004年版，第343页。

③ H. L. A. Hart, *Essays on Bentham: Jurisprudence and Political Theory*, Oxford: Clarendon Press, 2001, pp. 198 – 199.

④ 徐勇：《"关系权"：关系与权力的双重视角——源于实证调查的政治社会学分析》，《探索与争鸣》2017年第7期。

　　城市边缘社区三治融合意味着多元主体参与的协同治理，强调共治主体结构的整体性。有学者提出将多元主体区分为以村委会为代表的自治主体、以派出法庭和社区律师为代表的法治主体、以新乡贤和乡村精英为代表的德治主体三种。① 这种观点在城市边缘社区内缺乏实践支持。虽然各类主体在自治、法治、德治的实践活动中所处的地位有别，发挥的作用也有大有小，但是简单的类别划分显然是以理论剪裁实践，让丰富的经验在理论化时出现失真，不利于理解城市边缘社区三治融合中多元主体的真实结构。因而，本书并不采取所谓的自治主体、法治主体、德治主体的区分，而是分别具体考察党组织、政府、居委会、社区居民以及物业管理公司与运营机构在三治融合实现善治的过程中所处的地位和作用。"强国家—强社会"的善治研究理论范式下，城市边缘社区三治融合需要政党、国家和社会三种力量合作共治。在这种合作共治关系中，党组织是政党力量的具象，街道办事处和住房保障主管部门是国家力量的具象，居委会、居民、物业管理公司与运营机构则是社会力量的具象。以这些治理主体在空间场域和政治关系上是否属于城市边缘社区这个"共同体"为划分标准，城市边缘社区的多元共治主体可以分为社区内的主体和社区外的主体。前者包括社区党组织、居委会、居民、物业管理公司与运营机构，后者包括上级党组织、街道办事处和住房保障主管部门，如图4-2所示。

一　党组织作为政治核心

　　城市边缘社区所代表的基层社会是国家权力与社会自治的互动场域。在国家与社会的互动过程中，政党发挥了政治核心作用，推动国家治理和社会治理现代化。自新中国成立以来，中国"皇权不下县"的

---

　　① 李亚冬：《新时代"三治融合"乡村治理体系研究回顾与期待》，《学术交流》2018年第12期。

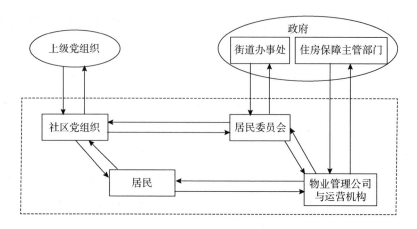

图4-2 城市边缘社区的多元共治主体

国家治理传统被打破，在城市废除了国民党的保甲制，在成立区公所、街道办事处和居委会的同时，将支部建在单位和社区，让党和国家的权力延展到基层社会，保证政策与法律在基层社会具体落实。在上级党组织的领导下，基层党组织承担起在基层领导和支持"人民当家作主"的政治任务，在基层社会以党群关系提高居民的组织程度，为党在基层治理中发挥核心作用进行了有益的尝试，打下了坚实的基础。改革开放以后，在市场经济的冲击下，社会个体从原有的体制中被解放出来，关系日益"原子化"，行为也变得日益复杂，加剧了社会治理的不确定性。原有的高度集中的社会管理体制已不符合社会的发展现状，社区治理面临着转型，以党的领导为核心、政府主导、多元共治的基层社区治理格局形成。在中国特色社会主义制度优势当中，党的领导是最大的制度优势，决定着其他各项制度优势的存在和发展。[①] 历史传承下来的党的政治核心地位不可撼动，党组织在社区三治融合的治理实践中享有绝对的政治权威。

---

① 张文显：《国家制度建设和国家治理现代化的五个核心命题》，《法制与社会发展》2020 年第 1 期。

　　在城市边缘社区三治融合的多元主体共治结构中，党组织是政治核心。这表现为两个方面：一是在城市边缘社区内，基层党组织通过"党建＋"对社区各治理主体的组织和整合；二是在城市边缘社区外，上级党组织对基层党组织的领导强化了"街居治理共同体"，让社区获得外部的政治资源，并将内外的政治资源整合。"党建＋"是社区自治、法治、德治都必须遵循的最基本工作模式，也是三治融合实现善治的必要条件。实现党组织引领的社区治理科学化、精细化、法治化和组织化，是城市社区治理现代化的题中之义。社区党组织作为党在基层的领导力量，必须承担起政治核心的作用，统筹社区各治理主体的活动。"办好中国的事情，关键在党。"① 费孝通先生也早已提出"如何通过党员的模范作用增强社区的凝聚力"是一个值得研究的问题。② 在城市边缘社区三治融合的治理实践中，以党组织为政治核心就意味着发挥党组织的凝聚作用，通过上下级党组织领导与被领导的强政治关系纽带，整合各社区治理主体共同参与社区的自治、法治、德治，实现社区善治。一方面，建构并维护社区治理的正常政治秩序，保证各治理主体能够在自治、法治和德治活动中合理运用社区治理权力，尽量消除可能存在的权力冲突，形成三治融合，实现善治；另一方面，整合并分配社区治理的各种治理资源，为各治理主体有序参与自治、法治和德治活动提供目标和条件，以设置计划和配置资源的形式指引正确的政治方向，保证三治融合实现善治的成效。

　　在规范层面，国家宪法和党内法规对于基层党建工作提出的新要求也需要城市边缘社区党组织充分发挥政治核心的作用，以党内民主带动人民民主，以党员守法带动居民守法，以党员模范带动居民崇德。我国

---

　　① 《习近平谈治国理政》，外文出版社 2014 年版，第 91 页。

　　② 费孝通：《中国现代化：对城市对社区建设的再思考》，《江苏社会科学》2001 年第 1 期。

《宪法》第 1 条明确规定："中国共产党领导是中国特色社会主义最本质的特征。"城市边缘社区作为国家治理的基层单元，同时也是社会治理的重要组成部分，当然要以党组织为政治核心开展三治融合，追求善治。《中国共产党章程》（以下简称《党章》）第 33 条进一步明确了街道党的基层委员会和社区党组织领导基层社会治理，支持和保证群众自治组织充分行使职权的政治义务。《党章》第 34 条规定了党支部作为党的基层组织担负的教育、管理、监督党员和组织、宣传、凝聚、服务群众的职责。街道党委和社区党组织之间的领导与被领导关系强化了"街居治理共同体"，社区党组织对于网格党支部的领导则保证了社区内三治融合的相关决策能够在社区网格内落实，真正实现治理下沉。《党章》第 32 条明确规定，"党的基层组织是党在社会基层组织中的战斗堡垒"，并且明确了党的基层组织的基本任务，体现出三治融合中社区党组织的政治核心作用。例如，"充分发挥党员的先锋模范作用""团结、组织党内外的干部和群众""密切联系群众""充分发挥党员和群众的积极性创造性"，体现出社区党组织在社区自治方面应当发挥的动员、组织、沟通等作用，"监督党员干部和其他任何工作人员严格遵守国家法律法规"和"教育党员和群众自觉抵制不良倾向"，则分别体现出其在法治和德治方面的督促与引导作用。

在实践层面，当前城市边缘社区三治融合的治理实践中存在各种困境，面临诸多挑战，使城市边缘社区善治的水平停留于达标型善治，制约着城市边缘社区善治的改进。根本而言，出现这种困境和挑战的原因在于国家与社会互动过程中，对城市边缘社区的行政与自治之间，就权力分配和资源配置形成的紧张关系。这就需要我们以"强国家—强社会"的理论范式研究城市边缘社区善治，将党组织由附属转成主体，由幕后请到前台，由边缘变为中心，关注党组织在社区内外的国家与社会互动关系中如何作为政治核心发挥作用，从困境中突破。无论是武汉市

Q 社区将"建强一个基层党组织体系"的组织体系建设作为社区治理的起点，重庆市 M 社区将社区大党委作为"三驾马车"行动的决策主体，还是深圳市 L 社区通过召开居委会与物业管理公司的党建联席会议处理社区的公共事务，都是政党中心主义的善治观念在城市边缘社区三治融合中的行动逻辑展现。

对于城市边缘社区各治理主体之间互不统属、难以有效合作导致三治融合的善治成效较低的问题，党组织发挥了政治核心的功能，将各治理主体组织起来。在作为分析样本的三个样本社区，新冠疫情发生后，社区党组织迅速召开社区党建联席会议，组织社区居委会、物业管理公司、运营机构和警务室等驻社区单位，共同协商和讨论抗击新冠疫情的工作安排，以任务到人、责任到岗的方式进行明确的分工，在紧急情况下维持了社区的良好政治秩序，实现了各主体的有效合作。针对社区居民参与积极性不足而行政干预过多的问题，应建强社区党组织，扩大党组织在网格和楼栋的组织动员能力，凝聚社区自主治理意识。党组织是能够沟通上（国家）下（社会）、凝聚力量的"主心骨"。一方面，尽量通过传递公共精神的各类文化活动打通各个"小圈子"之间的壁垒，以主流价值观引导各种"小圈子"在良性互动的过程中逐步被"楼栋共同体"吸附乃至吸收，对内体现出自治组织的整合力量；另一方面，通过上级党组织与社区党组织之间领导与被领导的关系，将治理过程中国家力量的作用内化，避免外部行政权力直接作用于居民个人，对外展现出自治组织的凝聚力量。

二　政府作为高位推动者

政府是城市边缘社区三治融合的高位推动者，通过下达行政任务和进行行政干预，从社区外部为城市边缘社区三治融合供给治理的权力和资源，推动城市边缘社区三治融合实践的开展。高位推动是中国公共政策执行特有的经验，即依靠政府层级性治理的政治势能推动公共政策的有效执行。城市边缘社区的治理本身就是国家公租房政策执行的结果，政府在城市边缘社区三治融合的治理实践中代表国家治理力量，扮演着高位推动者的角色。当前的国家治理体制下，住房保障、社会治安、公共卫生、优抚救济等社会公共事务采取的是网格化管理，以行政辖区为"片"，对责任区域进行网格划分，对每个网格定人、定格、定责，实现格、片、面的行政科层化的管理。在"区政府—街道办事处—城市边缘社区"的网格化管理层级中，与城市边缘社区治理相关的公共事务形成了以政府为推力源的管理权力与责任层层挂钩、传递、分配制度。以城市边缘社区的日常环境监管为例，区政府是推力源，公租房环境监管的权力与责任首先被分配挂钩到街道办事处网格，街道党委书记、城市边缘社区居委会主任以"挂钩领导"作为社区监管的第一责任人，而社区内各网格的网格员作为网格责任人会进一步进行责任细化分配，形成"街道挂钩领导—居委会主任挂钩组长—居委会网格责任人"的公租房使用监管责任人体系。政府通过这种责任人体系，将治理的权力和资源输入城市边缘社区，实现对城市边缘社区三治融合的高位推动。

公租房作为国家为城市中低收入住房困难群体供给的保障房，为保证公租房分配公平、使用合理和退出有序，政府住房保障主管部门有职责对公租房分配、使用和退出的全过程进行监管。公租房的使用和退出监管主要在城市边缘社区内与城市边缘社区治理密切联系，同步进行。城市边缘社区三治融合除了"区政府—街道办事处—城市边缘社区"三级网格化管理的高位推动外，还存在住房保障主管部门设立专门运营机构或委托物业管理公司监管公租房使用和委托社区居委会监管保障对象的在地监管式高位推动。前文论及的城市边缘社区行政性强其实就是政府高位推动的表现，在此不予赘述。

从 Q、M、L 三个样本社区三治融合的实践样态来看，政府对城市边缘社区三治融合的高位推动主要通过街道办事处、住房保障主管部门与社区居委会、物业管理公司和运营机构分享社区治理权力的方式实现。城市边缘社区是国家行政公权与群众自治权的交界地带，成为两种权力连接的末梢。正如苏力教授所言："在权力的末梢，我们才能够了解权力运作的真实状况。"① 具体而言，政府与社区主体的这种社区治理权力分享集中在社区治理决策和资源分配两个方面，主要的途径有四种：第一，人事权分享，即街道办事处、住房保障主管部门对于社区居委会、物业管理公司和运营机构负责人进行选拔、聘任、监督和任免；第二，财务权分享，即街道办事处、住房保障主管部门对于社区居委会、物业管理公司和运营机构大部分资金和物质资源的分配和管理；第三，决策权分享，即街道办事处、住房保障主管部门通过介入城市边缘社区的发展规划制定、社区公共事务决策、社区公共政策执行的过程，影响城市边缘社区治理决策；第四，奖惩权分享，即街道办事处、住房保障主管部门对于社区居委会、物业管理公司和运营机构的工作业绩进行考核评估，并根据评估结果进行奖励或惩戒，以保证城市边缘社区三治融合的治理成效，如图4－3所示。

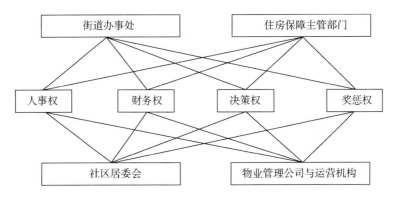

图4－3　政府分享社区治理权力的主要途径

---

①　苏力：《送法下乡：中国基层司法制度研究》，北京大学出版社2011年版，第27页。

三 居委会作为行动中枢

居委会是城市边缘社区三治融合的行动中枢，将社区三治融合的实践导向善治。根据我国《宪法》及《居委会组织法》的相关规定，社区居委会是群众性居民自治组织，以"自我管理、自我教育、自我服务"为己任，是"人民当家作主"的直接体现。在我国的《宪法》法律体系下，居民自治是社会主义制度中国家对于社会事务的柔性控制，而不是西方经典理论所预想的那种市民社会与国家的分殊和发展。[①] 国家权力的人民属性决定了国家治理目标与居民自治目标追求在根本上具有一致性，社区居委会所担负的是以基层民主自治实现国家治理体系和治理能力现代化的政治使命。这意味着我国以居委会为行动中枢的居民自治是"国家主义自治观"的体现，不同于域外那种笃定社会中心主义范式下基于"团体主义自治观"形成的"市镇自治"或者"社区自治"等地方性自治。[②] 因此，在城市边缘社区内的各类自组织中，社区居委会在社区治理权力和资源的分配上都占据主导地位，直接左右着城市边缘社区三治融合的行动方向和治理成效。

从居委会制度的历史演进来看，虽然居委会的身份和面貌数经变迁，但是其一直都是基层群众自治组织，扮演着政府基层代理人和居民当家人的双重角色，成为沟通国家与社会的治理枢纽。新中国成立之后，随着《中华人民共和国城市居民委员会组织条例》（以下简称《城市居民委员会组织条例》）的正式实施，在城市中首先由社区的积极分子组成筹备委员会；然后由筹备委员会召开居民会议，选出居民小组长组成居民委员会；最后召开居民大会，宣布居委会的正式成立。居委会

---

① 郭伟和：《街道公共体制改革和国家意志的柔性控制——对黄宗智"国家和社会的第三领域"理论的扩展》，《开放时代》2010 年第 2 期。

② 申海平：《通过基层自治发展基层民主——来自德国的启示》，《法学》2007 年第 12 期。

是基层民主和群众自治的集中反映，主要任务是处理与居民利益直接相关的安全保障、纠纷调解、公共卫生和社会福利等事项，向居民提供公共服务。同时，居委会与基层政府保持密切联系：一方面，发挥"上传"功能，将居民的意见和需求传达给基层政府，保持居民个人与国家政府意见渠道的畅通；另一方面，承担"下达"职责，负责国家法律、公共政策、行政任务在社区内的具体实施，协助基层政府完成基层社会的组织、教育和管理。在"大跃进"和"文化大革命"时期，居委会一度被并入"城市人民公社"并改组为"革命居民委员会"或"文化革命小组"，变成群众专政的工具。尽管基层的民主和法治在一定程度上遭到破坏，但被改造后的居委会事实上仍然承担着组织和发动群众的职责，保持了基层政治的韧性。

党的十一届三中全会后，全国人大重新公布了《城市居委会组织条例》，在 1982 年《宪法》中明确了居委会的"基层群众自治组织"定位，并于 1989 年通过了《居委会组织法》。居委会向新中国成立初期的定位理性回归，并且不断强化与基层政府之间的联系，职能也逐渐呈现出半自治化半行政化特征，事实上形成了"街居治理共同体"，与基层政府共享社区治理权力。正如学者所总结的那样，居委会在体制上呈现出全能性与集中性，在定位上表现出后补性与前沿性，在属性上表现出受控性和自主性，在构造上表现出扁平性和对角性。[①] 居委会既得到基层政府国家治理权力的授权，协助街道办事处完成行政任务，在基层社会承担国家治理的任务；也获得社区居民社会治理权力的赋权，为居民提供公共服务，在国家基层发挥社会治理的功能。居委会处于国家与社会相互嵌入的中间地带，不仅是"居民的头"，也是"政府的腿"，既是自治主体，也是法治主体和德治主体，成为社区治理权力和资源集散

---

① 王邦佐：《居委会与社区治理：城市社区居民委员会组织研究》，上海人民出版社 2003 年版，第 164—165 页。

的全能型社区治理主体。城市边缘社区居委会并未实在地经历整个演进过程，不过其作为居委会制度的具象，带有居委会制度发生和发展的底色。即是说，居委会在当前作为城市边缘社区三治融合的行动中枢正是制度演进的结果。

从居委会的组织特征来看，城市边缘社区的居委会采取民选街聘方式产生，由专业化的社区精英组成，与社区党组织高度同构，是社区三治融合行动组织化的"中心点位"。①

首先，社区居委会是民选街聘的结合体，是行政权力与社区权力结合的产物。② 我国早期的居委会并非由社区选举产生，而是通过街道或者单位的推荐任命，而当前的城市边缘社区则根据《居委会组织法》的规定采用选举方式组建居委会。城市边缘社区居委会选聘产生的过程本身就体现出居民自治、国家法治与社会德治的结合。选举既增加了居委会的合法性，又能够反映社区居民的意愿；不仅符合"程序正当"的法律规范，也符合"德才兼备"的道德要求。考虑到城市管理体制模式的习惯及社区资源协调调动难以为继的现状，在居民选出社区居委会成员的基础上，再由街道办事处代表国家进行聘用，这个过程将社会权力和政府权力相结合，使社区居委会集居民、政府意愿于一身，能够更好地发挥行动中枢功能。

其次，城市边缘社区居委会由专业化的社区精英组成，具有街居体制赋予的权威身份和合法权利。"精英"的概念由帕累托提出，指"最强有力、最生气勃勃和最精明能干的人"③。在治理理论中，精英主要

①　[法] 埃哈尔·费埃德伯格：《权力与规则：组织行动的动力》，张月等译，格致出版社 2016 年版，第 4 页。
②　杨荣：《社区权力与基层治理：基于北京市 L 街道的实证研究》，社会科学文献出版社 2019 年版，第 93—94 页。
③　[意] 维尔弗雷多·帕累托：《精英的兴衰》，刘北成译，上海人民出版社 2003 年版，第 13 页。

是指社区的"关键少数"和"社区能人"。社区精英通常是社区的领导者或社区领袖，是指"承担比其他社区人员更多的工作，并且为社区事态恶化负直接责任的人"①。民选街聘保证了社区精英能够以民主和法治的方式组成居委会，成为制度精英，依靠制度赋予的权力整合社区资源，主导社区的三治融合，追求社区治理的改进型善治。已有的实证研究表明，居委会作为社区精英的代表，具有很强的社会问题解决能力，纵然社区自组织发育迟滞，居委会依然可以带领社区治理向前发展。②随着社区制逐渐取代单位制，单位逐渐从社区日常生活领域退出，社区的居民也日益多元化，社区治理的工作日益专业化。这对单位制下"志愿型"的社区居委会提出了挑战，以往热心的"大爷""大妈"逐渐难以胜任居委会的工作。1999 年民政部颁发《全国社区建设实验区工作实施方案》，对社区居委会工作队伍提出专业化的要求，社区居委会开始注重吸收具有专业知识和技能的社区精英，使居委会成员专业化程度不断提升。这直接表现为城市边缘社区居委会成员的年轻化、高学历化和职业化，如重庆市 M 社区居委会的 9 位成员都在 40 岁以下，并且其中有 5 人是本科学历，有 4 人是大专学历，有 1 人获得全国社会工作师资格，有 2 人获得全国助理社会工作师资格。在落实国家住房保障政策的城市边缘社区，居民居住密集且异质性强，居委会不仅要为居民提供各类公共服务，也要承担繁重的住房保障行政任务，更要处理相当数量的公租房租赁合同法律纠纷。只有专业化的城市边缘社区精英组成的社区居委会，才具备主导社区自治、法治和德治的权威身份，才能够充分运用合法权力整合治理资源。

---

① Montero M. , "Community Leaders: Beyond Duty and above Self - Contentedness", *Journal of Prevention & Intervention in the Community*, Vol. 27, No. 1, 2004, pp. 39 - 52.

② Weijie Wang, Hui Li, Terry L Cooper, "Civic Engagement and Citizenship Development: The Case of Homeowners, Participation in Neighborhood Affairs in Beijing", *Administration & Society*, Vol. 49, No. 6, 2015, p. 827.

最后，城市边缘社区居委会与社区党组织高度同构，在社区党组织的支持下，居委会在与基层政府强化组织联系的同时，增强了自身的独立性。根据《居委会组织法》第 17 条的规定，居委会的运作经费、成员补贴和办公用房都需要地方政府提供。此外，城市边缘社区行政性强导致了较为严重的公权依赖，居委会的工作重心向行政任务偏移，更像是街道办事处的下级机构，而不是社区三治融合的行动中枢。显然，当前城市边缘社区居委会的实际作用与规范功能存在差距，需要通过强化组织独立性让居委会从实然向应然"归位"。在作为分析样本的三个样本社区内，居委会与党组织在社区结构中具有高度的同构性，形成了类似"同心圆"的主体结构体系，如图 4-4 所示。通过这种同构关系，社区居委会能够在党组织的支持下决定社区治理政策的产生，支配这些政策实施的过程。在社区政策的决策和实施过程中，居委会常常是议题的提出者、集体讨论决策的组织者和决策的具体实施

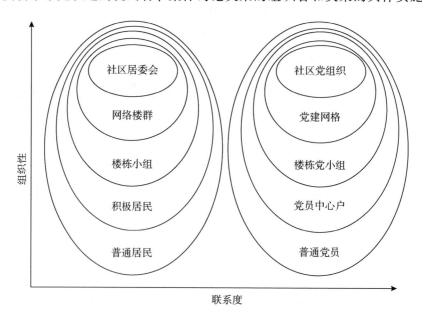

图 4-4　居委会与社区党组织的同构性

者。依照社区党组织和居委会的民主决策程序做出的决定能够获得执政党的支持、基层政府的认可、居民的拥护，得到顺畅的贯彻和执行。社区居委会成员兼具社区党组织成员的身份，保持了居委会对于社区内外治理资源整合和分配的权力。以社区居委会主任为例，Q、M、L三个样本社区的居委会主任实质上是"一肩双挑"，甚至是"一肩三挑"，同时担任书记、主任和社区服务站站长，兼具党的权力、居民自治权力和政府行政服务权力，通过这种身兼数职的方式，能够在社区治理层面实现权力和资源的集中，使居委会能够更好地成为社区三治融合的行动中枢。

四　居民作为参与主体

党的十九届四中全会指出要建设"社会治理共同体"，强调基层社会治理的公民尽责与分享式参与。社区自治最本质的特征是居民自治。① 没有居民参与就无所谓社区自治，更谈不上三治融合。三治要素的转变意味着具有民主自觉、规范意识和公共精神的积极居民参与，是城市边缘社区保持善治适宜性以及帕累托最优的必要条件。社区是微观社会，社区善治是建设社会治理共同体的前提，也是国家治理现代化的基础。因而，居民参与的意义不仅仅是实现社区善治，还在于培育社会资本和民主政治。这不仅是我国学者的共识，也得到了外国学者研究的支持。例如，林南认为，社会资本主要从嵌入社会网络的资源中获得，它根植于社会网络和社会关系。② 美国城市研究者主张，民主必须始于公民的家园——社区，他们将社区视作政治参与的源泉，认为社区是实

---

① 陈伟东：《社区自治：自组织网络与制度设置》，社会科学文献出版社2004年版，第135页。

② Lin Nan，"Social Networks and Status Attainment"，*Annual Review of Sociology*，No. 1，1999，pp. 467 –487.

践公民权利、表达政治诉求的重要渠道，是组织政治过程并解决政策问题的单元。① 当然，我国民众对实质民主的期待远高于形式民主②，相较于更具形式意义的社区选举，社区居民更加注重对自治、法治、德治相融合过程的实质参与。在城市边缘社区多元共治的主体结构中，社区居民是最基本、最重要的参与主体，居民不仅以个人身份参与社区三治融合的治理实践，而且可以自发组织或加入社区社会组织，以集体合作行动的方式参与社区三治融合的实践。

随着我国社会结构、经济结构、治理技术的变化，基层社会治理主体之间协作关系的结构化运作方式，即基层治理体制，经历了社会重构、改造、培育、治理四个阶段。③ 社区治理的主体、目标和策略在不同的阶段几经变迁。这种变迁虽然保持了我国基层治理体制的基本稳定，却"重新发现"或者说"重新塑造"了居民参与的结构。在商品房社区，居民往往都具有业主身份，《民法典》对于业主权利和业主大会、业主委员会的相关规定为业主及业主团体作为新兴的力量参与社区治理奠定了法律的正当性基础。业主及业主团体被设想为社区居民的直接代表，通过业主大会及业主委员会参与治理也被认为是居民参与最主要、最正式，甚至是最正当的形式。然而，武汉市 Q 社区、重庆市 M 社区、深圳市 L 社区三治融合的治理实践展现出一个在实际中明显，但是极易被规范所遮蔽的事实，那就是社区的业主与居民在内涵及外延上并不一致，业主参与并不等同于居民参与。基层社会治理预设了一种"单一团结模式"，一种"基于社会成员资格观念的政治—伦理形式"。④

---

① Wall Jasper J. , *Great Neighborhood Book*：*A Do It Yourself Guide to Place Making*, Gabriola, BC：New Society Publishers, 2007, pp. 1 – 8.

② 王绍光：《代表型民主与代议型民主》，《开放时代》2014 年第 2 期。

③ 刘学：《回到"基层"逻辑：新中国成立 70 年基层治理变迁的重新叙述》，《经济社会体制比较》2019 年第 5 期。

④ Nikolas Rose, "The Death of the Social? Refiguring the Territory of Government", *Economy and Society*, Vol. 25, No. 3, 1996, p. 333.

如果以业主作为社区治理的"成员资格"，那么在居民只有使用权而无所有权的城市边缘社区，以商品房社区为预设场景的居民参与制度设计将难以发挥作用。因此，在城市边缘社区，居民作为三治融合的参与主体，虽然不能忽视产权特殊性所造成的其非业主身份，但更重要的是回归基于居住而形成的居民身份立场，关注建立在归属感和认同感上的治理参与。

善治首先意味着有效治理。对于居民而言，治理的有效性直接体现为居民能够有效参与社区三治融合的治理过程，包括实质参与社区的民主决策和获得精准化的社区公共服务。城市边缘社区居民虽然不享有公租房的完全产权，但是基于居民身份仍然享有参与社区决策和获得公共服务的权利。从武汉市 Q 社区居民对于租金和续租的讨论、深圳市 L 社区居民对于物业管理公司的监督等事例可以发现，城市边缘社区居民的个人权利观念不见得比商品房社区业主弱，反而可能因为其住房保障对象的身份而具有更强的权利意识。此外，由于城市边缘社区居民在房屋产权上的相对弱势，更容易产生对社区的不安全感和不信任感，时刻警惕社区党组织、社区居委会、运营机构等具有行政权力色彩组织的行为会影响到其继续居住于公租房的权利。消除这种不安全感和不信任感的最佳方式便是让社区居民实质参与社区治理，对社区治理资源的分配、社区发展的决策等问题表达自己的意见，并在这个过程中增强归属感和认同感。城市边缘社区居民都是经济和社会的弱势群体，其对于社区公共服务有着迫切的需求。在城市边缘社区三治融合的治理实践中，居民对于从政府（如街道办事处和住房保障主管部门）直接提供或者支持社会力量（如居民志愿组织、物业管理公司和运营机构）提供的精准公共服务的获得感是其积极参与社区治理的动力来源。

善治还意味着良好的秩序，参与性、透明性、公正性作为良好秩序的价值要素，体现在社区居民参与三治融合的治理实践中。其一，城市边缘社区居民异质化严重，其工作、生活、文化等背景差异性明显。这就导致居民的利益诉求和政策关注点不尽相同，只有广泛的实质参与才能保证社区治理决策的代表性。如果没有广泛的参与，社区治理决策始终只能代表一部分人的声音和利益，甚至可能发生"精英替代"现象，导致异质化带来的多元需求无法得到满足，于社区形成良好的治理秩序无益。其二，社区治理过程需要透明，社区居民作为参与主体，不仅要参与社区各项治理决策，更要对决策形成及执行过程进行民主监督。在作为分析样本的三个样本社区，社区党务、政务和物业管理活动等公共事务的公开，保证了居民对与自身居住权益相关的社区治理行为的知情权和监督权。居民的知情和监督维护了居民与社区其他治理主体之间的相互信任，让基于信任的合作成为可能，而合作保持了良好的治理秩序。其三，社区居民作为治理参与主体是治理正义的应有之义，公正是自治、法治、德治共同的价值追求，也是良好秩序的内在要求。联合国经社委员会的决议归纳出社区居民参与的三个条件：自愿融入、平等分享和程序正当。这三个条件的满足不仅让社区居民能够在实质上行使自治权，而且保证了自治权行使的良好秩序。

五　物业管理公司与运营机构作为治理协助者

物业管理公司与运营机构属于城市边缘社区的物业管理和租约管理的服务提供者，并基于这种服务提供者身份而成为城市边缘社区多元共治的治理协助者。任何主体对于客体的管理关系本质上都是主体之间的社会关系。物业管理、租约管理反映的是物业管理公司、运营机构与社区居民之间的公共服务关系。在社区管理体制下，运营机构作为城市边缘社区的特有主体尚未出现，物业管理公司则被单纯视为提供公共服务的营利组织，是社区管理的相对方。随着现代社会的发展，基层治理正在进入一个提供广泛公共服务的新阶段。① 在以服务为重心的城市边缘社区多元共治主体结构中，物业管理公司与运营机构作为治理协助者，是政府为直接或间接向居民提供公共服务而在社区设立或者委托的在地服务者，同时也承担着在地监管公租房使用情况的行政任务，成为治理的合作方。正因如此，有学者提出社区居委会、住户委员会、物业服务企业和保障房运管中心"四螺旋协同治理体系"，将物业管理公司和运营机构纳入实现社区善治的治理体系。② 与自有房社区在业主团体和物业管理公司之间的契约关系或对抗关系中找寻物业管理公司在社区治理中的定位不同，城市边缘社区物业管理公司与运营机构更多地体现出在"强国家—强社会"治理之道上，通过权力让渡使国家的社会服务职能向社会回归形成的政社合作治理模式。

公租房物业管理公司所提供的物业管理服务是对城市边缘社区中建筑物共有部分以及配套设施的维修、养护和管理，意在保证社区居民能够正常使用社区的公共空间和共用设施。公租房运营机构所提供的运营管理是围绕公租房租赁合同展开的租约管理，既包括对作为建筑物专有部分的公租房进行修缮和管理，也包括为租户办理入住和退房手续，替出租人收取租金和进行使用监管，意在维护公租房使用的正常秩序。城市边缘社区居民作为公租房租赁合同的承租人，物业管理中预设的业主权利大多数实际上由居民行使，业主义务也主要由居民承担。这意味着公租房的物业管理与运营管理在内容上存在着大量的交叉与重叠，要形成协同治理的多元共治主体结构，让物业管理公

---

① 徐勇：《以服务为重心：基层与地方治理的走向——以日本为例及其对中国的启示》，《深圳大学学报》（人文社会科学版）2019年第1期。
② 陈淑云、彭银：《保障房居住社区协同治理创新研究——以四螺旋协同治理体系为视角》，《湖北行政学院学报》2016年第3期。

司和运营机构在各自的服务范围内积极协助其他主体进行城市边缘社区治理，就要缕析公租房物业管理和运营管理的区别与联系。从武汉市 Q 社区和重庆市 M 社区三治融合的实践过程来看，公租房物业管理与运营管理虽然都属于公共服务，但是存在四个方面的区别：其一，社会关系不同。前者反映物业管理委托关系和物业服务关系，后者反映使用监管关系和租赁合同关系。其二，权利基础不同。前者以建筑物所有权为基础，体现产权支配关系；后者以租赁权利为基础，体现产权契约关系。其三，规范依据不同。前者依据物权法律制度、物业管理制度、物业管理规约，后者依据合同法律制度、公租房管理制度、公租房租赁合同。其四，主要内容不同。前者是对公共空间、共用设施的管理，后者关注租赁合同义务履行和房屋使用秩序维护。当然，Q、M、L 城市边缘社区的实践也表明二者有着紧密联系，公租房物业管理为公租房运营管理提供了物质基础，公租房租赁管理对公租房物业管理水平的提高起到促进作用。

基于公租房物业管理和运营管理的区别和联系，物业管理公司与运营机构在城市边缘社区三治融合治理体系中治理协助者的定位是一种"和而不同"的状态，二者因为物业管理和运营管理的区别而各自提供不同内容的治理协助，但是也因为物业管理和运营管理的紧密联系而在提供治理协助的过程中相互合作。由于这种"分工合作"的关系，公租房物业管理公司和运营机构可以采取分设的模式，如武汉市 Q 社区、重庆市 M 社区既有物业管理公司，也有专门的运营管理公司或房管中心；也可以采取合一模式，如深圳市 L 社区，由物业管理公司统一负责物业管理和运营管理。从三个样本社区三治融合的治理过程来看，物业管理公司和运营机构作为三治融合的治理协助者，都是通过交叉任职、联席会议、联合行动等形式嵌入三治融合的治理实践，二者具有相同的行动逻辑。在分设模式下，主体结构更具立体性，行动的决策和执行更具参与性，但是二者分设造成了交叠领域治理权力和治理资源的协调问题；在合一模式下，主体结构更加扁平化，避免了二者分设产生的协调问题，但是导致了"物业包办"的现象，物业管理公司在一定程度上成为各种社区治理决策的主要实际执行者。就效果而言，无论是分设模式还是合一模式都能实现城市边缘社区的达标型善治，但是前者面临治理高成本的挑战，而后者则因为其他主体参与不足而缺少协助和支持。调研中，采取两种模式的社区治理主体各自产生了向对方转变的意见，如深圳市 L 社区物业管理公司的主任认为，住房保障主管部门应当在社区设置专门的运营机构，在社区内直接进行公租房的分配准入和使用退出管理；重庆市 M 社区物业管理公司的经理则认为，可以将物业管理公司并入房管中心，统一物业管理和运营管理，这样更能突出"并驾齐驱"的治理效果。

当前，物业管理公司与运营机构都以治理协助者的身份参与城市边缘社区三治融合的治理实践，尽管处于协助地位，却是实现城市边缘社区善治不可或缺的力量。无论是常态下，还是新冠疫情防控的特殊时期，武汉市 Q 社区的"三方联动"、重庆市 M 社区的"三驾马车"和深圳市 L 社区的"物业包办"都展现出基层公共服务的韧性。香港地区的公共屋邨作为起步较早的公共住房制度，是我国公租房制度借鉴的对象，其物业管理与运营管理在从分设到逐步合一过程中取得的经验可供参考。2010 年之前，香港房屋署对公共屋邨的物业管理与运营管理采取分设模式，公共屋邨的物业管理或外包给物业服务企业，或由房屋署的物业管理小组负责，而运营管理则由各地区的租约事务管理处负责。2010 年，房屋署开始精简物业管理和运营管理服务架构和流程，合并房屋署的物业管理小组和租约事务管理处，为公共屋邨提供"一站式"的物业管理和运营管理服务。合一模式与分设模式虽各有不足，但也各有优点，本质上都是对城市边缘社区权力和资源的配置，通过提升公共服务的可达性和精准性，增强居民的获得感、认同感和归属感，并在居民积极参与的基础上形成社区各治理主体的良性互动和共同行动的政治秩序。物业管理公司和运营机构走向合一抑或分设，根本上取决于城市边缘社区三治融合的治理实践是需要降低治理成本，还是需要扩充社区治理主体的力量。

第二节　治理方式：有机融合

良法善治视角下城市边缘社区三治融合的关系构造中，自治、法治、德治有机融合的关系是最为核心的内容。三种治理方式的内部关系得当，可以发生类似"力的合成"一样的作用，甚至可能因量的积累而发生质变，产生 1 + 1 + 1 > 3 的效果。然而，如果内部关系失当，则会导致三种治理方式相互掣肘，反而可能令社区治理效率低于单一自治或者行政管理模式。前文对于城市边缘社区三治融合的善治理路研究表明，自治、法治、德治不应当被简单地叠加或者归并，而应当相互融合，形成具备良好功能结构的整体性治理方式。三种治理方式的有机融合强调自治、法治、德治在共同发挥作用的城市边缘社区治理领域，以三者并用的组合结构为基础，形成有机融合的功能结构。在这种功能结构中，自治回答了"由谁治理"的问题，是三治融合的"动力系统"，是法治和德治的基础；法治回答了"依何治理"的问题，是三治融合的"控制系统"，是自治和德治的保障；德治回答了"如何治理"的问题，是三治融合的"导航系统"，是自治和法治的先导，如图 4 - 5 所示。

一　自治：法治和德治的基础

武汉市 Q 社区自治做主线、重庆市 M 社区自治做主体、深圳 L 社

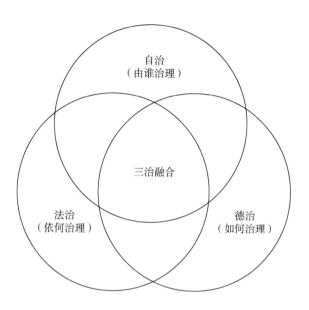

图 4–5　自治、法治、德治有机融合示意图

区自治为本，虽然表述各有不同，但本质上都是以自治作为三治融合基础性的主体或主线。正如有学者在研究"枫桥经验"时所提出的那样，"没有纯粹的自治或他治，但有个主次的关系问题，应当是以自治为主，以他治为辅"①。自治作为三治融合的基础，是城市边缘社区强自治式善治的首要要求，是"人民主体性"的治理理念与"以人民为主体"的治理实践的体现。中国特色社会主义进入新时代，人民的需求已经从"物质文化需求"转向"美好生活需求"，习近平总书记提出要"更好满足人民多方面日益增长的需要，更好促进人的全面发展"②。在城市边缘社区这个基层社会，居民是人民的具象，以自治作为法治和德治的基础，就是让国家治理和社会治理更好地满足人民美好生活的需要，实

---

①　汪世荣、褚宸舸：《枫桥经验：基层社会治理体系和能力现代化实证研究》，法律出版社 2018 年版，第 68—69 页。

②　《习近平谈治国理政》第三卷，外文出版社 2020 年版，第 133 页。

现人民的全面发展，贯彻以人民为中心的发展理念。

自治与法治和德治的关系集中展现出以自治为基础的正当性。其一，自治是居民自主治理，自治作为一种基层民主治理方式，体现出主体性特征，而法治和德治分别是居民依法和以德治理，法律和道德作为治理工具本身不具有主体性。"法治其实是'人依法而治'"①，社区法治不能脱离具有主体性的自治而单独存在。离开居民自治谈法治无疑会陷入"法治虚无主义"或"法治万能主义"的误区。法治作为国家治理的基本方式，需要依靠人民才能发挥力量。德治亦然。在城市边缘社区，自治是社会治理的基本方式，居民作为法治和德治的主体和力量源泉，通过居民自治治理和参与治理的形式实现。其二，自治是居民自主创造有活力的自发秩序的方式，法治和德治建构良好的政治秩序是强化或约束自发秩序的结果，以自发秩序的存在为基础和前提。现代化的社会应当确保活力和秩序有机统一。② 如果说社区善治是活力和秩序有机统一的现代化社会在微观层面的表现，那么自治就是活力和秩序的本源，而法治和德治则是实现活力和秩序有机统一的必要方式。其三，自治意味着居民在社区治理中获得主体地位，是"以人民为中心"理念的直接体现，法治和德治同样蕴含着"以人民为中心"的法治理念③，是实现居民主体地位的重要形式。根本上，"不是人为法律而存在，而是法律为人而存在"④。从城市边缘社区善治的"宜居"和"安居"治理需求来看，法律和道德可以被视为自治实现的手段，而体现着人的主体性的自治才是目的，法治和德治只有与自治相融合才能在真正意义上获得实现。

---

① 费孝通：《乡土中国》，北京大学出版社 2012 年版，第 81 页。
② 习近平：《在经济社会领域专家座谈会上的讲话》，《人民日报》2020 年 8 月 25 日第 2 版。
③ 张文显：《习近平法治思想的理论体系》，《法制与社会发展》2021 年第 1 期。
④ 《马克思恩格斯选集》第三卷，人民出版社 1995 年版，第 40 页。

在城市边缘社区，自治作为基础决定了法治和德治无论是作为方式被运用，还是作为目标被实现，都需要自治是一种真正的"居民自主"状态。即是说，城市边缘社区自治必须走出党建引领不足、居委会形式行政化、居民自治内卷化的困境，才能实现社区善治。综合社区多元共治主体的权力和资源情况来看，自治之所以尚未完全实现从"为民做主"向"居民自主"的转变，主要有两方面的原因：第一，城市边缘社区现行的治理体制是从高度集中、政社合一的管理体制继承而来的，以行政权力配置社区治理权力和资源的惯常做法也被沿袭下来，行政性强客观存在，公权依赖的主观心态难以消除；第二，城市边缘社区自治发育不成熟，居民的组织程度、公共意识、参与能力都不足以支撑起较高的自治水平，社区自治虽然在应然上有走向"强势民主"的需要，但是实质上仍然呈现出一种"弱势民主"的状态。因此，以自治为主体所追求的城市边缘社区三治中的自治也并非要完全去除行政色彩，资源的贫乏及客观困难的存在也不允许脱离行政权力的自治出现，真正要实现的应当是协商民主自治，即在社区党组织领导下，去除不必要的形式化行政任务，让社区自治回归社区公共事务治理。

首先，自治作为法治和德治的基础，需要坚持城市边缘社区党组织在协商民主自治中的政治核心地位，在多元共治的基础上保持治理权力的"中心化"。传统街居管理体制是一种行政化的社区管理方法，法理上作为基层群众自治组织的社区居委会，事实上并没有充分发挥居民自治的"上传"功能，而是更多地作为基层政府在社区的代理人承担了诸多"下达"的行政任务，社区居委会只是形式意义上的中心，而基层政府才是实质意义上的中心。在体现着社会中心主义范式的西方现代治理理论矫正传统的街居管理体制时，伴随着"行政化—去行政化—再行政化"的自治权与行政权调试，治理权力的配置也历经了"中心化—去中心化—再中心化"的争议。受奥斯特罗姆的多中心治理理论①的影响，"去行政化"与"去中心化""多元主体""多中心"常常被等同视之、混为一谈，导致意在强化社区居民自治权的"去行政化"走上了多中心治理理论所倡导的"交叠管辖与权力分散"②的去中心化歧路。权力中心的分散，很容易导致治理效果的疲软。在居民公共意识较弱而公权干预较强的城市边缘社区，虽然多中心治理所强调的多元主体是扩大居民参与社区协商民主自治的必要条件，但是多中心治理主张的权力中心的分散则不利于治理主体的协同和治理资源的整合，于协商民主自治无益。我国《宪法》和《居委会组织法》将居委会定位为基层群众自治组织，蕴含着基层民主自治的"群众性"，去行政化的关键在于重构社区内的党群关系，将自治实质意义上的中心从基层政府移转到基层党组织以及与其高度同构的居委会。城市边缘社区多元主体治理的前提是党的领导，多元主体权力分散的终点是党的集中。城市边缘社区三治融合以自治作为基础，需要采取"政党整合治理"模式，发挥党组织的政治整合功能，建立"横向覆盖到边、纵向延伸到底"的社区治理网络，以党内民主带动居民民主，以党员守法带动居民守法，发挥党员的道德模范作用。

其次，自治作为法治和德治的基础，需要在城市边缘社区内重塑国家与社会的互动关系，平衡自治权与行政权的关系，以协商民主自治推动行政干预自治的法治化。自我国开展社区建设以来，行政权在社区治理中始终保持着强势地位，至今仍然是城市边缘社区治理不可或缺的力量，通过行政任务和行政干预频繁介入社区治理事务，在一定程度上

---

① ［美］埃莉诺·奥斯特罗姆：《共事物的治理之道：集体行动制度的演进》，余逊达等译，上海译文出版社 2012 年版，第 68 页。

② Bish R. L, "Vincent Ostrom's Contributions to Political Economy", *Publius*：*The Journal of Federalism*, Vol. 44, No. 2, 2014, pp. 227 – 248.

挤压了协商民主自治的空间。尽管去行政化改革树立了社区治理的自治权本位理念，但实践中自治仍然处于进退维谷的困境中，向右面临自治失灵的歧途，而向左则可能跌入过度行政化的陷阱。如前文所述，社区自治的民主程度和有效性越高，越能保障社区治理善治目标的达成。自治失灵引起的有效性不足或者过度行政化引起的社区民主程度降低，都会导致社区治理的失败。因而，以自治为基础需要去除无益于自治的形式化行政，保留那些能够实际解决社会治理难题的实质化行政，并将实质行政的内容以程序化、制度化的方式纳入协商民主自治过程，实现自治与行政的良性互动。一方面，在国家政策尤其是公租房政策落实到社区时，应当建立以联席会议和网格议事会相结合的社区协商决策程序，既要注重自上而下的政策传达和实施，也要关注自下而上的民意传递和表达，改变以往行政任务和行政干预随意性和形式化的状态，实现社区决策的实质民主；另一方面，在社区公共事务借助行政权力和资源处理的情形下，应当建立参与式、审核式和评议式的民主监督制度，让居民自治权能对直接或间接的行政干预进行事前、事中、事后的全面监督，使居民不仅通过社区事务公开知情，还可以通过协商民主自治实现监督。

最后，自治作为法治和德治的基础，需要增强居民的归属感、认同感，提升社区居民的凝聚力和参与积极性。城市边缘社区由于产权不同于普通商品房社区，居民对房屋有条件地享有使用权而不具备所有权，在权利的属性上就弱于商品房社区，公租房对于部分居民来说仍然是"他人（政府）的房，我来住"，社区治理对属于租住关系的居民来说，利益关联程度并不高，这种所有权上的差异必然增加居民参与自治的道德风险和不负责任程度。而从人性角度考虑，人们对于自己所有物品的注意程度往往远高于对他人所有物品的注意程度，表现在城市边缘社区就是居民对社区的归属感、认同感低，具体可能表现为居民在社区内行为道德、文明注意程度降低，与邻里关系淡漠甚至态度恶劣。虽然公租房制度决定了不能从根本上解决产权差异带来的劣势，但协商民主自治为提升居民归属感、认同感提供了有效途径。第一，提供平台和机会让社区居民平等参与社区公共事务，通过居民自组织实现自我服务，增强社区居民的权利意识，通过行使"当家做主"的权利，进一步理解社区治理的种种举措，降低社区治理难度和政策解释成本，增强对社区治理的认同感，进而增加居民对社区的归属感；第二，通过社区民主选举，组建由专业化的社区精英组成的社区居委会，并通过社区居委会成员与社区党组织成员的身份，整合社区内外的治理资源，强化居民自治组织的独立性和自主性；第三，通过社区自治能够培养一批具有参与公共事务美德和能力的居民，既能够为社区自治提供人才资源，也能够为其他居民树立参与社区治理的榜样和典型，最终形成"人人为我，我为人人"的良好氛围，使社区的凝聚力加强，最终走向善治。

二　法治：自治和德治的保障

无论是武汉市 Q 社区法治保底线、重庆市 M 社区法治做保障，还是深圳 L 社区法治为要，本质上都是以法治作为自治和德治的根本性保障。"依法治理是最可靠、最稳定的治理。"① 如果说自治是居民政治自由和治理权力的表现，那么法治就是为实现良好政治秩序而对自由和权力的必要规制。一旦缺乏法治作为根本保障，自治就可能因为自由失范或者权力失控而退化为人治。"法治与人治的对立集中表现为'法大'还是'权大'。"② 法治的正当性就在于当法律规范与权力欲求存在不一致时，"让法律说了算"，通过法律规范约束权力行使。全面依法治国是我国国家治理"四个全面"战略布局内容之一，在基层社会加强法

① 习近平：《论坚持全面依法治国》，中央文献出版社 2020 年版，第 120—121 页。
② 张文显：《习近平法治思想的理论体系》，《法制与社会发展》2021 年第 1 期。

治建设，有助于提高社区的治理水平，顺利在基层落实全面依法治国的总体部署。"法治作为人类政治文明的结晶，代表着目前人类治理方式的最高水平和相对最科学的方式。"① 国家治理现代化必须实现国家制度的现代化，而制度现代化中法治是最能体现现代性的方式。法治既是国家治理的手段，又是现代国家治理的目标。这种内在关联使得对国家治理现代化进行制度安排时，必须走法治化的道路。具体到城市边缘社区，法治的重要性不言而喻。法治因其强制力、规范性，在社区三治融合中居于根本性的保障地位，是三治融合的根本要求，能够有效地保障社区自治、德的开展，让自治、德治不越线，不遭受破坏。法治作为德治和法治的根本性保障，主要体现在以下三个方面。

第一，法治为自治和德治提供了根本性的程序保障。"规范治理"的法治观意味着社会因素支配形成的法治精神是一种"元法律"理论。在城市边缘社区，这种"元法律"直接表现为形式上的程序正当，即社区的多元共治主体应当按照正当程序进行民主协商，形成良好的自治秩序。城市边缘社区治理并非平面化的治理，而是一种多层次、差异化的治理，城市边缘社区治理主体互不统属，权力和资源相对独立，存在不同的利益诉求和治理目标。这就需要党纪国法对协商民主自治的开展提出程序性要求，由社区党组织整合多元主体的权力和资源，避免自发秩序下主体间非理性的权力冲突和资源争夺。社区新冠疫情防控的"中国之治"与"西方之乱"表明，一旦民主自治没有了正当程序的限制和束缚，就会向民粹主义急速狂奔，不受控制的权力冲突和资源争夺将导致社区整体的失序，最终只会导致极端的不自由和秩序的混乱，与善治的良好秩序目标背道而驰。相较于自发的随意性协商民主自治，法治化的协商民主自治，一方面，为社区多元主体表达其利益诉求和治理意

---

① 於兴中：《"法治"是否仍然可以作为一个有效的分析概念?》，《人大法律评论》2014年第 2 期。

见提供了稳定的渠道和平台，让各主体所掌握的治理信息能够顺畅沟通，确保平等而有效的治理参与；另一方面，让不同主体之间形成有效的沟通与对接，不仅可以防止因治理资源制约而出现的政策误解，也可以避免因具体操作不当而导致的目标偏离。要实现城市边缘社区善治必须由法治提供正当程序保障，为权力行使设定步骤，为资源分配提供方案，保证良好的政治秩序。有秩序的自治和德治才是真正的自治和德治，从这个意义上说法治虽然限制了自治和德治，但更重要的是从根本上保障了自治和德治不疏离善治目标。

第二，法治为自治和德治提供了根本性的制度保障。从法律与制度的关系来看，"制度是法律规则的集成，是法律体系的凝结"①，因而从治理的形态来看，"制度之治是法律之治的高级形态"②。城市边缘社区三治融合要实现善治，制度之治是稳定、长效的必要条件。根据《居委会组织法》第 1 条的规定，居民自治是"由城市居民群众依法办理群众自己的事情，促进城市基层社会主义民主"，政治意蕴在于将群众路线的民主参与模式制度化，形成基层社会的制度之治。相较于西式民主参与的形式性和被动性，群众路线是一种"反向"的民主参与模式，强调社区治理的决策者应当积极主动深入人民群众，由社区党组织和居委会等社区治理主体动员居民实质参与社区治理过程。当前，群众路线的动员式参与也被学者们认为是更加适合解释中国本土经验的理论。③但是，Q、M、L 三个样本社区的实践和学者的实证研究都表明，社区动员同样出现了"内卷化"，即社区资源被精英层截取，社区民意表达

---

① 张文显：《习近平法治思想的理论体系》，《法制与社会发展》2021 年第 1 期。
② 张文显：《习近平法治思想的理论体系》，《法制与社会发展》2021 年第 1 期。
③ 汪卫华：《群众动员与动员式治理——理解中国国家治理风格的新视角》，《上海交通大学学报》（哲学社会科学版）2014 年第 5 期。

渠道被精英垄断，社区精英与普通居民区隔化。① 社区动员内卷化导致了城市边缘社区治理的诸多内容往往并不符合社区居民的期待，或者做出的决定虽然符合期待，但在落实中出现偏差，使治理实践出现杂乱无章的非善治状态。"世不患无法，而患无必行之法。"（《盐铁论·申韩》）"法治为民主生活和民主发展提供制度之源。"② 社区新冠疫情的紧急性应对和常态化防控的成功经验表明，群众路线的动员式参与是有效的，实践中之所以出现非善治状态，是因为群众路线的民主参与模式没有得到法治的制度保障，让社区民主参与缺乏稳定、长效的制度之源。

第三，法治为自治和德治提供了根本性的矫正保障。在城市边缘社区，既没有一个全能的社区治理主体，也没有一种完美的治理模式，因而需要法治提供根本性的矫正保障，确保社区多元主体的自治和德治行动符合正当程序，契合制度要求。富勒曾言："法治是使人类的行为服从于规则治理的事业。"③ 法治矫正不符合规则治理事业的人类行为体现在两个层面：其一，"法律除偏"④，通过正当程序控制社区治理主体的自治和德治权力，以法律之治来减轻或消除社区治理主体的行为错误。倘若对社区治理主体做理性人的假设，那么其出于自身利益考虑会尽可能争取权力和资源而规避义务和责任，展现出人性的"恶"，导致社区治理的集体合作行动陷入风险。此时，唯有法治的强制性惩戒与约束才能避免人性的"恶"，让城市边缘社区治理能够遵循正当程序的法

---

① 王德福、张雪霖：《社区动员中的精英替代及其弊端分析》，《城市问题》2017 年第 1 期。

② 习近平：《认真学习研究社会主义法治不断推进"法治浙江"建设》，《浙江日报》2006 年 2 月 6 日第 1 版。

③ ［美］富勒：《法律的道德性》，郑戈译，商务印书馆 2005 年版，第 124—125 页。

④ "法律除偏"是指通过法律来直接影响有限理性行为人的行为，以矫正其行为失误。［美］彼得·戴蒙德、［美］汉努·瓦蒂艾宁：《行为经济学及其应用》，贺京同等译，中国人民大学出版社 2011 年版，第 136—138 页。

治逻辑，防范和应对社区资源分配、发展决策过程中的治理风险，有效保障社区治理的有序进行。其二，制度矫正，通过法治的公正和秩序价值纠正制度无力调整治理实践的"制度失灵"，以法律之治打破既有治理模式的路径依赖，进而推动制度变革，并弥合制度变迁中可能出现的制度断裂。在新制度主义者看来，制度的边际收益递增容易驱使其产生"自我强化"的路径依赖，而当路径依赖严重陷入"闭锁"状态无法自我调适时，就会导致制度变迁的断裂。① 随着我国公租房政策和街居治理体制的变革，城市边缘社区治理实践创新会导致新的制度要求涌现。无论是法治本身还是自治和德治发生的治理方式变革，都需要法治发挥根本性的制度矫正功能，逐步扩大居民参与，减少公权依赖，推动传统行政主导的社区管理制度逐步发展为现代多元共治的社区治理制度，使城市边缘社区三治融合的善治水平从达标型走向改进型。

三 德治：自治和法治的先导

德治是社区治理主体运用道德规范来处理社区公共事务的治理方式。相较于自治，德治是他治，强调道德规范的外部约束性；相较于法治，德治是软约束，强调道德规范的教化引导作用。武汉市 Q 社区德治树高线，重庆市 M 社区德治做支撑，深圳市 L 社区德治为基，虽然实践样态有所差异，但是其核心要义都是以德治作为三治融合的先导。"道德是内心的法律"，"道德是基石，任何时候都不可忽视"。② 城市边缘社区的自治和法治如果缺少德治先导，则会因为缺乏价值引领、思想基础和文化环境，造成三治融合的治理成效不佳，甚至可能偏离善治的正确方向。基于公德之治的德治与法治相结合赋予了"德治先导"的

---

① Paul Pierson, "Increasing Return, Path Dependency, and the Study of Politics", *American Political Science Review*, Vol. 94, No. 2, 2000, pp. 251 – 267.

② 《习近平谈治国理政》第二卷，外文出版社 2017 年版，第 133 页。

新内涵，即以建立在整合性的共同体道德基础上的公德之治为实现社区良法善治提供精神资源和价值引导。"法律本身并无法直接消除社会成见，在人的智慧和欲望面前，法律往往是很脆弱的。"[①] 理想的社会善治并不停留于良好的社会秩序，还追求社会文明的发展，而城乡居民的社会公德水平在很大程度上决定着社会秩序的良好程度和社会文明的发展程度。因此，城市边缘社区三治融合实现善治必须发挥好德治的教化引导作用，弘扬社会主义核心价值观，培育居民的社会公德，以道德滋养自治意识和法治精神，强化道德对自治和法治的支撑，为社区治理营造良好的文化环境。德治作为自治和法治的先导，主要有以下三个方面的体现。

首先，德治为自治和法治引领向善的伦理方向。虽然对于个人、社会和国家的德行设想存在性善论和性恶论两种观念，但是三治融合中的德治对于道德的要求应当也只能是个人自觉和精神自律基础上的"共同善"。在城市边缘社区，这种"共同善"是社区居民在社会交往过程中，基于向善追求而形成的公共道德，即福山提出的"共同体内通用的善恶语言给予其成员共同的道德生活"[②]。从道德伦理的角度来看，城市边缘社区治理实践中面临的公共性危机、治理高成本和公权依赖的挑战，症结在于改革开放以来经济高速发展和社会急速变迁造成传统礼俗之治与现代公共道德之间的断裂，产生了个人主义、经济优先、物质至上、信任崩塌的道德危机。政治、经济与社会的发展历史表明，"最商业化的社会，也是最道德的社会"[③] 并非一种正确的认识。诚如托达罗在《经济发展与第三世界》一书中提出的那样，现代意义上的发展不

---

① 於兴中:《法治东西》，法律出版社 2015 年版，第 74 页。

② ［美］弗朗西斯·福山:《信任：社会美德与创造经济繁荣》，郭华译，广西师范大学出版社 2016 年版，第 38 页。

③ Thomas R. Wells, "Recovering Adam Smith's Ethical Economics", *Real – World Economics Review*, No. 68, 2014, pp. 90 – 97.

能被片面地理解为纯粹的经济现象，而是应当被视为"涉及社会结构、人的态度和国家制度以及加速经济增长、减少不平等和根除绝对贫困等主要变化的多方面过程"①。向善的伦理发展是科学发展绝不可忽视的关键因素。在此意义上，有学者提出"复兴和重建'善'的道德伦理体系"②。在笔者看来，所谓"复兴"就是要传承传统德治中蕴含着良善、正义、和谐等诸多与现代道德取向一致的美德，并在社区治理实践中将传统美德与协商民主自治、现代法治结合起来，如将"天理—国法—人情"结构所具有的一致性作为解决社区法律纠纷调解难题的重要途径③，通过"道德积分银行"培养具有公共道德的社区居民。所谓"重建"就是去除礼俗之治中与现代发展不相适应的内容，如摒弃家国同构背景下"移孝作忠"的道德伦理逻辑④，改变传统的家国同构社会背景下道德伦理"隶属于某一特定的家族，而不属于人民的共同意志"⑤的状况，将体现着人民主体性的社会公德作为德治的根本依据。

其次，德治为自治和法治提出更高的道德追求。道德来源于社会生活长期的经验总结，是人类在社会发展过程中文明进步的表现。其对人类行为的要求较高，对人的行为的潜移默化的作用也是其他治理方式难以替代的。德治对社区治理更高的道德追求直观反映为法律应当具备最低限度的道德要求，"良法需要反映先进的道德价值体系"⑥。法治作为三治融合的保障，虽然其强制力、规范性保证了自我实现，但是法治充

---

① ［美］迈克尔·P. 托达罗：《经济发展与第三世界》，印金强等译，中国经济出版社1992 年版，第 79 页。
② 何慧：《论我国优良德治文化传统的继承》，《江西社会科学》2020 年第 1 期。
③ 张杰：《花开两面：人情在司法难题中的双重面向——基于"天理—国法—人情"的法文化解读》，《民间法》2019 年第 1 期。
④ 刘广明：《宗法中国》，上海三联书店 1993 年版，第 51 页。
⑤ 李建华：《现代德治论：国家治理中的法治与德治关系》，北京大学出版社 2015 年版，第 131 页。
⑥ 杨伟清：《道德的功用与以德治国》，《中国人民大学学报》2019 年第 2 期。

分实现和法治精神培育都需要以德治为先导。我国传统社会就已经存在德治先导的认识，如"其身正，不令而行"（《论语·子路》），因而传统德治虽不排斥刑罚，但坚持"德主刑辅"的观念，强调"人君之治莫大于道德教化"（《贞观政要·公平》）。现代社会，德治先导的认识得到发展，例如法学学者们一般都认为守法可能性（与守法成本负相关）与一个社会的道德水平呈正向关系。① 德治就是"德润人心"，以社会公德在共同体的普及来提高社区的道德水准，为社区自治和法治的实现奠定良好的思想基础。同时，要将基本的道德规范转化为法律规范，使法律更多地体现道德理念和人文关怀。如果社区内违反道德规范的事件没有得到相应法律规范的有效惩戒，其他居民作为旁观者会产生"在社区内的不道德行为并不会受到道德谴责或法律制裁"的认识，其也会放松对自己社区行为的道德要求，进而使整个社区面临着道德滑坡的风险。因此，必须在城市边缘社区三治融合中以德治为先导，充分运用道德舆论的强制力，对社区内违反公共道德的行为进行惩戒，提升社区的道德素质。

最后，德治为自治和法治营造和谐的文化环境。道德是文化环境的精神内核，是文化环境之中最具稳定性和传承性的因素；文化环境是道德的外在表现，是道德最形象和直观的表达。无论是在宏观的国家层面，还是在微观的社会层面，文化环境和道德都是不可分离、相互作用的。这是因为德治相较于自治和法治调整范围更广，不仅可以调整自治和法治范围内的事务，而且可以调整自治或法治范围外的事务。从传统到现代，国家的兴盛与道德的弘扬及人心的向善密切地联系在一起。② 在国家治理的意义上，坚定文化自信是事关国运兴衰的大问题③，而德

---

① 张千帆：《法治、德治与宪政》，《法商研究》2002 年第 2 期。
② 张晋藩：《论中国古代的德法共治》，《中国法学》2018 年第 2 期。
③ 《习近平谈治国理政》第二卷，外文出版社 2017 年版，第 349 页。

治是坚定文化自信不可或缺的方式；在社会治理的意义上，德治所追求的是建立一个和谐的道德社会，因而"以文化人和以文育人是优良德治传统的重要组成部分，也是现代德治的重要任务"①。从文化环境的传承来看，"和合是中国文化人文精神的精髓和首要价值"②，和谐的道德社会是社区理想型善治的具象。尽管传统德治因其历史情境和制度局限而导致"天下为公"的大同社会只能是一种对传统熟人社会过于理想化的空想，但大同社会对于共同善的诸多道德要求与社会主义核心价值观内在一致，而被当代陌生人社会所欲实现的和谐文化环境所继承。具体到城市边缘社区，德治为先导意味着营造和谐的文化环境，"在'陌生人社会'中重新建立'熟人社会'"，通过社区内共同的道德话语积累社区社会资本，增强居民的认同感、归属感及相互信任，在城市边缘社区重塑自治和法治所需的公共性，为打造共建共治共享的社会治理格局奠定基础。

第三节 治理规范：互补互动

善治意味着国家治理和社会治理的有效，这需要秩序资源的支持，而社会秩序的建立依赖于社会规范。从三治融合的要素论来看，规范是城市边缘社区三治融合不可或缺的构成要素，是一种"制度性成就"，"既是原因又是结果"③。借用卢曼对于规范与社会关系的论述，"指向规则的取向取代了指向期望的取向"，"违反规则的人就是行为上出错

---

① 何慧：《论我国优良德治文化传统的继承》，《江西社会科学》2020 年第 1 期。
② 张立文：《和合学》，中国人民大学出版社 2006 年版，第 10 页。
③ ［德］尼克拉斯·卢曼：《法社会学》，赵春燕译，上海人民出版社 2013 年版，第 356 页。

的人"。① 社会规范交织而成的制度网络，既规制着治理主体的权力和行动，也为治理主体的权力和行动提供技术和资源的支持。尽管社会规范不是构建社会秩序的唯一根据，但国家治理和社会治理的成效在很大程度上取决于社会规范体系的完备性和科学性。如前文所述，根据产生方式和正式程度，社会规范可以分为正式规范和非正式规范。也有学者进一步从非正式规范中划分出因国家法律授权而产生或被承认的非正式规范——准正式规范，将社会规范三分为非正式规范、准正式规范和正式规范，并且分别对应于官治系统、官督民治系统、民治系统。② 在"强国家—强社会"的善治研究理论范式下，正式规范与非正式规范分别对应出自国家的国家法和出自社会的民间法，准正式规范则是二者互动的形式和结果。

一　正式规范作为"元治理"依据

从空间场域和人际关系来看，城市边缘社区是一个相对独立的"小型社会领域"。这种小型社会领域的规范具有两个特征：第一，能够在内部生成非正式的规范；第二，容易受到大型社会规范的影响。③ 在城市边缘社区三治融合的治理实践中，多元治理主体基于集体合作行动和相互交往关系，在共同体内部形成了自治公约、内部章程、管理制度、协议、习惯等非正式规范，调整本社区内治理主体之间的特定关系，对治理主体的特定行为形成约束，在社区内生成一种自发治理秩序。但是，任何一个城市边缘社区都不是绝对独立和封闭的"独立王国"，而

---

① ［德］尼克拉斯·卢曼：《法社会学》，赵春燕译，上海人民出版社 2013 年版，第 78 页。

② 王启梁：《国家治理中的多元规范：资源与挑战》，《环球法律评论》2016 年第 2 期；陈寒非：《乡村治理中多元规范的冲突与整合》，《学术交流》2018 年第 11 期。

③ Sally Falk Moore, "Law and Social Change: The Semi – Autonomous Social Field as an Appropriate Subject of Study", *Law & Society Review*, Vol. 7, No. 4, 1973, p. 720.

是国家治理的基层单元和社会治理的微观场域，与作为整体的社会环境和国家政治结构紧密联系。因此，在国家与社会互动的结构中，社区内部的非正式规范及其生成的自发治理秩序必然受到国家正式规范的强化或约束，从而实现国家整体政治秩序对于社区自发治理秩序的整合。以深圳市 L 社区的《住户管理规约》为例，尽管《住户管理规约》建构了一整套居民行为的非正式规范，并且在一定程度上充当了社区公约文本的载体，但仅仅融入国家法律的相关规定不能产生"硬约束"，要有效约束居民的行为还需要国家法律发力。在国家治理的意义上，正式规范对于社区自发秩序的强化或约束是对社区公共事务的"二阶调整"，是社区治理的治理，即前文提及的"元治理"。回到社区治理的内部视角，"元治理"就是为实现各种治理的主体和方式相互协调而进行的自我组织的组织，为克服治理失灵而进行的自我治理的治理。毫无疑问，"元治理"需要以正式规范为决定性和根本性的依据，由正式规范调整社区的主体权力结构和行为方式，并通过这种调整最终决定社区治理资源吸纳、整合、分配的过程和结果，确保城市边缘社区善治的实现。

面对高度原子化、异质性和流动性的现代社会，普遍政治秩序为不同地缘和业缘的人们所需要，并且国家治理现代化使得这种政治秩序的需要更加具有迫切性。诚如有学者所言，法律是改革"旧世界"，建构"新社会"最关键的工具。[1] 正式规范凭借其超越地方性的强制力和规范性，成为国家建构、维护和改革政治秩序的关键力量和工具。当今世界，任何一个国家都需要正式规范来维系稳定的政治秩序，才能实现现代化发展。就我国而言，如果说自新中国成立到改革开放以前，政治秩序建构主要凭借的是在科层制中依靠政治势能传导的公共政策、政府决

---

① 王启梁：《国家治理中的多元规范：资源与挑战》，《环球法律评论》2016 年第 2 期。

定、行政命令；从改革开放伊始到新时代，政治体制改革、市场经济发展和社会法治建设塑造了新的政治秩序；那么进入新时代以后，在可以预见的未来，以法律为核心的正式规范体系仍然是国家维护和改革政治秩序的基本力量。城市边缘社区产权关联弱、异质性强和行政性强是现代社会高度原子化、异质性和流动性的具体表现。以"元治理"为切入点，诊断城市边缘社区陷入困境的病理，不难发现城市边缘社区三治融合之所以不能从达标型善治向改进型善治提升，是因为其患上了"法律缺乏综合征"。正式规范的供给不足或力量发挥不充分导致城市边缘社区成为被国家治理忽略或遗忘的角落，社区自发形成的治理秩序没有得到正式规范的强化或约束。城市边缘社区三治融合要从根本上应对这些挑战，就需要具有以正式规范为"元治理"依据并通过正式规范建构良好社区政治秩序的自觉。

治理理论认为，"元治理"要求国家制定正式规范让治理网络的组织、权力、行动处于平衡状态。[①] 正式规范作为三治融合的"元治理"依据，应当具备外在强制性、严格程序性、普遍适用性的特征。首先，正式规范的正当性和合法性来自国家的制定或认可，依靠国家强制力保障实施，对于社区治理具有外在强制性。正式规范作为外部制度供给，对城市边缘社区公共事务进行"二阶调整"。一方面，以外部强制力赋权，为行政权力干预城市边缘社区公共事务赋予正当性，也为城市边缘社区治理主体吸纳和运用外部治理资源提供合法性；另一方面，以外部强制力规制，将城市边缘社区三治融合实践的全过程纳入正式规范的调整范围，由国家强制力惩戒城市边缘社区内违反正式规范的行为。其次，正式规范需要经过国家立法程序或决策程序制

---

① Carey Dobrstien, "Meta – Governance of Urban Governance Networks in Canada: In Pursuit of Legitimacy and Accountability", *Canadian Public Administration*, Vol. 56, No. 4, 2013, pp. 584 – 609.

定或认可，由政府或被授权的社会组织按照行政程序执行和实施，由司法部门遵循裁判程序理解和适用，每个步骤都有严格的程序要求。这种严格程序保证了正式规范形成一个"操作封闭的、自我再生产的、自我描述的系统"①，从制定到实施再到适用的全过程都由国家治理意志进行程序控制，能够以自身系统将社区自发治理秩序整合于国家整体政治秩序中。最后，正式规范由人为设计产生，其内容虽然可能源于特定区域内的人们在活动中自发形成或自然演化的风俗习惯，但是经过国家制度设计获得一般性的形式和内容要求，从而与其形成的特定区域相脱离，具有普遍适用性。与城市边缘社区内的社区公约、管理规约、管理制度等非正式规范仅仅是一种内部性、区域性规范不同，《居委会组织法》和《公共租赁管理办法》等正式规范则是一种外部性、公共性规范，广泛适用于不同的城市边缘社区。正是这种普遍适用性让正式规范成为决定性和根本性的依据。

法社会学认为，正式规范是实证法，即国家制定的实在法，其有效性的理由在于"选择性实现的一致性功能"②。具体到城市边缘社区，正式规范"元治理"的有效性在于，其能够提供与城市边缘社区良好社会关系相一致的规范取向，因而其内容和形式都应当符合社区法治的"良法"标准。正式规范要调整城市边缘社区的主体权力结构和行为方式，并决定社区治理资源吸纳、整合和分配，应当包括以下三个方面。其一，正式规范应当规定城市边缘社区多元共治的主体结构，明确社区党组织、社区居委会、社区居民和物业管理公司及运营机构在社区治理活动中的地位、权利义务和职权职责；其二，正式规范应

---

① ［德］尼克拉斯·卢曼：《法社会学》，赵春燕译，上海人民出版社 2013 年版，第 31 页。

② ［德］尼克拉斯·卢曼：《法社会学》，赵春燕译，上海人民出版社 2013 年版，第 245 页。

当规定城市边缘社区的自治、法治、德治及其相互关系，明确城市边缘社区的治理方式；其三，正式规范应当规定公共服务事务、运营管理事务、物业服务事务、矛盾纠纷化解事务等作为治理对象的城市边缘社区公共事务。

二 非正式规范作为"软法"约束

城市边缘社区是一个微观的社会生活场域，处于国家权力作用的末梢，其政治秩序是生活化的，社会规范也是与居民的日常生活紧密联系的。社区治理所依据的"法律"相较于国家治理的"法律"表现形式更加具体化、多样化，不仅包括正式规范，也包括自治公约、内部章程、管理制度、协议、习惯等非正式规范。制度经济学的研究发现，在经济活动中正式规范只是总体约束中的小部分，更多的空间由非正式制度约束。① 三个样本社区的实践表明，社会生活与政治生活中也存在这种现象。虽然正式规范是城市边缘社区三治融合实践的决定性和根本性依据，但是社区治理主体更多地直接依据与社区居民日常生活紧密联系的非正式规范行动。党的十八届四中全会明确指出，要"发挥市民公约、乡规民约、行业规章、团体章程等社会规范在社会治理中的积极作用"，也表明国家顶层设计同样肯认非正式规范在基层社会治理中的重要作用。因此，我们不能片面地认为国家可以完全垄断规范的生产和秩序的建构，需要将具有"软法"性质的非正式规范纳入社区三治融合的规范体系，充分发挥其"软约束"的功能。在城市边缘社区，自治需要注重自治公约、内部章程、管理规约的动员作用和组织功能；德治需要运用传统习惯、善良风俗等道德规范引领伦理方向，营造文化环境；法治应当坚持"法律多元主义"立

---

① ［美］道格拉斯·C.诺斯：《制度、制度变迁与经济绩效》，刘守英译，上海三联书店1994年版，第56页。

场，强调符合良法标准的非正式规范与正式规范共同为自治和德治提供保障。

一般认为，以传统习惯、善良风俗和乡规民约为代表的非正式规范在传统熟人社会中发挥着重要的规制作用，能够对血缘纽带、身份等级、地域关系较为紧密的社会结构进行较好的治理。"规矩"犹如日常语言，被人们习得并传承。① 随着城市化和社会现代化进程的加快，传统熟人社会逐渐变为当代陌生人社会，血缘纽带、身份等级、地域关系被打破，社会结构更加松散和原子化，非正式规范的治理效能减弱。不过，城市化和社会现代化并没有完全消灭非正式规范的适用空间。这是因为城市边缘社区虽然在整体上是一个产权关联弱、异质性强的陌生人社会，但是社区内依托于多元共治的主体结构形成了一种"准熟人社会"。一方面，居民基于共同的兴趣活动（如广场舞、棋牌活动）、业缘关系（如企业配租的同单位职工）、集体合作行动（如楼层互助、邻避运动、停车互助）培养了新的熟人关系；另一方面，社区党组织体系、网格楼群关系、楼栋邻里关系、居民自治组织关系，在特定的"小圈子"内形成了新的熟人社会。在城市边缘社区内，仍然存在大量的传统习惯、善良风俗、自治公约、内部章程、管理规约等非正式规范，约束着与日常生活紧密联系的公共事务的处理。并且，因为社区协商民主的"一事一议"，在纠纷调解、垃圾分类、道德积分银行、文明城市建设等实践过程中，不断产生新的非正式规范。当下，非正式规范以一种更加复杂的形态存在于城市边缘社区三治融合的治理活动中，维系着城市边缘社区善治所必需的自发秩序。

在城市边缘社区这个国家与社会互动的模糊地带，如果说正式规范更多地体现出"国家性"的强制性和外在性的特征，那么非正式规

---

① 费孝通：《乡土中国》，北京大学出版社 2012 年版，第 32—33 页。

范作为"软法"就展现出"社会性"的自发性和内在性的特征。所谓非正式规范的自发性，是指其基于社区内治理主体的社会互动产生和演化，被居民在社会活动过程中自然而然地习得，不需要经过国家法定程序便能够对社区治理主体具有约束力。所谓非正式规范的内在性，是指其约束力主要靠居民个人自律自省或者居民自治组织的自我管理，不似正式规范一般由国家机关维护权威，由国家强制力保障实施。已有的研究归纳出这样一种观点，"社会惯例的出现，部分有助于全体成员的价值最大化"①。日常生活中，实践形成的"实践意识"指引了人们的行动。② 可以说，非正式规范是城市边缘社区治理主体反复互动和基层实践的经验性法则。在城市边缘社区三治融合的治理实践中，虽然由于经验有用性也具有约束力，但是约束力取决于道德素质、自觉性及社会舆论等经验性因素，约束力明显弱于国家强制的正式规范。

非正式规范在城市边缘社区三治融合的治理实践中发挥了"软法"作用。首先，非正式规范符合城市边缘社区三治融合的实践需求。从非正式规范的产生和演化来看，现代社会的非正式规范是法治精神与社会经验相结合的产物。在非正式规范调整本社区内治理主体之间特定关系的实践过程中，既可以看到现代法治精神融入社会经验的影子，也可以发现社会经验滋养法治精神的痕迹。非正式规范根植于城市边缘社区治理主体的互动关系和共同行动中，凝聚着社区居民的情感认同和价值观念，具有民间性质，是自治和德治的具象表达。此外，当体现着社会治理诉求的非正式规范与反映国家治理意志的正式规范整合为具有二重性

---

① Warren F. Schwartz, Keith Baxter, David Ryan, "The Duel: Can These Gentlemen Be Acting Efficiently", *Journal of Legal Studies*, 1984, pp. 329 – 332.

② [英] 安东尼·吉登斯：《社会的构成》，李康等译，上海三联书店1998年版，第84—86页。

质的规范体系后，能够契合城市边缘社区治理的内部调适与外在强制的二重需求。其次，非正式规范顺应城市边缘社区三治融合的发展逻辑。当前，我国的基层治理正呈现出一系列新的发展和变化：第一，从社区管理到社区治理的理念更新，由命令控制型的硬法管理向协商合作型的软法治理转变，硬约束和软约束相结合增强了治理的韧性和弹性；第二，从一元治理到多元共治的模式升级，在社区治理主体多元化的基础上保持治理权力的中心化，并且将实质意义上的中心由基层政府转移到社区党组织；第三，城市边缘社区三治融合采取"政党整合治理"模式，主要通过社区党组织领导的协商民主自治开展治理活动，减少行政权力的过度干预，矫正社区自治的失灵。非正式规范作为"软法"，让城市边缘社区三治融合的治理实践不再将来自政府的制度设计作为主要动力，而是主要依靠非正式规范自我治理，顺应基层治理的发展逻辑。

三　正式规范与非正式规范的互动

以上关于正式规范和非正式规范的分析，实质上已经表明二者基于自身不同的特点而在城市边缘社区三治融合的治理实践中形成了互补关系。前者充当了"元治理"规范，对后者进行二阶调整；后者充当了"软法"，补充了前者的调整空隙。二者都是国家治理和社会治理的重要制度资源，但是对国家治理和社会治理有不同的意义。一方面，正式规范尤其是国家法律，是对人们行为的底线要求，是最基本的制度保障。如果采取国家法律"独治"的一元法治论，国家法律就会取代善良风俗、道德规范等非正式规范成为唯一的行为要求，那么为人们行为树高线、引人积极向善的非正式规范就会被边缘化、消解、排斥，导致"法治发展与社会失范并行的悖论"①，加剧社会治理

---

① 强世功：《"法治中国"的道路选择——从法律帝国到多元主义法治共和国》，《文化纵横》2014 年第 4 期。

的信任危机、文化风险和道德风险。另一方面，非正式规范是自发形成的，未经国家立法程序肯认，其中存在相当数量于社会治理无效率甚至是负效应的社会规范。[1] 美国学者经常以公共住房社区等城市贫困社区内自发形成的鼓励毒品滥用、盗窃等不道德行为的非正式规范为例，来说明非正式规范制约下的个人行为不仅对自身无益，也会导致社区治理失序甚至是违法犯罪等社会问题。[2] 因为制度竞争不同于商品竞争，行为人在微观层面实质上无法进行制度选择，所以缺乏正式规范的"二阶调整"，就会导致行为人所选择的非正式规范未必是最有效率的，甚至可能是存在负效应的。[3] 无论是既有的政治经济学、制度经济学、法社会学研究，还是Q、M、L三个样本社区三治融合的治理实践都表明，正式规范与非正式规范存在着复杂的互补互动关系，并且这种互补互动关系决定了社会治理是否处于善治状态，以及处于何种善治状态。当二者趋于合作时，社区善治便可以实现；当二者发生冲突时，社区善治则难以实现。

正式规范与非正式规范在互动过程中具有分工合作关系。正式规范具有跨地域性的普遍适用性特征，能够在整体上创造具有统一性和确定性的宏观社会秩序，为社区治理活动保驾护航。非正式规范是具体化和特定化的地域性知识，是人们在日常实践中赖以消除越轨行为、促成良好秩序的直接依据，其建立起的是微观秩序。不同于社会学将宏观秩序

---

① Edward C. Posner, "Law, Economics, and Inefficient Norms", *University of Pennsylvania Law Review*, Vol. 144, No. 5, 1996, pp. 1697 – 1744.

② 前文提到的圣路易斯市普鲁伊特—伊戈公共住房项目是这方面的典型案例。由于缺乏国家法律规制，社区内非正式规范不仅因为鼓励各种非道德行为导致了大量黄赌毒和犯罪活动滋生，而且未能有效引导居民的积极行为，造成了严重的贫困集中和社会隔离。Cass R. Sunstein, "On the Expressive Function of Law", *University of Pennsylvania Law Review*, Vol. 144, No. 5, 1996, pp. 2021 – 2053.

③ Kaushik Basu, Eric Jones and Ekkehart Schicht, "The Growth and Decay of Custom: The Role of the New Institutional Economics in Economic History", *Explorations in Economic History*, Vol. 24, No. 1, 1987, pp. 1 – 21.

和微观秩序常常对立起来分析，强调二者之间的差异和冲突，政治学和法学更加关注二者之间的联系，并通过这种联系研究正式规范与非正式规范之间分工合作的关系。正式规范凭借其外在强制性、严格程序性、普遍适用性，对依非正式规范自发生成的社会秩序的调整作用显而易见。同时，实证研究表明，以社区为代表的微观社会内部产生和执行非正式规范的能力直接影响着更大范围内的整体社会秩序状态。城市边缘社区凭借非正式规范建构的社区微观秩序不仅决定了社区内部秩序的好坏，加总起来的城市边缘社区秩序还决定了正式规范规制从整体上治理城市边缘社区的情况。即使社会内部的成员对正式规范的内容不甚了解，其行为仍然因为受到与正式规范具有相同治理目标取向的非正式规范软的约束而处于正式规范所容忍的范围内，塑造良好的社区治理秩序。斯科特指出，尽管正式规范有时并不承认民俗和习惯等非正式规范的合法性（此处为"合法律性"之意），但其实践不得不依靠非正式规范形塑的社会情境。① 涂尔干也认为，正式规范虽然是超越个人的，但是个人会对它们进行"个体化"。正式规范与非正式规范的合作与法治与德治相结合具有一定程度的契合性：正式规范塑造了整体性的治理秩序，为非正式规范在社区内发挥作用提供程序、制度和矫正保障；非正式规范提供了地域性知识，为正式规范在社区适用引领向善的伦理方向，提出更高的道德追求，营造和谐的文化环境。

正式规范与非正式规范在互动过程中也可能存在冲突关系。大量的非正式规范构成了人们日常行为的基本准则，为处于相对稳定环境中的人们提供了习惯化的行动指南，保持了微观秩序的稳定。国家的现代化对社会传统造成了冲击，开始对社会进行全面重塑，以期能够建立起与现代化相适应的社会新秩序，大量正式规范涌现。虽然正式规范与非正

---

① ［美］詹姆斯·C. 斯科特：《国家的视角》，王晓毅译，社会科学文献出版社 2004 年版，第 424—425 页。

式规范在大多数情况下有比较明确的边界和分工,但是经过人为理性设计的正式规范和源于实践的非正式规范之间并不总是能够分工合作。伴随着正式规范向社会各领域的调整和干预,正式规范与非正式规范之间的矛盾冲突在所难免。例如,费孝通先生就发现,现行的司法制度在乡间破坏了原本的礼治秩序,但并不能建立起有效的法治秩序。① 在城市边缘社区内,如果居民及其共同居住人因为婚姻、生育或者借住等原因发生变更但无法依法变更,就会违反有关公租房管理的正式规范,由此导致住房保障主管部门及其委托的运营机构实际上采取变通执行策略,形成与正式规范相矛盾的非正式规范,就是这种冲突的表现。可见,当正式规范与非正式规范形成互斥关系时,就会发生规范执行的扭曲,需要在规范实施过程中,构建协调二者的缓冲机制,减少二者之间可能发生的冲突,消解二者之间实际发生的矛盾。

小 结

本章从主体、方式和规范三个要素维度分析了城市边缘社区三治融合的关系构造。就治理主体而言,城市边缘社区三治融合需要党组织、政府、居委会、居民、物业管理公司与运营机构等多元主体共治。考虑党领导下国家与社会互动的影响并结合权力与资源的投入与运用情况,上级党组织和政府在社区外部供给治理所需的权力和资源,从高位推动城市边缘社区三治融合治理活动的开展;高度同构的社区党组织和社区居委会决定着社区治理权力和资源的配置,主导着城市边缘社区三治结合的实践活动;居民不仅以个人身份参与,而且可以自发组织或加入社区社会组织,以集体合作行动的方式参与城市边缘社区三治融合的治理

---

① 费孝通:《乡土中国》,北京大学出版社2012年版,第96页。

过程；物业管理公司与运营机构基于公共服务提供关系成为城市边缘社区三治融合的治理协助者。就治理方式而言，自治、法治、德治的有机融合强调三者以组合结构为基础，形成有机融合的功能结构。在这种功能结构中，自治是法治和德治的基础，直接体现着"以人民为中心"的理念，法治和德治只有与协商民主自治相结合才能在真正意义上获得实现；法治是自治和德治的保障，为自治和德治提供了程序、制度和矫正保障，让自治、德治不越线，不遭受破坏；德治是自治和法治的先导，为自治和法治引领向善的伦理方向提出更高的道德追求，营造和谐的文化环境。就治理规范而言，城市边缘社区三治融合的规范体系由作为"元治理"依据的正式规范和作为"软法"的非正式规范共同构成。正式规范与非正式规范在互动过程中具有分工合作的互补关系，但是也可能存在冲突，调整好二者的互补互动关系对于实现城市边缘社区善治目标至关重要。

第五章　三治融合实现城市边缘
社区善治的机制优化

三治融合的实证研究认为，乡村治理的"三治融合"应当具备完整的时间轴线，需要在前期建立风险预防机制，在中期建立矛盾纠纷解决机制，在后期建立反馈调适机制。[①] 城市边缘社区三治融合同样应当具备完整的时间轴线，建立一系列三治融合的具体机制，才能最终实现城市边缘社区善治。城市边缘社区三治融合涉及众多的治理主体、多样的治理方式、复杂的公共事务、纷繁的社会规范，因而会形成多种多样的治理机制。限于篇幅，本章无意于大而全地对各种具体治理机制进行分析和论述，而是针对城市边缘社区三治融合面临的治理主体积极性缺乏、治理方式融合性有限、治理规范衔接性不足的挑战，对三治融合实现城市边缘社区善治的机制优化展开研究。

第一节　治理主体：激励机制优化

城市边缘社区三治融合所追求的善治是低成本高稳定型善治。这就要求城市边缘社区三治融合在基本型善治基础上，通过降低成本和提高

[①]　杨学科：《弹性治理：枫桥经验生发的阐释》，《治理研究》2018年第5期。

稳定性实现善治改进。而善治改进需要城市边缘社区内的各治理主体积极参与三治融合的治理实践，保持城市边缘社区三治融合持续创新的治理活力。在治理主体持续创新三治融合实践活动的意义上，城市边缘社区的善治"概括起来就是实现整个社会既稳定有序又充满活力"①。如果将城市边缘社区三治融合视为一个治理体系，那么社区党组织、居委会、居民、物业管理公司与运营机构等治理主体作为行动者，会给这个体系带来生命活力，而且只有通过治理主体积极的三治融合的治理行动才能实现这个治理体系的结构性作用——城市边缘社区善治。在理想的低成本高稳定型善治状态下，治理所要创造的结构或秩序不能由外部强加，而是要依靠多种相互影响的行为者的互动，从实质意义上做到共享决策权力，共担决策责任。② 然而，当前城市边缘社区三治融合面临治理主体积极性缺乏的挑战，所能实现的善治水平较低，对于上级党组织和政府等外部力量有较大依赖。这需要优化治理主体的激励机制，激发并保持治理主体持续创新城市边缘社区三治融合的积极性。

激励主要存在两条道路：一条是"成本—效益"的经济学道路，另一条是"需要—动机"的心理学道路。③ 以经济学的角度分析，利益是城市边缘社区内政治产生的基础、政治运作的核心和政治现象的根源，治理主体都是一切行为决策为了利益最大化的理性人。激励机制通过调整治理行为成本与效益之间的关系，增加行为的选择性收益，从而促成治理主体趋利避害，做出有益于社区善治的行为。从心理学的角度分析，激励是一种可以指导个体行为的动机状态，这种状态既可以被个体的情绪、目标、成就等内在事物触发，也可以被自然环境、社会环

---

① 郁建兴：《"三治融合"的持续创新》，《治理研究》2020 年第 6 期。

② Chris Ansell and Alison Gash, "Collaborative Governance in Theory and Practice", *Journal of Public Administration Research and Theory*, Vol. 18, No. 4, 2008, pp. 534 – 571.

③ 李克武、聂圣：《论我国公租房使用退出激励机制的立法构建》，《华中师范大学学报》（人文社会科学版）2021 年第 2 期。

境、他人等外在事物触发。① 激励可以通过提供信息和满足需求来唤起人的情绪，引发行为动机。② 激励的心理学道路表明，未考虑主体需求和动机的物质利益给予或经济损失分配等外部刺激极易异化为金钱效应或社会控制手段，治理主体的激励机制应当注重内在动机和目标对行动的激发和引导，防止物质利益的激励违背主体意志或偏离正确方向。

　　结合 Q、M、L 三个样本社区三治融合的实践经验与激励理论的两条道路，优化激励机制以保持治理主体在三治融合实践中的积极性，应当遵循三个基本原则：一是选择性激励。破解城市边缘社区集体行动困境产生的治理高成本问题，需要通过选择性激励，防止或消除"搭便车"行为。"选择性的激励既可以是积极的，也可以是消极的"③，在城市边缘社区内，选择性激励要求对作为三治融合实践关键群体、组织者的社区党组织和居委会给予额外奖励。考虑到城市边缘社区三治融合的正外部性和选择性激励的成本，应当允许普通居民的"搭便车"行为存在。二是公平激励。激励公平不仅追求激励机会平等，同时注重功赏对称。④ 在城市边缘社区内，公平激励要求对积极参与的居民予以奖励，对于逃避责任者加以惩罚。三是激励相容。激励相容原本是指在不确定性和信息不对称的情况下，当代理人和委托人的目标函数不一致时，通过激励机制设计实现代理人和委托人利益一致。⑤ 扩展来看，激励相容意味着在城市边缘社区三治融合出现困难时，通过激励机制让强

---

　　① Thrash T. M. , Elliot A. J. , "Inspiration as a Psychological Construct", *Journal of Personality and Social Psychology*, Vol. 84, No. 4, 2003, pp. 871 – 889; Richard Thaler, "Toward a Positive Theory of Consumer Choice", *Journal of Economic Behavior and Organization*, No. 1, 1980, pp. 39 – 60.

　　② 申来津：《激励发生原理：一种心理学解释》，《学术交流》2003 年第 4 期。

　　③ ［美］曼瑟尔·奥尔森：《集体行动的逻辑》，陈郁等译，格致出版社 2014 年版，第 35 页。

　　④ 王怀勇、邓若翰：《后脱贫时代社会参与扶贫的法律激励机制》，《西北农林科技大学学报》（社会科学版）2020 年第 4 期。

　　⑤ Mirrlees, J. , "The Optimal Structure of Incentives and Authority within an Organization", *Bell Journal of Economics*, Vol. 7, No. 1, 1976, pp. 105 – 131.

异质性的参与者的善治利益共享，使参与者个体善治利益与社区集体善治利益相符合，从而实现社区善治改进。

治理主体的激励机制作为一种对城市边缘社区共治主体有导向的程序过程，在运用多种激励手段诱导和激发治理主体行为时，与三治融合的治理规范和技术要素有着密切联系。其一，激励是规范作用的结果。不同的行为类型对应着不同的激励规范，对于有利于城市边缘社区善治的行为和不利于城市边缘社区善治的行为分别采取奖励性规范和惩罚性规范进行规制，而对于普通行为规范一般无须回应，见表 5-1。法律作为正式制度最核心的部分，能够为行为主体提供充分的利益动机和内在动力，同时从内外两个维度实现激励。其二，技术赋权是一种激励手段。所谓技术赋权是指运用技术引导居民参与社区治理行动，并在行动过程中赋予居民对社区事务的决定权和执行权，实现居民自主治理能力和社会治理水平同步提升。[①] 技术是联系权力与资源的媒介，多元主体共治、三种治理方式结合、不同规范互动都离不开技术的支持。技术治理随着信息技术和智能技术的广泛应用，逐步从理论走向现实。城市边缘社区三治融合治理主体的激励机制优化既强调激励规范的完善，也关注技术治理的运用和嵌入。

表 5-1　　　　　　　　行为类型及对应的激励规范

行为类型	对应的激励规范
有利于城市边缘社区善治的行为	奖励性规范
普通行为（中性行为）	无须规范回应
不利于公租房社区善治的行为	惩罚性规范

注：本表由笔者受埃里克森有关激励规范的研究启发制作而成。

资料来源：Robeit CEllickson, "Alternatives to Zoning: Covenants, Nuisance Rules, and Fines as Land Use Controls", *The University of Chicago Law Review*, Vol. 40, No. 4, 1973, pp. 728 -733.

---

① 陈伟东、吴岚波：《行动科学视域下社区治理的行动逻辑及生成路径研究》，《吉首大学学报》（社会科学版）2018 年第 1 期。

一 面向社区党组织的激励机制

社区党组织作为多元共治主体的政治核心，在城市边缘社区三治融合的治理实践中，以"党建＋"的工作模式发挥着凝结作用，建构并维护社区治理的正常政治秩序，整合并分配社区治理的各种资源。如果将城市边缘社区三治融合的治理实践视为社区多元主体集体行动供给公共物品的过程，那么社区党组织就是承担首批公共物品供给的关键群体，需要对其有选择地进行额外激励。城市边缘社区公共性弱、异质性强和公权依赖的特征导致社区党组织发挥领导作用时，面临权力资源配置不合理和党建引领范围有限等困难，积极性受到严重影响。因而，需要优化面向社区党组织的激励机制，激发社区党组织领导共治，在政绩考核基础上建立完善的正向奖励机制和负向惩罚机制。这种奖惩机制既包括以荣誉感、责任感直接激发社区党组织主观能动性的内在激励机制，也包括以外部物质利益刺激社区党组织理性行动的外在激励机制。从 Q、M、L 三个样本社区三治融合的实践经验中，我们可以总结出优化社区党组织领导共治激励机制的三条具体路径。

第一，优化由政府部门供给治理资源和进行政绩考核形成的外部激励机制。在城市边缘社区治理过程中，党组织领导的多元共治主体与政府部门存在资源依赖关系。面对社区居民对公共服务的需要，为平衡行政权和自治权，协商民主自治要求政府部门非必要时不直接为社区居民提供服务，而是向党组织领导的多元共治主体提供经费、政策等治理资源，支持其领导社区居民自我服务，以公共服务的自我供给培育居民自主意识，如图 5 - 1 所示。在治理资源贫乏的城市边缘社区，无论是街道办事处提供的一般性社区治理资源，还是住房保障主管部门提供的专门性社区治理资源，都能够作为一种外在的正向激励，促使党组织整合并分配社区治理资源。政府部门在向城市边缘社区供给治理资源的同

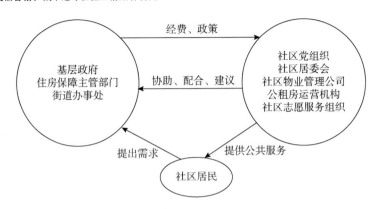

图 5 - 1　城市边缘社区三治融合的资源依赖关系

时，也享有监督治理资源在社区内使用情况的权力。以这种监督权力为基础，政府部门及同级党组织建立政绩考核机制，从奖励和惩罚两个方面，结合物质激励和精神激励措施，通过社区党组织和组织成员的双奖或双罚实现对社区党组织的激励。例如，对于 Q 社区新冠疫情的有效防控成果，对社区党支部授予全国抗击新冠疫情的先进集体、全国先进基层党组织等荣誉称号，同时向社区党支部书记授予"抗击新冠肺炎三八红旗手"称号。实践中，由于政绩考核的量化设计不够科学，往往会产生考核指标的"伪量化"问题，进而引发政策执行的文牍主义和形式主义。① 三个样本社区都不同程度地出现了社区党组织忙于整理各种政策文件和考核材料，导致应当在实践中进行的"党建＋"变为在文件中进行的"党建＋"，反而缺乏深入群众领导社区居民自我服务的精力。因此，政绩考核应当将三治融合的实践效果是否与社区善治的具体要求相符合作为首要量化标准，既要防止量化的随意性，也要避免文牍

---

① 文牍主义表现为政府部门下发的政策文件过多，导致大量无意义的文案工作，耗费大量的人力和物力执行这些政策文件，却无助于治理目标的实现；形式主义表现为政府部门为基层组织制定执行政策的严格程序，因不切实际或无人监督，致使政策执行程序正不正确代替执行实际效果成为考核的主要标准，最终使政策执行流于形式。谭秋成：《基层治理中的激励问题》，《学术界》2019 年第 6 期。

主义和形式主义等激励扭曲现象的出现。

第二，关注社区党组织及其成员"经济人"和"政治人"双重身份下需求的满足，优化基于认同感和信任感的内部激励机制。已有的研究发现，外部激励的控制性会减少治理主体的赋能感和自主性，进而导致内部激励效用下降。① 这提醒我们，任何外在的激励都是通过满足人的内在需求而最终发生作用的，激励能够提高治理主体的胜任感，激发治理主体的积极性和创造力②；因而，基于主体属性的内部激励机制才是激励党组织领导共治的根本机制，外部激励需要与内部激励目标一致、措施协调、程度适当。基于"经济人"假设的外部激励机制关注了物质激励、利益满足和政绩考核等外部激励因素对社区党组织的激励作用，但是还不够全面。以当前的"街居治理共同体"观之，城市边缘社区三治融合是国家治理在基层社会的表现形式之一，社区党组织作为多元共治的领导者，其成员虽然在法律意义上不具有国家公务员身份，却是实实在在的"政治人"，公务员激励的内在逻辑对于社区党组织成员同样适用。在政治人假设下，社区党组织成员将政治职业的行为准则当作善治的政治义务和先验的道德律令，因而不能忽视对政治人的政治激励和道德激励。③ 对于社区党组织的内在激励应当避免唯物质利益论的"实用主义"和"功利主义"倾向，要立足社区党组织及其成员在城市边缘社区"主心骨""带头人"的政治核心地位，通过满足其得到认同和信任的需求，激发其主观能动性。一方面，关注社区党组织及其成员是社区内政治人的特点，改变由政府部门垄断量化考核的政治评价机制，重视居民评议的作用，增强认同感和信任感；另一方面，运

---

① Deci E. L. , "Effects of Externally Mediated Rewards on Intrinsic Motivation", *Journal of Personality and Social Psychology*, Vol. 18, No. 1, 1997, pp. 105 – 115.

② 丰霏：《法律治理中的激励模式》，《法制与社会发展》2012 年第 2 期。

③ 申喜连、贺永祥：《论新时期我国公务员激励机制的重构——一项基于公务员"经济人"和"政治人"耦合的研究》，《湘潭大学学报》（哲学社会科学版）2006 年第 6 期。

用互联网信息宣传的传播效应，将社区党组织及其成员的优秀工作成果通过社区网络社交平台、短视频平台进行宣传展示，提升其自信心和胜任感。

第三，将内、外部激励的具体措施统一纳入权责一致的责任机制。权责一致，即权责对等，要求治理主体拥有的权力应当与其承担的责任相适应。理想模式的权责配置要点有四：其一，二者具有统一的触发机制；其二，二者具有一致的配置过程；其三，二者具有明确的边界范围；其四，二者具有对应性的动态演变。① 从权力角度来看，责任机制是一种负向激励机制，主体在享有权力时必须承担相应的责任，以规范和控制权力的行使；从责任的角度来看，责任机制则可以被视为一种正向激励机制，在主体承担责任的同时需要赋予相应权力，以赋权和责任感促使主体行动。在城市边缘社区党组织治理权力较弱的情况下，为激励社区党组织领导多元共治，责任机制应当平衡好因治理权力运用产生的追责与免责，既不能忽视规范和控制权力的问责机制，也应当建立容错机制，为社区党组织保留自主用权的试错空间。

权力腐败及其政治问责是政治激励的永恒主题。阿克顿警示我们："权力导致腐败，绝对的权力导致绝对的腐败。"② 有学者甚至总结了一个简明的权力腐败公式："权力腐败＝垄断＋自由裁量－责任"③。风险社会理念的提出者乌尔里希·贝克认为，"有组织地不负责任"在当下正在成为一种趋势。社区党组织作为政治核心主导着治理权力和资源的分配。如果将治理权力完全集中于社区党组织自身甚至是社区支部书记，就

① 倪星、王锐：《权责分立与基层避责：一种理论解释》，《中国社会科学》2018 年第5 期。
② ［英］约翰·阿克顿：《自由与权力》，侯健等译，译林出版社 2011 年版，第 294 页。
③ Dumitru - Alexandru Bodislav, Ciprin Raluca Georgescu, "Globalization of the Corrupyion Phenomenon: Human Capital Gone Wild", *Theoretical and Applied Economics*, Vol. 23, No. 3, 2016, pp. 163 –176.

会破坏协商民主自治，使社区党组织的治理权力的行使失去约束和监督，引发基层避责现象。实证研究表明，基层避责会产生严重的负面效应和链式反应：首先，会导致基层改革缺乏带动良性发展的创新力量；其次，会导致自上而下的权威流失，管控效力弱化；最后，将导致基层一线退缩，失去主动性和自觉性，被动应对外界需求。① 在 Q、M、L 三个样本社区三治融合的治理实践中，联动执行出现的相互推诿问题久拖不决现象，实质上就是基层避责的表现。为防止基层避责的负面效应和链式反应影响城市边缘社区善治的实现，需要建立问责机制，监督社区党组织的权力分配和行使，防止社区党组织避责。基层的权力和责任配置存在不同的逻辑，二者往往并非一一对应的理想状态。因而，城市边缘社区党组织的问责机制应当将以规范形式协调统一各种社区治理任务的权力和责任对等配置作为起点，通过明确多元主体结构中各主体的权责边界范围，让三治融合治理过程中的权责保持动态对应，尽量消除结果导向的责任配置的随机性。

无论是将社区党组织及其成员设想为"经济人"还是"政治人"，有限理性和理性的发展都是应当遵循的基本前提。"人之理性的发展在于不断发现既有的错误。"② 这就意味着，建立在人的需求基础上的激励机制应当承认人理性的有限性和发展性，以容错机制实现对责任机制的正向激励。《关于新形势下党内政治生活的若干准则》和《关于进一步激励广大干部新时代新担当新作为的意见》都强调"建立容错纠错机制"，为容错机制提供了规范依据。城市边缘社区党组织领导多元主体召开联席会议和展开多方联动时，常常自认处于"无权有责"状态

---

① 倪星、王锐：《权责分立与基层避责：一种理论解释》，《中国社会科学》2018 年第 5 期。

② ［英］哈耶克：《自由秩序原理》，邓正来译，生活·读书·新知三联书店 1997 年版，第 44 页。

而行动不主动、不积极、不自觉，一个重要原因就是缺乏容错机制。鉴于城市边缘社区治理的特殊性，应当建立社区党组织领导共治的容错机制，将先行先试过程中因为缺乏经验造成的失误与违法违纪行为相区分，为社区党组织保留自主用权的试错空间。在操作层面，可以借鉴管理学中的"3D模式"①，在政绩考核的基础上，精细化设计申诉、审查、说明、纠错和回访等程序，将容错与纠错、免责联系起来，激励社区党组织及其成员在城市边缘社区三治融合实践中的担当作为。

二　面向居委会的激励机制

居委会是城市边缘社区三治融合的行动中枢，在社区治理权力和资源的分配上都占据主导地位，直接左右着城市边缘社区三治融合的行动方向和治理成效。由于居委会与党组织在社区主体结构中具有高度的同构性，前述对于社区党组织的激励机制同样可以作用于居委会。反之亦然。不过，相较于社区党组织，根据《宪法》和《居委会组织法》等法律规定，居委会与政府部门在行政组织中有着更直接、紧密的科层关系。城市边缘社区的行政任务多和行政干预强现象表明，社区居委会事实上已经成为国家行政的末梢，其权、义、责在国家行政权力向基层社会延伸的过程中嵌套于行政科层。基于行政科层体系中政治行为的向上效仿性，依托于科层制开展的项目制治理，在当前被视为一种能够提升治理效能和创新治理机制的新国家治理体制。② 在项目制行动框架下，政府部门与居委会互动进行项目分解时的行政赋权激励机制包括三个方面：第一，提升居委会组织社区多元主体联合行动的能力，促进社区治理的自主性成长与基层治理机制创新；第二，维系以居委会为行动中枢

---

① "3D模式"即诊断（Diagnosis）、发展（Development）和改进方案设计（Design）模式。

② 渠敬东：《项目制：一种新的国家治理体制》，《中国社会科学》2012年第5期。

的多元共治秩序，保证自上而下与自下而上的合意能够通过协商对话形成；第三，借助行政体系的政治势能为居委会组织行动增能，实现先赋性与自致性的统合，如图5-2所示。行政赋权能够解决当前居委会"无权"或"权弱"的核心困境，激励居委会发挥其有效组织的枢纽作用。

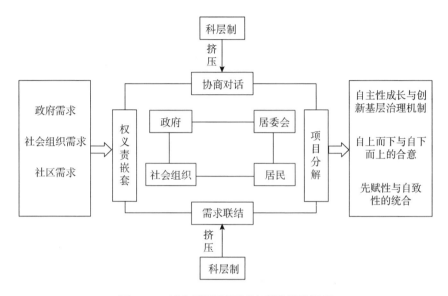

图5-2　城市社区项目制治理的行动框架

注：本图由笔者根据郑晓茹关于社区项目制的相关研究简化绘制而成。

资料来源：郑晓茹：《城市社区项目制治理的行动框架、逻辑与范畴研究》，《上海交通大学学报》（哲学社会科学版）2018年第5期。

随着互联网技术的广泛运用，大数据和人工智能在社区治理中发挥的作用越来越重要。在三个样本社区的调研发现，居委会与政府部门信息不互通，以及社区不同治理主体之间的信息壁垒，是影响社区善治水平的重要因素。居委会迫切需要与政府部门信息互通共享，运用互联网技术实现社区公共服务信息化，通过信息工具组织社区多元主体联合行动。技术赋权能够将空间的政治性借由信息传播从"线下"的现实空间扩展到"线上"的网络空间，满足居委会的信息技术需求，已经成为激励居委会有效组织不可或缺的机制。技术赋权需要与行政赋权相结合，建立"线上＋线下"的网格化治理模式：一方面，发挥互联网信息平台，如网格群聊、物业服务沟通微信群、微信公众号等社区内信息沟通平台，信息收集、发布、传递和沟通的功能，扩展居委会组织的时空范围，并通过社区治理网格实现组织顺畅地从"线上"向"线下"传导；另一方面，将城市边缘社区纳入社会治理综合信息体系的覆盖范围，实现居民网上办事平台与电子政务系统的整合，以及电子政务系统与社区综合服务系统、人口信息登记系统、纠纷矛盾化解系统之间的信息共享，并最终与政府部门的业务系统在社会治理综合信息体系实现互联互通，充分发挥信息技术对居委会组织功能的正外部性，如图5－3所示。

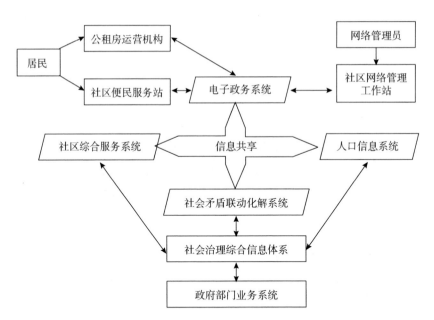

图5－3　"线上＋线下"的网格化治理模式

注：本图由笔者受袁方成有关网格化治理模式的相关研究启发绘制而成。

资料来源：袁方成：《国家治理与社会成长：中国城市社区治理40年》，上海交通大学出版社2018年版，第227页。

　　优化居委会有效组织的激励机制应当着力消除行政赋权和技术赋权的负效应，发挥其正效应。理想状态下，由专业化社区精英组成的居委会具有很强的主观能动性，能够在行政赋权和技术赋权激励下以充足动力和能力组织多元主体开展城市边缘社区三治融合的治理实践，实现社区高水平善治。但是，行政赋权和技术赋权相结合导致了居委会成员公职化，运行方式和工作内容行政化，使居委会出现过度行政化问题。①这种过度行政化会加剧居委会组织共治时对公权力的依赖，进而因为行政权与自治权的紧张关系而出现"角色迷失"现象②，无法自主自觉地找准自身定位。依激励理论来看，"角色迷失"现象是居委会同时作为社区居民、社区社会组织受托人和政府部门代理人，因为各方的目标不一致而激励不相容的表现。欲消除这种激励不相容，就需要优化能够调和各方目标，增强居委会自主性和自觉性的激励机制。就减弱行政赋权和技术赋权的负效应而言，应当尽量采取无条件赋权、自愿性赋权和间接赋权，避免赋权中不必要的条件约束、刚性的行政命令和直接的行政介入，尽量使行政任务和行政干预的目标与社区公共事务治理的目标相一致。就增强居委会专业化社区精英的正向激励而言，应当以政治激励和道德激励为主，在奖励模式中注重对其行为意义的说理和传播③，优先满足其增进社区整体善治水平带来的认同感、信任感、胜任感和职业尊荣感；以物质激励和利益激励为辅，保证政治升迁、评优评先的机会平等和薪酬水平与政治考核对应的结果公平，防止社区精英因为认知失调或心态失衡而出现消极被动、畏难推诿的官僚主义思维，激发其进行组织共治的主动性。

---

　　① 王德福：《社区行政化与街居治理共同体》，《行政论坛》2019 年第 6 期。
　　② 陈天祥、杨婷：《城市社区治理：角色迷失及其根源——以 H 市为例》，《中国人民大学学报》2011 年第 3 期。
　　③ 丰霏：《法律治理中的激励模式》，《法制与社会发展》2012 年第 2 期。

三 面向居民的激励机制

社区居民是城市边缘社区三治融合最基本、最重要的参与主体，没有社区居民的实质参与就不可能实现城市边缘社区善治。城市边缘社区的关联弱、异质性强和行政性强的特点导致社区社会资本流失、居民认同感耗散和自治治理意识消解等问题，造成居民缺乏参与积极性，出现了居民自治内卷化的现象。有学者指出，居民自治内卷化出现的根源在于居民长期生活在"基层政府督办—社区居委会苦干—居民看客"的关系体中，形成了"有事找政府、有事找社区"的心态，失去了参与的意愿和动机；因此，破解方案就是构建"地方政府扶持—社会服务机构陪伴—社区居委会引导—社区居民参与"的关系体。① 落脚到激发居民参与的意愿和动机上，居民自治内卷化的突围之路就是优化社区居民有序参与的激励机制。城市边缘社区内，居民的异质性强、参与形式多样，不仅可以个人身份参与，也可自发组织或加入社区社会组织以集体合作行动的方式参与。故而对居民参与的激励不能一概而论，否则将有违选择性激励和公平激励原则，造成无效激励或者激励扭曲。基于居民的参与形式，优化社区居民有序参与的激励机制可以从居民个人和社区社会组织两个层面展开。

居民个人有序参与的激励机制优化针对的是居民个体参与城市边缘社区三治融合实践积极性不足的问题。相较于组织，个体的利益表达更加倾向于经济性和现实性。② 在 Q、M、L 三个样本社区开展的道德积分银行、社区"最美"评选、"黑名单"道德监督制度等德治实践都具有一定的经济性和现实性，能够作为一般性的激励措施。考虑到城市边

---

① 陈伟东：《社区行动者逻辑：破解社区治理难题》，《政治学研究》2018 年第 1 期。
② 朱红文：《基层党建如何引领基层社会治理创新》，《人民论坛》2015 年第 25 期。

缘社区居民的异质性，除了一般性的激励措施外，还应当采取契合居民个体需求的特殊性激励措施。一般认为，居民个人参与志愿服务能够使社区公共事务得到最有效和最负责的实施，进而实现社会资源和机会的合理配置，对于提升公众的政治参与意识具有十分显著的作用。① 故笔者以居民个人参与社区志愿服务为例，分析居民个人有序参与的激励机制契合居民个体需求的特殊激励措施。首先，应当考虑居民的年龄、户籍、职业、受教育程度等先赋性身份因素，激励参与度较高的居民。如调查研究表明，城市社区各年龄居民的参与程度基本上呈现 "U" 形曲线关系，结婚后到退休前的中青年参与度最低，而青少年和老年人则对社区参与度较高。② 在招募社区志愿者时，应当主要面向具有参与能力和参与动机较强的青少年和老年人。其次，根据社区类似 "同心圆" 的主体结构，选择性地激励积极居民，并针对其参与动机采取不同的激励措施。对积极参与的 "中坚居民" 研究发现，中坚居民有道德动力型和经济动力型两种类型。③ 对于前者，道德激励效果更为明显；而对于后者，经济激励效果更优。最后，从社区居民参与志愿服务的路径来看，根据自主性、组织性、灵活性和持续性的差异，可以划分为 "自治式" 参与、"合作式" 参与、"出场式" 参与和 "依附式" 参与。④ 如果仅仅考虑志愿精神和公民意识，"自治式" 参与无疑是最理想的路径，但是具体采取何种参与路径应当综合考虑现实的资源条件和居民的

---

① Dougherty G. W. , Easton J. , "Appointed Public Volunteer Boards: Exploring the Basics of Citizen Participation through Boards and Commissions", *American Review of Public Administration*, Vol. 41, No. 5, 2011, pp. 519 – 541.

② 张雪霖：《"找回" 城市与 "祛魅" 的居民自治——中央、地方与民众三层关系视野下的城市社区治理研究》，华中科技大学，博士学位论文，2018 年。

③ 史明萍、魏程琳：《"中坚居民"：城市社区治理的中坚力量及其制度化》，《城市问题》2019 年第 12 期。

④ 徐顽强等：《志愿者参与社会管理的维度分析及路径框架》，《江西社会科学》2013 年第 4 期。

态度。所以，激励居民个人参与社区志愿服务的措施，一方面要根据客观条件选择适宜的参与路径，另一方面要激发居民积极服务和自主参与的态度。

社区社会组织有序参与的激励机制优化针对的是居民自发组织或加入社区社会组织，以集体合作行动的方式参与城市边缘社区三治融合实践积极性不足的问题。从社区层面来看，社区社会资本的培育能力主要取决于社区组织的发展水平。从社区社会组织层面来看，不同类型的社区社会组织对社会资本产生的作用不尽相同，公益型组织能够增强社区的公共精神，互益类组织可以和谐邻里关系，而综合类组织则兼具前两者的作用。为充分累积社会资本实现城市边缘社区善治，社区社会组织有序参与的激励机制应当以社区社会组织培育孵化为核心内容。武汉市 Q 社区"社会组织孵化器"的社区社会组织培育孵化流程为激励城市边缘社区居民自发组织或加入社区社会组织提供了范例。第一，由居委会引导居民或者居民自主作为发起人募集初始的资金、场地成立社会组织，搭建居民参与平台的基本框架；第二，社区社会组织在居委会的支持下招募具体的服务项目，通过决定为社区居民提供的公共服务内容确定社区社会组织的类型结构；第三，由社区社会组织孵化器进行项目考察，初步判断服务项目的可行性，并为项目成立提供指导和帮助；第四，由居委会为社区社会组织提供资金支持、专业能力培训等支持，对项目进行指导和评估，完善居民参与平台的框架结构；第五，由居委会帮助其在民政部门完成审批和登记注册，取得正式规范认可的社区社会组织地位，成为居民参与城市边缘社区三治融合的合法平台，如图 5-4 所示。在社区社会组织培育孵化的过程中，既要以资源投入和能力培训开展外部激励，也要通过方向引导和支持指导进行内部激励。

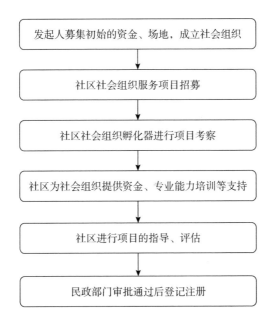

图 5 - 4　城市边缘社区社会组织的培育孵化流程

四　面向物业管理公司与运营机构的激励机制

物业管理公司与运营机构是城市边缘社区的公共服务提供者，并基于这种服务提供关系成为城市边缘社区多元共治的治理协助者。物业管理公司和运营机构无论是采取分设模式还是采取合一模式，二者在参与城市边缘社区三治融合的过程中，都与社区居民之间根据物业服务合同关系和公租房租赁合同关系，以参与社区联席会议和多方联合行动为基础，获得了在地服务者和治理合作方的双重身份。这种双重身份决定了物业管理公司和运营机构提供公共服务并非简单地遵循"委托—代理"的市场行动逻辑，也按照联席、联动"合作共治"的政治逻辑展开行动。相较于商品房社区深受西方治理理论影响形成的由私营部门或社会机构以市场化方式提供物业管理服务的民营化模式，城市边缘社区的物业管理和运营管理虽然强调市场化方式的运用，但是主要采用"政府主导，国企运作"的准市场化模式，保持必要的政府干预。面对当前物业管理公司和运营机构在提供公共服务时与居民关系紧张影响城市边缘社区善治水平的情况，应当优化物业管理公司与运营机构协助治理的激励机制，建立将市场无序造成的社会损失和政府干预造成的社会损失都控制在合理范围内的公共服务供给模式。

城市边缘社区物业管理和运营管理的准市场化模式决定了优化物业管理公司与运营机构协助治理的激励机制需要并用经济激励和政治激励措施，同时进行物质激励和声誉激励。一方面，市场化的公共服务供给方式需要优化相对应的物质激励措施。治理理论认为，公共服务供给的竞争性和市场化越充分，其参与度、质量和效率就越高。[①] 物业管理公司和运营机构的准市场化模式发挥了物业管理和运营管理的正外部性，分担了居民参与三治融合的治理成本，实质上是为居民参与提供了"便车"，让三治融合实践的参与度、质量和效率都可以得到提高。但是，正外部性的存在也意味着社区公共服务提供具有成本大于收益的公益性特征，与市场化运营的自我逐利性存在内在冲突。如果缺乏持续的外部资源投入，在"成本—收益"的经济规律作用下，物业管理公司和运营机构的社会责任承担必然会难以为继，丧失提供公共服务的动力。要维持物业管理公司和运营机构市场化运作的正外部性，必须由其委托人（住房保障主管部门或公租房产权单位）提供与之相适应的资金支持、税费减免等物质激励。另一方面，公共服务供给的合作共治行动逻辑需要优化相应的声誉激励措施。物业管理公司和运营机构"委托—代理"的市场行动逻辑始终会因为市场化运营的自我逐利性而存在代理人的道德风险。市场经济环境下，由于信息的不对称和不充分性，容易激发

---

① Caplan B. , "Rational Irrationality and the Micro – Foundtions of Political Failure", *Public Choice*, Vol. 107, No. 3, 2001, pp. 311 – 331.

"射幸行为"，尽管可能在一定程度上节约国家的监控成本，但会增加秩序维持成本。[①] 为避免道德风险，就需要基于物业管理公司和运营机构的声誉需求[②]，由住房保障主管部门、社区党组织、居委会和居民对公共服务的质量和效率进行考核和评价，将考核和评价的结果与声誉挂钩，实现对物业管理公司和运营机构的约束。

准市场化模式下，城市边缘社区物业管理公司和运营机构公共服务供给的最佳状态，是在治理资源约束的可能性边界上将市场无序造成的社会损失和政府干预造成的社会损失降到最低。这就要求基于公共服务质量和效率的激励措施应当强度适宜，以实现理想的激励效果。根据激励理论，激励强度与激励效果呈现出倒"U"形曲线关系：激励强度过低，则激励措施对于主体的激励效果不明显，造成无效激励或低效激励；激励强度过高，则会放大考核指标的"伪量化"、激励规则刚性、惩戒性激励手段的强禀赋效应等对激励效果的影响，造成激励扭曲；只有将激励强度设置在最优解附近的合理区间，才能取得好的激励效果。[③] 激励强度可以通过"激励强度 = 期望值 × 目标效价"的公式确定。[④] 在城市边缘社区，由于治理资源相对缺乏，公共服务处于供不应求的"拥挤"状态，期望值始终保持高位，激励强度要控制在合理区间主要通过调整目标效价实现。以深圳市住房保障署对 L 社区物业管理公司的满意度考评监督为例，对于与居民人身财产安全和居住权益保障直接相关的公共服务内容，如社区安全管理、电梯维护、房屋及附属设施维修，可以通过"一票否决"的刚性考核制度设计，提高目标效价，

① 唐清利：《公权与私权共治的法律机制》，《中国社会科学》2016 年第 11 期。

② 声誉是指基于行为主体过去的经营业绩评价而形成的对现在的一种价值评价信号。参见张彦华《网络社群声誉激励机制对公共决策的影响及治理》，《社会科学辑刊》2020 年第 6 期。

③ Bohte J., Meier K. J., "Goal Displacement: Assessing the Motivation for Organizational Cheating", *Public Administration Review*, Vol. 60, No. 2, 2000, pp. 173 – 182.

④ 杜维超：《法治建设成效纳入政绩考核的问题及建议——一个激励理论的视角》，《内蒙古社会科学》（汉文版）2019 年第 6 期。

增强负向激励强度，保证激励效果；对于资源缺乏、规范缺位和技术缺陷等客观原因造成的公共服务不足，如社区停车位不足、门禁管理不严，可以根据情况放松考核要求，降低目标效价，减弱负向激励强度以防止出现违背提升公共服务质量和效率初衷的激励扭曲现象。并且，住房保障署需要根据考评监督中发现的客观情况，及时向物业管理公司提供相应的支持，进行正向激励，如改造公租房公共空间、增加停车位，或改革门禁管理制度，或升级门禁识别技术。

第二节　治理行动：决策与执行机制优化

随着市场经济的发展和快速城市化，城市边缘社区成为城市外来人口、中低收入者及住房困难群体等流动性较强而参与能力较差的边缘人群的聚集地，治理资源缺乏，与基层政府、相邻社区之间的逐步隔离而陷入孤立，自身内部不同居民群体之间强异质性也导致了陌生化倾向增强。这使得城市边缘社区居民难以在短期内真正从基于行政区划形成的聚居群体演变为具有主体性和自觉性集体行动能力的共同体。相应地，城市边缘社区三治融合的治理行动往往不能以稳定的治理过程展现，而是经常被表现为行政动员的行政任务下发和行政干预介入"截"为阶段性、临时性、行政化、碎片化的个别片段，或者因为社区多元治理主体的积极性不足而变成有始无终、久拖不决、时易事变、步骤跳跃的零散行动。如果没有稳定连贯的行动过程，那么三治融合的治理方式无从充分运用，通过治理方式相互融合追求的善治目标自然也不可能实现。从Q、M、L三个样本社区三治融合的治理实践来看，以往单纯依靠行政力量的"国家—单位"纵向垂直式行政管理模式下，将城市边缘社区治理视为政府管理过程的逻辑已经难以适应实践需要。城市边缘社区善治实现所需要的是多元共治主体自觉而积极地参与三治融合的行动过程。这就需要优化城市边缘社区的民主决策程序和联动执行机制，保证城市边缘社区三治融合行为过程的连贯性。

一　优化民主决策程序

民主决策是城市边缘社区三治融合行动的起点。没有决策就无法执行，决策错误会引发执行错误，最终导致城市边缘社区善治目标落空。优化城市边缘社区三治融合行动，首先就要优化民主决策程序。Q、M、L 三个样本社区三治融合的实践表明，社区民主决策程序的核心是联席会议，而联席会议在召开、议事和决策时存在的政治弱化、参与不足和随意涣散问题是制约城市边缘社区三治融合实践成效的根本原因。所以，优化社区民主决策程序的关键是让联席会议充分发挥协商民主自治的功能。具体而言，可以从以下三个方面着手。

第一，确定由社区党组织根据城市边缘社区治理的具体事项召集其他社区治理主体参与联席会议的程序，强化社区党组织领导的党建网格对联席会议的政治引领。当下基层社会治理出现了"去政治化"现象，政治基础弱化，究其原因是社区治理缺乏权威领导和正确政治方向的引领。[1] 社区作为国家治理的基本单元，是国家行政公权与群众自治权交接的末梢。如果社区治理"去政治化"就是将国家权力从末梢拔起，显然与国家治理体系和国家治理能力现代化之走向背离。尽管西方学者提出"非公民文化"理论，认为在强志愿主义的社会环境下，社会治理可以不通过公民社会组织而由高度个性化、松散的志愿行动自给公共服务来实现，但多数学者还是认为政治化的公民治理才能实现社区的有

---

[1]　张明皓、豆书龙：《党建引领"三治融合"：机制构建、内在张力与优化向度》，《南京农业大学学报》（社会科学版）2021 年第 1 期。

效治理①，社区治理的关键力量还是组织协商民主决策的社区党组织和参与协商民主决策的积极居民。在我国的城市边缘社区，善治是一种有序政治基础上的善政，是党领导下的群众性政治活动。正如前文所述，基层群众自治不仅是公民治理的表现，也具有群众自治的意蕴。居民既是参与基层政治活动的积极公民，也是在党的领导下塑造社区治理秩序的人民群众。社区大党委作为社区决策的领导核心，是由社区党组织牵头，通过吸收辖区内的企事业单位的党员干部成为委员或兼职委员的方式，建立协调社区党建和社区治理工作的社区基层党组织。在社区大党委的领导下，通过社区党建，形成纵向覆盖到底、横向延伸到边的党建网格，形成类似武汉市 Q 社区从社区大党委到党员中心户的五个层次的基层党组织体系。由党组织根据城市边缘社区治理的具体事项召集联席会议，为社区内从居民小组评议到网格议事再到社区大党委联席会议提供政治引领，让社区决策过程有政治权威领导和正确的政治方向引领，使社区治理免于基层社会治理政治基础弱的弊端。

第二，以居委会成员为联席会议的稳定成员，遵循居委会的会议议程进行社区决策，通过以居委会为主体的交叉任职和居民自组织保证决策的组织性和议题集中于社区公共事务。联席会议本身是一种集体行动。集体行动理论表明，尽管集体行动不能完全消除行动者的组织成本，但提高行动者的组织程度是降低组织成本的一种有效方式。居委会作为行动中枢，其组织社的程度决定着决策进行的成本以及决策的民主性和科学性。虽然民选街聘保证了社区精英能够以民主和法治的方式组成居委会，但是受到社区治理权力和治理资源配置的约束，居委会并不总是能够实现对社区的有效组织。由于社区社会组织的发展主要依赖于社区自身拥有的可支配资源，治理资源贫乏的城市边缘社区，居委会

---

① ［美］理查德·C. 博克斯：《公民治理：引领 21 世纪的美国社区》，孙柏瑛译，中国人民大学出版社 2012 年版，第 2 页。

拥有的可支配资源少，社区社会组织发展程度较低，社区治理资源获取的方式主要依赖住房保障政策支持、公益招投标、政府购买服务等政府资源输入，居委会有效组织社区必然带有较强的行政化色彩，社区决策过程当然也呈现出"对上负责"的特征，甚至会被行政权力直接干预。在社区治理资源难以在短期内发生根本改变的情况下，城市边缘社区需要找寻对政府资源依赖度较低的有效组织社区的途径，以保证为社区决策的联席会议能够向协商民主自治的本质回归，形成稳定的联席会议议程。具体而言，主要有两种途径：其一，交叉任职，即在社区项目、社区组织（包括社区社会组织、物业管理公司和运营机构）和社区组织成员三个层面，由居委会成员担任社区组织重要成员的同时，也将社区组织的重要成员吸纳到居委会中担任委员或兼职委员，让原本行政上互不关联、管理上条块分割的社区组织能够以居委会为中心枢纽实现决策过程中的信息互通和资源共享；其二，居民自组织，即居委会发挥自组织功能，以居委会成员为主干组织或由居委会支持，将积极居民组织起来，积累社区社会资本，让居民能够自发组织成立各种社区社会组织，然后由自组织的负责人参与联席会议，保证协商民主参与能够发挥实质民主的功能，保证联席会议能够将议题集中于居民关注的社区公共事务。

第三，在遵守正式规范的前提下，以社区非正式规范、社区联席会议程序性规范，指引并约束联席会议的"提议—协商讨论—决议"全过程。我国《宪法》和《居委会组织法》为联席会议供给了正式的组织法规范，但是其高位阶决定了内容缺乏详细的操作性规范。党的十八大以来，国家强调要严格按照"重心下移、资源下沉、权力下放"的基本原则理顺条块关系，推进基层社会治理体制改革。《中共中央　国务院关于加强和完善城乡社区治理的意见》《国务院关于加强和改进社区服务工作的意见》《民政部关于进一步推进和谐社区建设工作的意见》等文件为城市边缘社区联席会议提供了公共政策支持，但是对于社区决策究竟如何做出仍然规定得不够详细。城市边缘社区联席会议由于缺乏明确的程序指引和规范约束，存在协商随意性强、民主性弱的决策形式化风险。例如，三个样本社区居委会主任实质上是"一肩双挑"，甚至是"一肩三挑"，同时担任书记、主任和社区服务站站长。在这种情况下，如果在社区决策过程中不以议事规范加以约束，极易导致"一言堂"，从而使联席会议失去协商民主自治的意蕴，反而压制了社区自治的发育。这就需要在社区公约、社区内部制度和管理规范中确定联席会议民主决策的基本原则（如民主原则、参与原则、公开原则、效率原则）和具体程序（如联席会议程序指引、居委会决议规范、社区领导人的权力清单制度），保证《居委会组织法》第11条"居民委员会决定问题，采取少数服从多数的原则"的规定能够真正在社区联席会议中得到落实。

二　优化联动执行机制

联动执行机制是城市边缘社区三治融合行动的关键。从Q、M、L三个样本社区三治融合的治理实践来看，社区联动执行程序的主体部分是在"三社联动"下社区党组织领导的居委会、物业管理公司和运营机构的三方联动。当前，城市边缘社区内多元主体在社区决策执行过程中的联动存在行政权与自治权纠缠、联动参与方分工和专业化不足的问题，导致一些社区决策形同虚设，作为决策目标的社区善治当然也得不到实现。因而，优化城市边缘社区三治融合的治理行动，需要在街居共同体和城市边缘社区两个层面优化联动执行机制。

首先，在街居共同体层面，应当建立政社合作"三社联动"的社会支持机制。2013年民政部、财政部《关于加快推进社区社会工作服务的意见》中明确提出"三社联动"工作要求，即以社区、社会工作者、社会工作人才为主体的新型管理方式。其最大特色在于解决问题中的多主体性，有利于发挥各主体的优势，共同推动社区的发展，最终实现社区善治的目标。尽管对于三社联动中的"社区"概念，存在专指社区居委会，特指社区党组织和社会居委会等正式治理主体和泛指各类行动主体三种不同的理解①，但不同观点的共识在于，"三社联动"并不能简单地在社区内理解，而是意味着政社合作和三社联动共同构成了两个联动的"双层闭环"结构。前者是宏观制度和政策设置的"大闭环"，后者是社区治理主体协同的"小闭环"。② 在城市边缘社区，"大闭环"中极易产生的问题是行政任务和行政干预的"嵌入"或"内部化"，导致行政事务的风险和责任实质向社区治理转移。政府将社会组织作为解决自身遇到的难题的"借道"机制③，导致三社联动事实上成为面向社区碎片化和零散化问题的解决机制。④ 为解决此问题，就需要在街居共同体中，建立权责一致的"权随事转，权随责走"和行政责任最终兜底机制。这种责任兜底机制能够促使政府将其在社区治理过程中的角色定位由"划桨"变为"掌舵"再变为"服务"，不仅关注社区居民的公共需求，更注重社区内信任和合作关系的构建与维系。⑤ 政府以法治化的方式为社区社会组织成长、社会资本培育、协商民主自治提供必要的制度保障和资源支持，事实上是一种政社合作"三社联动"的社会支持机制。在"大闭环"的影响下，"小闭环"中常常出现的问题则是缺乏常态化的社会支持机制，导致三社联动流于形式或难以为

---

① 王思斌：《如何理解"三社"联动》，《中国社会工作》2015 年第 13 期。

② 方舒：《协同治理视角下"三社联动"的实践反思与理论重构》，《甘肃社会科学》2020 年第 2 期。

③ 黄晓春、周黎安：《政府治理机制转型与社会组织发展》，《中国社会科学》2017 年第 11 期。

④ 关爽：《城市社区治理中"三社联动"的发展条件与支持体系建设——基于治理情境的分析》，《华东理工大学学报》（社会科学版）2019 年第 6 期。

⑤ ［美］珍妮特·登哈特、［美］罗伯特·登哈特：《新公共服务：服务，而不是掌舵》，丁煌译，中国人民大学出版社 2004 年版，第 43 页。

继。因此，三社联动需要建立"自下而上"的社会支持机制，即社区公共服务应当由多元主体共同参与行动，发挥居民及其组织或参与的社区社会组织的主体性作用。

在城市边缘社区层面，应当形成党组织领导下居委会、物业管理公司和运营机构的三方联动执行机制。社区党组织不仅领导着城市边缘社区的决策，也领导着决策的执行。在常态下，社区内的居委会、物业管理公司和运营机构相互独立、互不统属，在"对上负责"的惯习影响下，由于三者的"上"并不总是一致的，容易各行其是而互相掣肘。这就需要党组织通过"党建＋"的方式引领三社联动的政治方向，使三治融合实践形成合力，在解决问题的过程中逐渐形成常态化的三方联动执行机制。面临非常状态时，社区居委会、物业管理公司和运营机构要迅速发挥各自职能，以便有效应对紧急状况，必须由具有政治权威的社区党组织作为"主心骨"领导各方行动主体，调度使用各项资源，迅速而有序地行动。三方联动的关键问题在于居委会、物业管理公司和运营机构在执行过程中的权责不清晰。在共同行动中，三方往往有外部统一性和整体性，但是内部的分工及各自的专业化却不足。分工和专业化是协同治理的前提条件：一方面，居委会、物业管理公司和运营机构应当明确在执行过程中各自的职责范围，根据社区三治融合的规范体系，通过联席会议的协商对话，确定各自的分工及责任；另一方面，居委会、物业管理公司和运营机构都需要组建和培育专业化的工作队伍，并在执行过程中根据需要共同组建服务队伍，必要时可以吸收社区社会组织和驻区单位的成员加入，为居民提供公共服务。武汉市 Q 社区的"天天敲门组"和重庆市 M 社区的"专职网格员＋社区工作人员＋志愿者"的服务队伍都是分工相对明确的专业化服务队伍，体现出三方联动执行机制的积极效应，其成功经验值得其他城市边缘社区学习。

第三节 治理效能：三治功能优化

城市边缘社区善治的实现，以三种治理方式在组合结构基础上形成有机融合的功能结构为必要条件。根据功能要素与功能结构关系的一般理论，功能要素的优化能够显著提升功能结构整体的效能。在三种治理方式有机融合的功能结构中，通过优化自治、法治、德治各自的功能，能够使三治融合的治理效能提升，实现社区善治改进。城市边缘社区三治融合的结构化理论表明，三治功能应当向着强化各自功能的方向优化，才能深化三治的融合程度，如图5-5所示。当前，城市边缘社区产权弱关联、异质性强和行政性强的特点分别导致了三种治理方式存在自治基础不够稳固、法治保障不够彰显、德治引领不够充分的问题，进而使城市边缘社区三治融合面临治理方式融合性有限的挑战，社区善治水平较低。在城市边缘社区的产权、居民和行政干预情况难以在短期内发生根本性改变的情况下，要改进城市边缘社区善治水平，就需要优化自治、法治、德治的功能，深化三种治理方式的有机融合，提升城市边缘社区的治理效能。

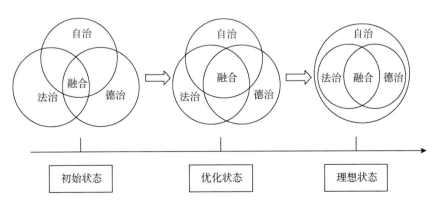

图5-5 三治功能优化关系

一 以社会资本稳固自治根基

在城市边缘社区自治、法治、德治有机融合的功能结构中，自治是"动力系统"，是法治和德治的基础。要深化三种治理方式的有机融合，提升城市边缘社区的治理效能，首先需要稳固自治根基，为三治融合的治理实践提供源头活水和不竭动力。从 Q、M、L 三个样本社区三治融合的治理实践来看，自治根基不稳集中表现为协商民主自治形式化的居民"弱参与"困境。学者们普遍认为，社会资本理论为破解居民"弱参与"困境提供了一种整合性、包容性的思路。培育社会资本是稳固自治根基的关键路径。在社会资本理论中，对于社会资本来源的主导模型是"托克维尔解释模型"，认为社会资本的产生是一个自下而上的过程，并且志愿性团体是创造信任和互惠的关键主体。① 也有学者指出，"托克维尔解释模型"对于社会资本如何从非合作的状态中被创造出来缺乏解释力，并提出"引导程序"即正式或非正式的社会网络，作为该模型的补正。② 结合城市边缘社区三治融合的实践样态和善治理路，"引导程序"是培育结构型社会资本和培育认知型社会资本③，巩固自治基础地位的重要途径。

社会资本根植于社会网络关系，可以根据以自我为中心和以社会为中心两种研究视角分为个体性社会资本与集体性社会资本。前者关注个体行动者如何通过与他人的互动关系获得资源，后者则分析集体如何供

---

① 方亚琴、夏建中：《社会资本的来源：因果解释模型及其理论争辩》，《学术交流》2013 年第 9 期。

② ［英］保罗·F. 怀特利：《社会资本的起源》，冯仕政译，载李惠斌《社会资本与社会发展》，社会科学文献出版社 2000 年版，第 45—76 页。

③ 社会资本包括结构型社会资本和认知型社会资本。前者指规范、程序和先例等社会规范体系形成的社会网络，后者则指共享的价值、信任、态度和信仰等主观性观念内容。张欣：《中国法律制度公共产品的供给和需求研究》，《兰州学刊》2013 年第 5 期。

给公共物品以提高社区治理的成效。[1] 显然，在城市边缘社区内稳固自治基础地位，所欲培育的认知型社会资本和结构型社会资本，都是以社会为中心的集体性社会资本。在此意义上，居民参与城市边缘社区三治融合的治理过程中互动交往形成的社会网络关系，以及基于这种社会网络关系形成的互惠和信任正是逐步积累的集体性社会资本。互动交往不仅需要居民主观的交往需求，也要求客观的结构性条件为社区互动行为提供外部性支撑。[2] 社会资本的形成依赖于稳定的社会网络关系。但是，社会转型背景下城市边缘社区居民的异质性和流动性增强，社会关系网络急剧变迁，引发了传统社会资本流失，居民主观的交往需求下降，客观的结构性条件遭到破坏，现代社会资本孱弱且储蓄缓慢。在"引导程序"中，自下而上的认知型社会资本培育途径是通过社区多元治理主体自发的集体行动，激发并满足居民互动的交往需求，为结构型社会资本的形成做社会生活准备；自上而下的结构型社会资本培育途径则是通过社区多元治理主体的组织化，创造并维持居民互动的客观条件，为认知型社会资本的积累做制度结构支持。以下分述之。

自下而上的认知型社会资本培育途径关注城市边缘社区内自发的集体行动所积聚的信任和互惠关系，以社区党组织、居委会和社区社会组织引领的居民有序参与为核心。武汉市 Q 社区的"天天敲门组"、重庆市 M 社区的楼层互助和深圳市 L 社区的物业服务沟通群都是以社区内自发的集体行动积聚信任和互惠的表现。集体行动的选择性激励原则表明，在城市边缘社区内，社区党组织、居委会和社区社会组织是先行动的"关键群体"，承担了先行动的额外成本，为后续的居民参与提供"便车"，以便形成居民有序参与协商民主自治的行动序列。这就要求

---

[1]　方亚琴、夏建中：《社区治理中的社会资本培育》，《中国社会科学》2019 年第 7 期。
[2]　方亚琴、夏建中：《社区治理中的社会资本培育》，《中国社会科学》2019 年第 7 期。

城市边缘社区在培育社会资本时抓住"关键群体"：一方面，注重发挥社区党组织、居委会和社区社会组织中精英群体的社会资本优势，由精英群体引领和带动积极居民和普通居民依次参与三治融合的治理实践，建立居民与精英群体之间的互信、互惠关系，防止出现"精英替代"等"精英治理极化现象"，影响协商民主自治的后续参与，使社会资本得以持续积累；另一方面，依托社区党建网格体系，由党员中心户和积极居民与邻里之间的互动形成情感支持、群体认同感和社区归属感，逐渐实现异质性居民的社会融合，减少对外排斥的程度，将居民之间的社会资本存量转化为自主行动的力量。

自上而下的结构型社会资本培育途径关注城市边缘社区外部社会所形成的稳定社会结构，关键是关注社会规范体系的组织化。在城市边缘社区内，无论是公租房的产权还是配套设施及相关服务都属于公共资源，即"不能在消费群体之间进行分割而由群体共享的那部分资源"①。运用公共资源生成的社会资本当然需要公共规范对相关权利义务进行清晰的界定，为社区秩序、权威认同以及集体行动提供制度基础。② 这种制度基础所需要的结构型社会资本，可以从城市边缘社区多元治理主体依据非正式规范的自组织化和正式规范约束下的政府干预组织化两种渠道得到培育。

其一，面对"主体越多，就越倾向于不负责任"的趋向③，重视城市边缘社区党组织和居委会对于社区社会组织的领导和组织，以非正式规范将社区社会组织有效地组织起来，借助其各种公共服务活动提升社区凝聚力、认同感和归属感。一般认为，"志愿性组织的类型、性质、

① 黄平、王晓毅：《公共性的重建：社区建设的实践与思考》（上），社会科学出版社2011年版，第208页。
② 张静：《现代公共规则与乡村社会》，上海书店出版社2006年版，第29页。
③ Stephen Bell, Andrew Hindmoor, *Rethinking Governance: The Centrality of the State in Modern Society*, Cambridge: Cambridge University Press, 2009, pp. 51–54.

内部结构及成员的参与水平影响其生产社会资本的能力"①。尽管在行政管理意义上，社区社会组织按照其登记情况和主要活动范围被划分为公益类、互益类、综合类，或者文化娱乐型、公共服务型和慈善公益型等不同类型，但在城市边缘社区三治融合的治理实践中，社区社会组织往往都是综合类和公共服务型的，既为居民提供文化娱乐服务，也可以发挥公益性作用，甚至可能是自发的未注册的志愿团体。因此，城市边缘社区党组织和居委会对于社区社会组织的领导和组织，应当采取广泛而包容的态度，依据社区非正式规范将各类可组织的居民团体都纳入其中。例如，在武汉市 Q 社区内，居委会根据社区关于社会组织管理的内部规定，统一确定社会组织（特指活动范围不限于本社区的社会组织）、社区社会组织和未注册志愿团体的入驻流程，以《入驻协议》实现社区内各类社会组织（泛指社区内各类可组织的居民团体）的自组织化，并由社区内的社会组织孵化器将未注册志愿团体孵化为社区社会组织，并扩大其规模，优化社区社会组织的结构，如图 5－6 所示。通过提高社区社会组织成员参与三治融合实践的水平，实现结构型社区社会资本的培育。

其二，城市边缘社区内治理资源贫乏限制了社区网络的发展，仅仅依靠社区内多元治理主体的自发组织无法完成社会资本的充分积累，还需要政府在正式规范的约束下通过直接或间接的干预强化党政体系对于多元治理主体的组织程度，扩展居民参与协商民主自治的场域和渠道。学者们认为，在城市边缘社区这种居民缺乏自组织以及自治能力的社区中，国家力量介入是社区社会资本形成的重要结构性条

---

① Dietlind Stolle, "Clubs and Congregations: The Benefits of Joining an Association", in Karen S. Cook ed. , *Trust in Society*, New York: Russell Sage Foundation, 2001, pp. 202–244.

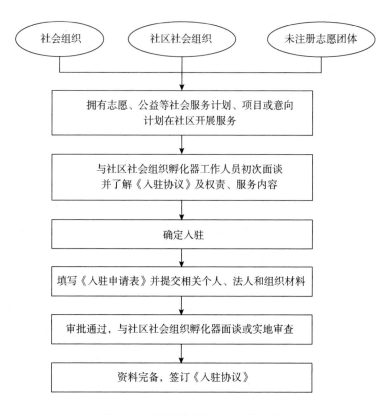

图 5－6 社区社会组织入驻的流程

注：本图由笔者根据武汉市 Q 社区简介中的社区社会组织入驻流程图处理后制作而成。

件。① 如果将街居体制纳入国家治理体系进行观察，那么城市边缘社区作为多层级系统的最基层和末梢，要发挥多元主体的治理效能，必须有明确的自治权授予。以组织化和专业化为两个维度，党政体系对社区的组织模式有科层组织、大众动员、民主参与和社会工作四种模式。② 培育社会资本的理想状态既要有"规定动作"形成稳定的政治

---

① 燕继荣：《社区治理与社会资本投资——中国社区治理创新的理论解释》，《天津社会科学》2010 年第 3 期。

② 刘春荣：《社区治理与中国政治的边际革新》，上海人民出版社 2018 年版，第 180 页。

秩序，也要有"自选动作"创新的发展活力。因而，四种模式中并无唯一的最优解，而是根据社区公共事务的性质和特征存在不同模式组合的可行解。例如，城市边缘社区的新冠疫情防控需要组合科层组织模式与大众动员模式，社区党组织领导下居委会、物业管理公司和运营机构联动的专业化防控和动员社区居民广泛参与的群防群控都不可或缺。如果仅仅从街居体制自身观察，为避免国家力量介入，使社会资本培育的"引导程序"演变为"终结程序"，政府应当作为"扶持者""引导者""动员者"，扮演"间接培育者"的角色。① 一方面，以政府的行政公权力和自治权授予保证党政体系对社区的组织有效，保证自上而下的结构型社会资本得到培育；另一方面，以正式规范约束和克制政府对社区各种公共事务治理都要控制或主导的直接干预，尽量让政府通过为社区治理主体充分赋权的形式实现间接干预，遵循社区社会组织等多元主体自身成长的规律，从而巩固社区自治的基础地位。

二　以纠纷化解彰显法治保障

在城市边缘社区自治、法治、德治有机融合的功能结构中，法治是"控制系统"，为自治和德治提供保障。深化三种治理方式的有机融合，提升城市边缘社区的治理效能，还需要将专业性的司法过程附和于自治，并与德治相结合，以纠纷化解彰显法治保障。从 Q、M、L 三个样本社区三治融合的治理实践来看，法治保障不够彰显，集中表现为社区法治实施难以有效化解社区纠纷。因而，需要以纠纷化解彰显法治保障。纠纷化解不同于纠纷解决，纠纷解决重点在"决"，强调具体纠纷处理的结果，以纠纷处理完毕作为结束，并且不关注纠纷处理的手段；

---

① 方亚琴、夏建中：《社区治理中的社会资本培育》，《中国社会科学》2019 年第 7 期。

纠纷化解重点在"化"，既强调在处理具体纠纷的过程中应当注重选择合适的手段，也关注具体纠纷处理的"教化"作用和"预防"功能。纠纷解决是纠纷化解必要的基础状态，纠纷化解是纠纷解决的优化状态。以系统论观之，有机系统的最重要功能是自我调节，一个系统的有机性程度就取决于它的自我调节程度。[①] 法治化解城市边缘社区纠纷强调规范实施在有效解决纠纷的基础上，能够发挥预防纠纷的自我调节作用。

社区纠纷解决作为基层司法活动，表现为社区纠纷调解机制，是街居科层制安排外有效处理社会公共事务且与之互补的法治方式。虽然"司法过程不像自动售货那样简单"[②]，社区纠纷解决具有司法过程的专业性，但是法治要充分发挥自我调节功能，必须在保持专业性的基础上，附和于自治，并与德治相结合，以保持其整体性。从武汉市 Q 社区纠纷调解可见一斑：一方面，将简单纠纷调解附和于"天天敲门组"的实践中，将矛盾化解法作为天天敲门 18 法之一，吸收"顺顺吧"的调解工作者、值班律师作为"天天敲门组"成员，借由社区自治组织开展自治活动，上门入户及时为居民调解家庭矛盾，化解群众邻里纠纷，保持社区和谐的政治秩序；另一方面，与德治相结合，建立"顺顺吧"工作制度、矛盾调解室工作制度和社区律师工作制度，对较为复杂的纠纷，按照"纠纷受理—调解准备—实施调解"一般性程序综合运用情理和法理展开调解。若顺利结案就达成调解协议、督促协议履行并及时回访，而未达成协议的复杂纠纷，则终止调解并寻求社区内调解之外的其他终局性纠纷解决途径，如图 5-7 所示。

---

① 杨耕：《马克思主义哲学基础理论研究》，北京师范大学出版社 2013 年版，第 261 页。

② ［美］本杰明·N. 卡多佐：《法律科学的悖论》，劳东燕译，北京大学出版社 2016 年版，第 9 页。

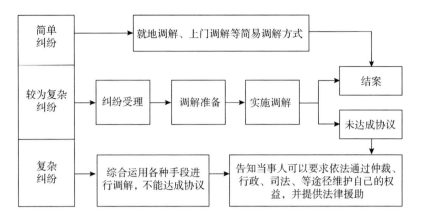

图 5-7 城市边缘社区纠纷调解机制

以纠纷化解彰显法治保障还需要城市边缘社区的规范实施,才能够发挥预防纠纷的自我调节作用,为城市边缘社区多元治理主体的共治提供根本性的程序、制度和矫正保障,实现对三治融合实践活动的自我调节。这就意味着城市边缘社区规范应当在实施过程中得到重塑,使法治超越工具主义理念,逐步克服"因人因事选择性执行"的规范实施特别化和"一事一规定,有事就规定"的规范实施碎片化等制约法治功能优化的困境,实现工具理性与价值理性统一的法治。首先,应当坚持法治的工具理性,将规范的有效实施作为实现城市边缘社区善治的举措,提高规范实施与善治对法治发挥纠纷解决功能的契合程度;其次,不能忽视法治的价值理性,坚持规范实施的一般性,将规范有效实施、预防城市边缘社区纠纷作为满足社区善治秩序性需求的表现;最后,应当统一工具理性与价值理性,将法治从"最低限度的法治"① 向"整体

---

① 法学学者一般认为,"最低限度的法治"有以下四个方面的要求:一是法治以现代立法民主为基础、以公共利益为导向的良法善治;二是强调法律规范在政策、道德、乡规民约等多元社会治理体系中的主导地位;三是社会管理者应在法律的界限内履行日常职责,注重运用法治思维和方式推进各项改革;四是通过司法过程化解社会矛盾,维护社会公平正义。封丽霞:《大国变革时代的法治共识——在规则约束与实用导向之间》,《环球法律评论》2019年第2期。

性法治"提升。当前，城市边缘社区法治提升途径的症结在于，社区公共事务难以完全纳入科层体系，制约了社会法治建设，而实践表明"如果基层继续卷入科层制的牢笼，那么其必然越发脱离群众"①，反而不利于社区善治实现。这就要求规范实施必须建构一种科层制安排之外、能够有效处理社会公共事务，并且与科层制没有根本性冲突的法治，以强化法治的保障功能。

三　以公共精神倡导德治引领

在城市边缘社区自治、法治、德治有机融合的功能结构中，德治是"导航系统"，是自治和法治的先导。要深化三种治理方式的有机融合，提升城市边缘社区的治理效能，应当倡导德治引领。从 Q、M、L 三个样本社区三治融合的治理实践来看，德治引领不够充分的原因在于社区公共精神缺失。公共精神是"在考虑个人利益之外，期待参与共同体行动的意愿"②，"生成于有着个人权利、自由和责任的积极而真实的社群生活或公共生活"③ 的公共道德。根据学者归纳，公共精神具有以个体人格独立为前提、以公共理性为基础、以公共关怀为精髓、以公共交往规则为客观条件四项内涵。④ 理想状态下，社区内充盈的公共精神能够充分发挥德治的先导功能，为自治和法治引领向善的伦理方向，提出更高的道德追求，营造和谐的文化环境。现实情况是，在城市边缘社区内，社会结构的急速变迁使熟人社会解构为陌生人社会，传统道德赖以存续的既有内生机制难以继续顺畅地生成适应当下需求的公共交往规

---

① 欧阳静：《乡村振兴背景下的"三治"融合治理体系》，《天津行政学院学报》2018年第 6 期。

② ［英］保罗·霍普：《个人主义时代之共同体重建》，沈毅译，浙江大学出版社 2009年版，第 81 页。

③ 袁祖社：《"公共精神"：培育当代民族精神的核心理论维度》，《北京师范大学学报》（社会科学版）2006 年第 1 期。

④ 吴飞飞：《论中国民法典的公共精神向度》，《法商研究》2018 年第 4 期。

则，公共精神已经是现代政治伦理和社会治理的稀缺资源。① 要倡导德治引领，就需要从以下三个方面提振城市边缘社区的公共精神。

第一，重新塑造城市边缘社区居民"共建共治共享"的集体主义观念。公共精神是立基于个体成员向善性而又超越个体成员个人心理意识的公共理性，是一种相对稳定的观念结构。向善性不仅包括对善恶熟识的正确思想，也包括对有关善恶事件的感受状态。② 我国现代公民的公共精神根植于传统文化土壤，具有自身文化特质而又深受西方近代文化影响，二者交汇时相互碰撞，造成了集体主义与个体主义的冲突。城市边缘社区内，集体主义道德观念的缺失和个人对基于经济的社会身份地位的过分关注导致了城市边缘社区被"污名化"，产生了居住隔离和居民的离心倾向。因此，需要重塑城市边缘社区居民"共建共治共享"的集体主义观念。当然，重视集体主义道德观念不能矫枉过正，需要采取包容多元的道德文化环境，将利己的个体主义和利他的集体主义有机结合起来。对城市边缘社区内居民异质的个性既不能如传统专制主义的"一准乎礼"，也不能如自由主义思潮的听之任之。简单地将部分人对善的认识强加于其他人，可能遭到对抗或者压制，反而会成为一种损害公共理性的恶。

第二，因循道德观念和道德规范形成的规律，将公共精神作为城市边缘社区社会规范所承载的重要道德理念，以社区公共规范作为公共精神的制度支撑。公共精神成为一种相对稳定的观念结构，得益于其作为道德观念的内在稳定性和作为道德规范的外在结构性能够相互结合。从公共精神作为道德观念的内在稳定性角度来看，内生是一切伦理道德产生和发展的主要方式、真实途径，公共精神实质上是按照自身的内在属

---

① 欧阳静：《乡村振兴背景下的"三治"融合治理体系》，《天津行政学院学报》2018年第6期。

② ［美］J. M. 库珀：《柏拉图的人类动机理论》，冯乐译，《世界哲学》2020年第2期。

性来确定发展方向，而不是因循人为设定的某种路径。① 公共精神的本源动力是城市边缘社区居民公共理性的自然演进，而不是国家权威力量的刻意构建。这就意味着提振公共精神不能采取植入模式，由国家自上而下地确立某种整齐划一的道德模式并以强制力推行。从公共精神作为道德规范的外在结构性角度来看，德治要发挥三治融合的先导作用，必须与法治相结合并附在自治主线上，形成稳定的三治融合治理结构，表现为道德规范之治。现代德治的内生性决定了其功能是将"道德内化为社会普遍认同并得到社会成员自觉遵守的行为规范"②，即将公共精神嵌入特定的治理规范体系，以非正式的道德规范为形，以热心公共事务的参与意愿为神。面对当前城市边缘社区内软弱涣散、有私无公的精神状态，单纯的道德教化方式面临着双重挑战：其一，社区居民异质性强，对人的道德教化难以围绕某种特定的公共事务形成高度一致的认同感；其二，公共事务具体而琐碎，对事的道德教化不能完全覆盖社区居民。故在道德教化的基础上，还需要相对稳定的道德规范体系作为提振公共精神的制度支撑。

第三，通过积极而广泛的居民民主参与滋养公共道德。公共精神是一种现代性的公民美德，是以个体人格独立为前提的公共道德，体现着社区共同体基于居民民主自治形成的公意。近代以来，对于传统道德和国民性的反思之一就是公德缺失。梁启超先生曾感慨："我国民所最缺者，公德其一端也。"（《新民说·论公德》）在笔者看来，公德之所以在传统道德中无一席之地，关键原因在于，传统家国同构社会背景下的道德伦理虽然在形式上是公共性的，但这种道德伦理是封建专制主义的产物，本质上是属于少数统治阶级的私德，是压迫个体独立意志的统治工具。具体到基层社会，传统德治就是乡绅精英的私德之治，其中之公

---

① 李德顺：《普遍价值及其客观基础》，《中国社会科学》1998 年第 6 期。
② 陈蕴鸾：《乡村自治中现代德治精神的培育》，《甘肃理论学刊》2020 年第 5 期。

共精神寥寥无几，最终走向人治，公德自无产生的社会土壤。现代德治与传统德治相互区别的"根本分界线，在于对待人民的不同立场和态度"①。只有将体现着居民主体性的公共道德作为根本依据，才会有现代意义上的德治。城市边缘社区内，公共精神丰盈程度与居民民主参与程度具有极高的相关性，公共精神缺失与居民民主参与不足在当下形成了互相强化的恶性循环，导致了城市边缘社区公共精神的萎靡。积极而广泛的居民民主参与是打破恶性循环的必要前提。与公民美德相符合的友善、和谐、包容等传统道德文化能够增强城市边缘社区居民的情感认同和公共关怀，在当下需要传承发扬；与公民美德相背离、带有精英垄断主义的传统道德文化则有损社区公意之达成，在当下应当被抛弃。

第四节　治理秩序：治理规范优化

治理规范是三治融合不可或缺的要素，在秩序要素维度维持着城市边缘社区善治。正式规范与非正式规范互补互动形成顺畅衔接的规范体系是城市边缘社区三治融合的制度基础。城市边缘社区的产权关联弱制约了正式规范的实施，异质性强限制了非正式规范功能的发挥，行政性强加剧了规范体系的断裂，三者共同造成了城市边缘社区三治融合实践中治理规范衔接性不足的挑战，导致城市边缘社区难以实现低成本高稳定型善治。要实现城市边缘社区善治，就需要优化正式规范与非正式规范之间的协同机制，以正式规范补正非正式规范，以非正式规范拓展正式规范，拓扑治理规范的衔接性，保持治理秩序。从规范体系的产生方式、作用机制和运行方式来看，正式规范存在自上而下嵌入非正式规范的"社会化"过程，非正式规范则存在自下而上整合到正式规范的

---

① 罗国杰等：《德治新论》，研究出版社 2002 年版，第 9 页。

"国家化"过程。一方面，推动社区治理法治化进程，明确正式规范在社区治理的规范体系中具有决定性和根本性的强约束力，塑造一般性、普遍化的社会治理秩序；另一方面，在正式规范实施过程中与社区公约、管理规约相结合，听取居民意见，尊重社区习惯、社会公德，避免正式规范出现"恶法亦法"的执行状态，为城市边缘社区善治提供良好有效的规范体系。

一 以正式规范补正非正式规范

从 Q、M、L 三个样本社区三治融合的实践来看，正式规范不能得到有效实施，导致一些与国家住房保障法律、社会治理法律背道而驰的非正式规范事实上发挥了调整城市边缘社区三治融合治理活动的作用，导致非正式规范与正式规范的冲突。前文提出要构建协调二者的缓冲机制以减少二者的冲突。那么，应当如何构建二者的协调机制呢？首先，需要分析二者发生的原因。正式规范与非正式规范之间之所发生冲突，主要原因有二：其一，我国地域广阔，文化和生活方式多样，这就使得追求跨地域性、统一性的正式规范和根植于具体社群生活的非正式规范之间产生难以避免的矛盾；其二，当代中国法律内在逻辑是个人主义，在整个现代化的进程中以血缘关系、宗族关系、身份等级等为纽带的传统社群生活被逐步打破，社会更替的同时社会呈现出碎片化和多元化的特征，正式规范因此在应对多层次、多时空混合的社会碎片化和多元性时遇到了挑战。也就是说，正式规范与非正式规范在基础法理上的差异是导致二者冲突的深层逻辑。正式规范是出自国家的"法"，其基础法理是国家政治秩序，调整重要的、基础性的社会关系，在宏观意义上维护整个社会的一般秩序，如住房保障法律关系、租赁合同法律关系等；而非正式规范是出自社会的"法"，其基础法理是社会治理秩序，调整具体的、生活的社会关系，在微观意义上维护的是具体社会场域内的具体治理秩序。正式规范因其普遍调整性，对于具体治理秩序也具有较大影响，而非正式规范则一般局限于特定社会场域内，一般不会对国家政治秩序产生影响。当正式规范出于维护国家秩序需要强势介入非正式规范形成的具体治理秩序，进行二阶调整时，就会造成二者之间的冲突。

从正式规范与非正式规范发生冲突的原因来看，正式规范作为"元治理"依据，应当在二阶调整的过程中建立二者的缓冲机制——以正式规范补正非正式规范。正式规范对于非正式规范的补正主要包括"补"和"正"两个方面：一是"补"，就是确定正式规范为主导，维护正式规范的权威和尊严，保持国家法律在城市边缘社区的有效存在，以国家法律的二阶调整作为非正式规范的兜底性补充，通过法律实施调整城市边缘社区内各治理主体的行为，补充和吸收非正式规范；二是"正"，就是确定正式规范对城市边缘社区三治融合治理活动合法性的"最终判断权"，坚持"国家认可才可称为法"的判断标准，对于良莠不齐的社会规范去除其芜杂，保持非正式规范的优良性，让城市边缘社区也能够"良法善治"。例如，对于城市边缘社区内楼道堆放纸皮的情况，对于消防安全规定的变通执行其实是一种基于"法不责众"心理而形成的非正式规范。违法的人增多并不能赋予行为正当性，法律也不会因此而无效，只不过是为通融或者说适应众多违法行为而形成了在事实上取代法律的非正式规范。这种非正式规范能否维护社区善治所需的具体治理秩序，以及这种社会秩序是否符合国家政治秩序的要求，需要以正式规范作为最终判断标准。从国家公租房使用监管和消防安全管理的正式规范来看，楼道堆放纸皮虽然并不一定要承担严重的法律后果（如行政法律责任或刑事法律责任），但是违反了正式规范对于城市边缘社区使用秩序和消防安全的要求，这种变通执行形成的非正式规范应当被正式规范去除。

在正式规范补正非正式规范的过程中，其实正式规范也在进行自身

"反思"，进行内部体系整合的自我优化。正式规范作为决定性和根本性的依据，要在不同的城市边缘社区具有普遍的强制力和适用性，就面临内部体系的整合性问题。城市边缘社区三治融合的正式规范包括不同层级的规范性文件，仅全国性的正式规范就有《居委会组织法》《关于加快发展社区服务业的意见》《全国社区服务示范城区标准》《民政部关于在全国推进城市社区建设的意见》《国务院关于加强和改进社区服务工作的意见》《民政部关于进一步推进和谐社区建设工作的意见》《公共租赁住房管理办法》等；地方性的正式规范更加繁杂，如《武汉市公共租赁住房保障办法》《深圳市住房保障条例》《重庆市公共租赁住房管理暂行办法》等。如果这些正式规范之间关系不清、内容冲突、效力抵牾，则难以实现对于非正式规范的补正。例如《公共租赁住房管理办法》第3条明确了公租房的出租性质，而《重庆市公共租赁住房管理暂行办法》第40条则规定了公租房的出售，二者存在龃龉之处。在实践中，城市边缘社区面临房源紧张的情况，允许出售虽然可以强化城市边缘社区的产权关联，但是会加剧异质性（购房居民与租房居民），反而不利于社区三治融合实现善治。因而，在实践中，重庆市的出售规范事实上并未得到执行，住建部出台的《公共租赁住房管理办法》仍然是效力较高的正式规范。

二 以非正式规范拓展正式规范

在城市边缘社区三治融合的治理实践中，还存在非正式规范功能发挥受到限制的问题。这种正式规范和非正式规范各自实施和功能发挥受限导致了二者衔接的断裂，使城市边缘社区三治融合治理实践的规范体系不够健全，不仅增加了治理成本，还降低了治理稳定性，阻碍了城市边缘社区实现低成本高稳定型善治。因而，在以正式规范补正非正式规范的同时，还应当注重以非正式规范拓展正式规范，扩大非正式规范发挥作用的空间和能力。

制度经济学认为，制度变迁的路径存在强制性与诱致性两种。前者是指依靠政府命令和法律引入等具有强制性的方式来实现的制度变迁，后者则是指个人或群体为利益诱使，对现行制度进行变更。城市边缘社区的正式规范因其由人为设计产生，可以发生强制性制度变迁，也可以发生诱致性制度变迁；非正式规范则主要由群体实践、互动和演化产生，只能发生诱致性制度变迁。因而，城市边缘社区的非正式规范先于正式规范产生和变迁，正式规范保障非正式规范变迁。正因如此，法律学者认为，民间法可以通过主体自治的权利表达和权利推定、国家立法的认可和授权、地方立法及其变通，通过法律渊源的法律执行以及通过契约合作的公共交往的方式，结构于正式秩序①；社会学者提出"内生性制度化"的概念，主张正式制度在实践层面会因为主体间的互动而进行"非正式制度"的再生产，而这种再生产会反过来推动正式制度的自我修正和变革。② 根据制度变迁理论，在城市边缘社区内，以非正式规范拓展正式规范存在两种路径：一是根据正式规范的规定进行自上而下的城市边缘社区治理规范"续造"，即将正式规范的内容融入非正式规范的文本，借助非正式规范与实践情境的紧密联系，扩大非正式规范的调整空间；二是自下而上将非正式规范"正式化"，即将城市边缘社区的道德规范、自治规范等一些非正式规范转化为正式的法律规范，借助法律规范的强制性、程序性和普遍性保障非正式规范的调整能力。非正式规范调整空间和能力的扩大，从本质上说，是以非正式规范拓展了正式规范，让二者更好地衔接，形成一套互构的规范体系，保障城市边缘社区三治融合的治理秩序。

---

① 谢晖：《论民间法结构于正式秩序的方式》，《政法论坛》2016 年第 1 期。
② 肖瑛：《从"国家与社会"到"制度与生活"：中国社会变迁研究的视角转换》，《中国社会科学》2014 年第 9 期。

实践中，非正式规范拓展正式规范主要沿着第一种路径进行。例如，Q 社区通过在城市边缘社区管理正式规范的框架内，从"天天敲门组""顺顺吧""道德讲堂"等实践中的惯常做法和经验智慧中提炼出工作制度和文明公约等供社区各类治理主体遵守的非正式规范；M 社区由住房保障主管部门设立的房管中心根据《重庆市公共租赁住房管理暂行办法》的相关规定，在社区内制定了一整套关于公租房申请、使用和退出的管理规范，由居委会向居民解释和宣传，物业管理公司配合房管中心完成执行；L 社区以物业管理服务为中心，将《公共租赁住房管理办法》《深圳市保障性住房条例》《物业管理条例》的相关规定融入《住户管理规约》，并进行条文的精细化和可操作化改造，通过"软约束"实现公租房使用监管，通过物业管理公司的"契约化治理"和居民协商民主的方式"去行政化"，将住房保障主管部门的行政力量外部化，去除社区内治理活动的行政形式。第二种路径的意义还需要我们进一步发掘。例如，可以从 Q、M、L 三个样本社区三治融合的实践经验中总结出城市边缘社区治理的特别适用规范、一般适用规范和指引性规范，发挥"典型"的作用，使城市边缘社区善治趋同不仅依靠强制机制，也能从社会规范机制和模仿机制中得益；各级政府以及住房保障主管部门在起草新的住房保障法律法规或者城市边缘社区管理规范的过程中，可以适当吸纳城市边缘社区三治融合治理实践中形成的非正式规范内容，并征求城市边缘社区治理主体的意见。这是正式规范的民主立法原则要求，也是注重以非正式规范拓展正式规范的表现。

小　结

本章基于前文的分析研究，进一步从治理主体、治理行动、治理效能和治理秩序四个方面，针对城市边缘社区三治融合面临的挑战，提出三治融合实现城市边缘社区善治的优化机制。治理主体是城市边缘社区三治融合持续创新实现社区善治改进的活力来源。要激发并保持这种治理活力，就需要优化面向社区党组织、居委会、居民、物业管理公司与运营机构的一系列激励机制，激发并保持治理主体的积极性。城市边缘社区善治实现需要多元共治主体采取自觉而积极的三治融合行动，因而应当优化城市边缘社区的民主决策程序和联动执行机制，保证城市边缘社区三治融合行为过程的连贯稳定。三种治理方式在组合结构基础上形成有机融合的功能结构是城市边缘社区善治的必要条件，因而需要以社会资本稳固自治根基，以纠纷化解彰显法治保障，以公共精神倡导德治引领，深化三种治理方式的有机融合，提升城市边缘社区的治理效能。治理规范是三治融合不可或缺的要素，维持着城市边缘社区善治的秩序。城市边缘社区善治实现需要以正式规范补正非正式规范，以非正式规范拓展正式规范，拓扑治理规范的衔接性，保持治理秩序。

结　　论

　　当前东西方国家在政治合法性方面均遭逢严重挑战，人类政治合法性的基础正在发生重大、急剧且深刻的转型。善治成为政治合法性的重要来源以及走向善治成为政治发展趋势就是这种转型的突出表现。公共善作为政治合法性来源早有认识，如罗尔斯认为："公共善是政治正义观念对社会之基本制度结构的要求所在。"① 我国学者的研究进一步发现，在民主政治和公平原则之外，还有另一种合法性——善治，民主可以为政治供给程序合法性，而善治则可以为政治供给实质合法性。② 有学者甚至提出："政治发展的总趋势是走向善治"，"善治将取代西式民主成为人类在 21 世纪最重要政治合法性来源"。③ 当然，作为政治合法性的善治是一个相对宏观且抽象的课题，远非本书的研究所能承载。受到埃里克森在其《无需法律的秩序：相邻者如何解决纠纷》一书开篇所做的极富洞见性的陈述，"世界偏僻角落发生的实践可以说明有关社

---

① ［美］约翰·罗尔斯：《政治自由主义》，万俊人译，译林出版社 2000 年版，第 225—226 页。

② 姚大志：《善治与合法性》，《中国人民大学学报》2015 年第 1 期。

③ 俞可平：《敬畏民意：中国的民主治理与政治改革》，中央编译出版社 2012 年版，第 184 页。

会生活组织的中心问题"① 启发，本书在善治理论视角下，以武汉市 Q 社区、重庆市 M 社区和深圳市 L 社区三个样本社区为分析样本，从实践和理论两个方面研究了城市边缘社区三治融合治理之道。行文至此，笔者对本书的研究做简要总结：一方面，对本书的研究发现进行简要归纳，回应良法善治视角下城市边缘社区三治融合治理之道的问题，并做延伸讨论；另一方面，反思本书存在的局限，并在反思的基础上对研究略做展望。

一　多元合一的城市边缘社区三治融合治理之道

良法善治视角下城市边缘社区三治融合治理之道是对城市边缘社区三治融合面临的挑战做出的理论和实践回应。基于前文的研究，笔者发现无论是 Q、M、L 三个样本社区三治融合的实践样态，还是良法善治视角下城市边缘社区三治融合的关系构造，都表现出多元合一的特征。"多元合一"本身是一个经久不衰的哲学命题，是指事物由多个元素按照一定方式组合而成且具有独立形态、特有品性的基本特征。② 本书将城市边缘社区三治融合治理之道的特征归纳为"多元合一"，意指在城市边缘社区三治融合的"道理"和"道路"都呈现出"多元"与"合一"的辩证关系，表现出城市边缘社区多元治理与协同治理并行、适应性治理与整体性治理共存、治理活力与治理秩序兼备、治理灵活与治理稳定同在的善治状态。具体而言，城市边缘社区三治融合治理之道的多元合一特征主要体现在以下四个方面。

第一，城市边缘社区三治融合实践样态的模式多元与目标合一。一

---

① ［美］罗伯特·C. 埃里克森：《无需法律的秩序：相邻者如何解决纠纷》，苏力译，中国政法大学出版社 2016 年版，第 1 页。

② 赖阳春：《论"多元合一"——从对抗到和合》，《湘潭大学学报》（哲学社会科学版）2006 年第 6 期。

方面，Q、M、L 三个样本社区三治融合的实践表明，不同的城市边缘社区底色会形塑不同的三治融合治理模式。这些模式的本质差异集中表现为三种治理方式在有机融合时地位和功能的不同，而不是三种治理方式有或无、聚或散的简单组合式差异，更不在于三种治理方式相互融合状态的不同表述。不同城市边缘社区的治理资源情况不同，具有不同的社区底色，因而会存在多元化的三治融合治理模式。这些三治融合治理模式都能够在一定程度上实现城市边缘社区的有效治理，但是也都存在不足之处，需要进一步优化提升。另一方面，不同城市的边缘社区三治融合治理模式虽然有所差异，但都是为了实现最适宜本社区的"好"治理，并不断提升治理"好"的层次，实现城市边缘社区居民在"有所居"的基础上，能够"宜所居""安所居"，在共同的治理需求驱动下存在目标趋同于"善治"的现象。这种善治是实践性的、经验性的"有效治理"，是城市边缘社区社会生活和政治活动的良好状态，也是制度性的"好的治理"，是三治融合的城乡基层治理体系在微观基层社会的具体体现。

第二，城市边缘社区三治融合善治理路的多元合一。首先，城市边缘社区善治的类型由"多"向"一"改进。城市边缘社区善治以成本和稳定为两个变量，可以划分为高成本高稳定型善治、高成本低稳定型善治、低成本低稳定型善治和低成本高稳定型善治四种类型善治。比较而言，Q 社区的善治属于高成本高稳定型，M 社区的善治属于低成本低稳定型，L 社区的善治属于高成本低稳定型。城市边缘社区善治的改进方向是从"宜居"走向"安居"，即通过降低治理成本或者提高治理稳定性来实现低成本高稳定型善治。其次，研究范式由"多"向"一"归并。城市边缘社区善治研究存在社会中心主义、国家中心主义、国家与社会互动主义以及政党中心主义四种理论范式，城市边缘社区的善治研究应当根植于"强国家—强社会"的新理论范式，将国家与社会互动主义和政党中心主义相结合，既要看到国家与社会在城市边缘社区三治融合实现善治过程中的互动关系，也不能忽视党在这种关系中的政治核心地位。最后，理路由"多"向"一"整合。基于城市边缘社区善治的类型和理论范式，当前研究提出以"组合框"理论为代表的结构整合论，以"箱式治理"结构分析为代表的功能协同论，以"指数"三维模型为代表的系统衔接论三条理论路径。这三条理论路径存在共通之处，我们可以通过拓展这三条路径的分析模型，整合出一个具有包容性和解释力的结构化理论。

第三，良法善治视角下城市边缘社区三治融合关系构造的多元合一。在治理主体方面，城市边缘社区三治融合需要党组织、政府、居委会、居民、物业管理公司与运营机构等多元主体共治。这些治理主体的共治并非一种"去中心化"的分工合作式结构，而是以社区党组织为政治核心，以居委会为行动中枢，在上级党组织和政府高位推动下，以居民为最重要、最基本参与主体，将物业管理公司与运营机构作为重要治理协助者的"一核多元"共治关系。在治理方式方面，城市边缘社区三治融合需要自治、法治、德治三者以组合结构为基础，形成有机融合的功能结构。在这种功能结构中，自治是法治和德治的基础，法治是自治和德治的保障，德治是自治和法治的先导，呈现出从"三治结合"向"三治合一"有机融合的治理状态。在治理规范方面，城市边缘社区三治融合的规范体系是"法律多元主义"的，由正式规范和非正式规范共同构成。城市边缘社区善治的实现要形成以正式规范为"元治理"依据和以非正式规范作为"软法"的治理规范互补互动关系，形成"多元统一"的规范体系。相应地，三治融合实现城市边缘社区善治的机制优化虽然可以从治理主体、治理行动、治理效能和治理秩序等维度，以多种多样的方法进行，但是这些机制优化统一于在实现城市边缘社区基本型善治的基础上实现城市边缘社区的善治改进。

第四，良法善治视角下城市边缘社区三治融合价值取向的多元合一。基于以上三点结论，笔者从善治的价值要素维度对城市边缘社区三治融合的多元合一特征加以提炼，发现城市边缘社区三治融合需要调和自由与秩序、效率与公平的价值冲突，形成以城市边缘社区治理正义为最终依归的一般性价值序列。作为城市边缘社区三治融合的价值追求，善治之"善"本身就是一种元价值判断，意味着多元价值的整合状态。那么，"善"究竟是一种怎样的价值整合状态？理论上，尽管自由、秩序、效率、公平和正义是学界价值研究的共识，但学者们对善治以要素、标准、原则等形式表现的价值取向莫衷一是。实践中，治理资源约束下的模式差异使得不同社区各有各的"共同善"。如社区治理结构"科层化"的 Q 社区和 M 社区，相较于效率更注重参与的公平价值；而在治理结构"扁平化"的 L 社区，则更重视效率价值。诚如李普塞特所言："强调共同的价值体系并不意味着内部冲突不激烈，社会处于均衡的焦点通常是一种例外而不是常规，分层的结构生来就不稳定。"[1]因此，需要确定城市边缘社区三治融合多元合一的价值序列，消解各种价值取向的矛盾，缓释其紧张关系。对于自由与秩序之间的冲突，需要通过法治建立有秩序的自由，平衡政府与城市边缘社区内治理主体以及社区内治理主体之间的权力分配。如果说自由是人类社会必须显示出的一种动态美的必要性，那么秩序则是人类社会必须显现出的一种静态美的必要性。[2] 自由的动态性是城市边缘社区三治融合的治理活力所在，秩序的静态性则是稳定所需，二者缺一不可。静态稳定是动态活力展现的前提和基础，在法律建构的政治秩序中才能使自由真正得到实现。对于效率与公平之间的冲突，需要以德治确立"公平优先，兼顾效率"

---

[1] ［美］西摩·马丁·李普塞特：《一致与冲突》，张华青译，上海人民出版社1995年版，第19—22页。

[2] 谢晖：《法律双重价值论》，《法律科学》1991年第6期。

的伦理导向，保证参与的正义性。面对异常强大的重效率而轻公平的市场力量和技术力量"入侵"，城市边缘社区三治融合应当以社会公认的公平观念使城市边缘社区居民免于被市场和技术所统治，参与过程中不会被社区精英所替代。

二　良法善治对社区三治融合的内在要求

在党的二十大所强调的"人民城市人民建、人民城市为人民"的人民性城市立场上，优化城市边缘社区三治融合所趋近的"最优型善治"，既是社区社会生活和政治活动处于良好状态的、实践性的、经验性的"有效治理"，也是三治融合的城乡基层治理体系在微观基层社会具体化的、制度性的、规范性的"好的治理"。良法善治视角下城市边缘社区三治融合治理之道的核心理论是三种治理方式有机融合的功能结构。根据功能要素与功能结构关系的一般理论，功能要素的优化能够显著提升功能结构整体的效能。在三种治理方式有机融合的功能结构中，通过优化自治、法治、德治各自的功能，能够使三治融合的治理效能提升。社区三治融合追求的是社区善治，而社区良法善治表征着社区治理方式通过现代化转变提升自身功能，进而使三治融合的治理效能提升，实现社区善治水平提高。这表明，良法善治对社区三治融合提出治理方式现代化转型的内在要求。

（一）　自治由"为民做主"向"居民自主"转变

社区自治不仅是一种直接选举的民主制度安排，而且是国家"治理驱动型民主"[①] 在基层的体现。善治不仅让社区自治发挥治理社区的功能，也要求其肩负起发展社区民主的使命。良法善治视角下，社区自治

---

① Mark E. Warren, "Governance – Driven Democratization", *Critical Policy Studies*, Vol. 3, No. 1, 2009, pp. 3 – 13.

的趋势是通过培养具有参与公共事务美德的积极公民，强调居民的平等参与，以党内民主带动人民民主的方式，实现社区内自治权与行政权良性互动。这种良性互动让行政权以实现社区公共事务有效处理为理由而强势介入社区自治的"为民做主"状况得到改变。取而代之的是"居民自主"，即以社区治理的自治权本位，将行政权介入作为必要手段，由社区党组织整合各种社区治理的主体和资源，带动居民积极、平等、有效参与的居民协商民主自治。

根据"强国家—强社会"的善治研究理论范式，调整行政权与自治权的权力结构是强化社区治理，提高社区善治成效的关键。权力是社区政治关系的中介，权力结构决定了在城市边缘社区中由"谁"为了何种"利益"开展治理活动，最终决定社区善治能否实现。在从"社区管理"到"社区治理"的过程中，基层行政虽然矫正了"自治失灵"，但是也造成了社区治理的"行政化"问题。根据学者的实证研究，无论是采取组织功能分割的"居站分设"、注重权力结构重组的"撤街强社"、建立权力清单制度的"行政准入"，还是组织赋权增强的"三社联动"，执着于在社区内以自治权替代行政权的"去行政化"改革模式无一不陷入边缘化和内卷化等困境。① 为突破这些困境，行政权应以"推动""嵌入"和"合作"等"互动"形式介入社区三治融合治理活动中，发挥行政力量，保证社区善治的实现。因此，行政权与自治权的权力结构试图在"行政化—去行政化—再行政化"的过程中寻求行政权与自治权的再平衡之道。例如，在三个样本社区中，Q 社区将行政权嵌入社区治理、在形式上摆脱公权依赖，M 社区寻求自治权与行政权的合作，而 L 社区通过"契约化治理"去行政干预，就是这种寻求再平衡的体现。同时，三个样本社区三治融合的治理实践仍然需要街

---

① 陈鹏：《社区去行政化：主要模式及其运作逻辑——基于全国的经验观察与分析》，《学习与实践》2018 年第 2 期。

道办和住房保障主管部门高位推动也表明，我们需要重新认识社区自治权与行政权之间的关系。

一方面，历经"行政化—去行政化—再行政化"的过程后，社区三治融合的自治权本位确立，有益于社区自治成为行政权持续存在的必要条件。社区善治要求街道办事处、住房保障主管部门等行政机关运用行政权发现和培育居民自治，并去除不必要的形式化行政任务，寻求居民自治权与行政公权就实质行政内容达成良性互动。"去行政化"不再意味着通过自治权完全取代行政权实现"纯净"自治，而是去除无益于自治的形式化行政，保留能够实际解决社区治理问题的实质化行政。另一方面，协商民主自治是实现社区内自治权与行政权良性互动的有效形式。首先，协商民主自治是一种微观的参与式民主，强调居民的积极参与，在社区内培养具有参与公共事务美德的积极公民。在三个样本社区内，无论是 Q 社区"天天敲门组"的入户活动，还是 M 社区"楼层互助"理念的提出，抑或是 L 社区"住户委员会"的筹备，都是以协商民主自治通过社区居民的双向对话和共向决策，而非依靠行政权力的强势推动，努力让社区民主运转起来。其次，协商民主自治是一种多元民主，强调居民的平等参与，防范了社区自治的"行政主导"和"精英替代"风险。协商民主自治创设了制度化的民意表达渠道，让行政意志在社区内部化和居民意见向外部行政传达成为可能，保证了居民意见和行政意志的平等沟通，有利于居民意见和行政意志达成共识。最后，协商民主自治是以党内民主带动人民民主，强调以社区党组织为核心整合自治权与行政权的民主自治。党的领导不仅为社区自治和行政干预划定了行动的边界，也为实现社区整合式的民主自治提供了基础。协商民主自治是一种"政党整合治理"① 模式，能够有效对接党内民主和人民

---

① 唐文玉：《政党整合治理：当代中国基层治理的模式诠释——兼论与总体性治理和多中心治理的比较》，《浙江社会科学》2020 年第 3 期。

民主，发挥党组织的政治整合功能，建立"横向覆盖到边、纵向延伸到底"的社区治理网络，保证民主自治在社区内的充分实现。

（二）法治由"社会控制"向"规范治理"转变

我国的社会主义法治建设是在党的领导下逐步完成的，整个过程有两条主要脉络：一是从规范文本创制到法治理念的纵向提升，二是从法治政府攻坚向社会各方面全面法治化的横向延展。[①] 这两条主要脉络在社区三治融合的治理过程中表现为善治对于法治由"社会控制"向"规范治理"转变的要求。社区的法治不仅需要正式规范与非正式规范紧密衔接的健全制度体系，更需要居民在自觉守法的基础上生发出法治精神，将规范治理作为社区政治秩序追求的目标。

法治首先是一种建构政治秩序的治理工具，防止自治和德治因为缺乏赋权和约束而成为"人治"。正如费孝通先生所言："人治和法治之别，不在人和法这两个字上。"[②] 法治就是要以具有一般规范性和普遍约束力的法律作为维持秩序的力量来源和规范依据。当然，法律作为治理工具，本身不具有主体性，故而在社区治理中不能脱离具有主体性的自治。"法治的意思并不是说法律本身能统治"，"法治其实是'人依法而治'"。[③] 近代以来的政治哲学和法哲学观点都认为，法治作为自治的约束，能够建构维护国家统治和社会稳定的政治秩序，对防止民粹主义、多数人滥用权力、暴力革命等非善治状态的出现具有积极作用。例如，托克维尔认为美国的法治有效防止了美国地方自治中多数人的"暴政"发生。[④] 在社会变革的过程中，最基本的善治需求就是由法治建构

---

① 江必新、王红霞：《法治社会建设论纲》，《中国社会科学》2014 年第 1 期。
② 费孝通：《乡土中国》，北京大学出版社 2012 年版，第 82 页。
③ 费孝通：《乡土中国》，北京大学出版社 2012 年版，第 81 页。
④ ［法］阿列克西·德·托克维尔：《论美国的民主》，曹冬雪译，译林出版社 2012 年版，第 316—332 页。

的良好政治秩序。

　　法律作为秩序的组成部分，发挥着社会控制的功能，而且在社会控制手段中，最强有力的即为法律。虽然道德、宗教和法律都是社会控制的手段，但是在近代社会，法律成了社会控制的主要手段。① 现代基层社会治理中法治与自治在价值取向、合法性基础、定位、决策和包容度方面的差异决定了，对权力（利）和自由进行消极约束、在形式上保障人的自由和平等权利、依据法律共识和精神做出决策的法治更具约束力，能够更好地实现社会控制。法律为身处于社会系统中的人们确定了行为不可逾越的边界和可供选择的类型，是人们的行为准则。三个样本社区的法治实践表明，社区法治化的社会控制是强力控制与社会化并存的，法律对居民的外在行为和内在观念都产生了约束作用。不仅《公共租赁住房管理办法》和地方制定的公租房管理规定因其强制效力成为居民的行为准则，社区内的各种社区公约、文明公约、管理制度甚至是《住户管理规约》也因为居民的信服而正在成为居民的行为准则。这就需要我们以善治作为目标导向，反思法治化的社会控制所依据的"法律"指的是哪些社会规范。

　　在社区这样的微观场域，作为善治最基本要素的良好政治秩序是生活化的，其所需要的社会控制与居民的日常生活紧密联系。社区善治的"法治"相较于国家善政的"法治"更加具体化、多样化，因而社区的"法律"相较于国家的"法律"表现形式更加多元化。法治作为"法律之治"不仅要注重国家法律的完善，也要关注法治的微观生长机制，法治是非正式规范与国家法律共同推进的治理②，而

---

　　① ［美］罗斯科·庞德：《通过法律的社会控制》，沈宗灵译，商务印书馆 2010 年版，第 11—12 页。
　　② 强世功：《中国法治道路与法治模式——全球视野与中国经验》，《行政管理改革》2019 年第 8 期。

不是片面强调国家法律的"独治"。"法律多元主义"将诸多非正式规范纳入，虽然更加符合社区生活事实，更利于运用各种形式的社会规范实现社区政治秩序的维护，但是也存在"法律"外延模糊化的问题，可能导致"不好的法律"成为社会控制的依据，反而会扰乱社区政治秩序。法律是什么是一回事，法律的好坏是另一回事。社区法治坚持"法律多元主义"立场就需要法治能够区分"好的法律"与"不好的法律"。

区分"好的法律"与"不好的法律"是自法治观念产生以来关键的问题。对于法治是否应当区分法律的好坏，形成了两种法治观念：一种是法治形式主义，认为法律只是一种工具，因而无论法律好坏，法治都可以应用于任何性质的社会而产生良好的政治秩序；另一种是法治实质主义，认为法律有"良法"（好的法律）与"恶法"（不好的法律）之分，因而不要求执法者机械地执行法律，而是允许执法者根据法的精神用平衡方法弥补法律缺陷。我国的法治观并非简单地在两者之间做出选择：一方面区分"良法"与"恶法"，以"良法"作为"善治"的前提，注重实质正义，防止恶法之治，矫正形式主义法治观；另一方面，坚持法律的一般性、确定性和中立性，突出法律是治国重器的地位，防止执法者恣意危害法律权威，完善实质主义法治观。这种以实质标准和形式标准相结合来判断"良法"的方式，体现着法治价值理性与工具理性的统一。法治作为"良法善治"超越了法治化社会控制的工具主义观念，进入工具理性与价值理性相统一的法治精神培育的维度。

孟德斯鸠指出，人受自然、宗教、法律、习俗等多种因素的支配，会形成一种"普遍精神"①。黑格尔认为："主体的精神证明法律是主体

---

① ［法］孟德斯鸠：《论法的精神》上卷，许明龙译，商务印书馆 2013 年版，第 356 页。

特有的本质。"① 无论是对于国家还是社区而言，法治精神作为各种具体的社会因素支配形成的普遍精神，与个人价值具有一致性，应当自然而然地贯穿于社会生活的始终，是法治得以最终实现的基础。即使是法治实现社会的内在控制，人们也只是信服法律，有守法的自觉，而不是以法律为信仰，没有法治精神。如果只是将法律作为建构政治秩序的手段，那么隐含于其中的"法律对善的需求不能及时地做出回应"② 的问题就会成为法治实现的阻碍。法治仍然是一种建构政治秩序的治理工具，而不是政治秩序追求的目标。而"良法善治"则是一种"规范治理"的法治观，即在以法治为治理工具建构政治秩序的基础上，使法治精神成为政治秩序追求的目标，由通过法律的社会控制向通过规范的社会治理转变。正如学者所言："法治意义上的统治"，"是关于法律应当遵循自然公正、社会正义规则进行的统治"。③ "规范治理"的法治观意味着社会因素支配形成的法治精神是一种"元法律"理论，法律结构必须在社会自身层次上被制度化，并随着社会复杂性的进化而变迁。④ 相应地，"'良法'并不出现在过去，而是存在于一个开放的未来"⑤。正是社区的社会因素决定了哪些规范能够成为作为治理依据的"法律"，而不仅仅是"法律"单向地控制社区。

（三）德治由"礼俗之治"向"公德之治"转变

我国是一个深受德治思想影响的国家，有着悠久的德治传统。礼俗之治在相当长的一段时期内维护了我国传统乡土社会的稳定，并且对当

---

① ［德］黑格尔：《法哲学原理》，范扬等译，商务印书馆 2009 年版，第 166 页。
② 苏君阳：《善治理想与和谐政治秩序建构》，《北京社会科学》2019 年第 8 期。
③ 田兆军：《良法与善治："法治"价值观的当下解读》，《中国政法大学学报》2019 年第 6 期。
④ Schwartz R. D., James C. M., "Legal Evolution and Societal Complexity", *Reading in Social Evolution and Development*, 1970, pp. 155 – 178.
⑤ ［德］尼克拉斯·卢曼：《法社会学》，宾凯等译，上海人民出版社 2013 年版，第 265 页。

下的基层治理仍然能够发挥一定的积极作用。无论是 Q 社区尊老敬老、以老人服务为先，还是 M 社区"道德积分银行"的"积善"和"积孝"，都体现出传统德治在城市边缘社区三治融合中的现代活力。这种活力得益于传统德治中蕴含着良善、正义、和谐等诸多与现代道德取向一致的传统美德，体现着对于和谐、美好生活秩序的社区善治追求。也就是说，礼俗之治的部分道德内容而不是礼俗之治的实现形式对社区善治的实现具有积极意义，需要被继承和发扬。

在整个帝制中国时期占主导地位的是"以儒为体，以法为用"的传统德治。这种传统德治表现为以小农经济为基础的乡土社会，就是通过以个人道德为中心的推己及人，形成道德规范体系，以维持"差序格局"的"礼俗之治"。[①] 礼俗之治是一条以个人德性为基础的"内仁外礼"路径：首先，将作为道德规范的"礼"视为作为内心德性的"仁"自然而然的延伸，而"仁"则是一种"天理"，是人的本性，即每一个人与生俱来的自然属性；其次，"礼"的存在是为了实现"仁"，个人在所身处的环境（最基础、最重要的环境便是"家"）之中要受到"礼"的约束，而"礼"在约束人的过程中形成了以"宗法制"伦理纲常为核心的道德规范体系；最后，通过"以天下为一家"的巧妙类比，让约束个人的伦理纲常与社会政治秩的实现一体化，让德治成为社会治理和国家治理最自然、最正当的方式。"仁"作为人与生俱来的自然属性，意味着礼俗之治钟情于儒家的"以义劝之"，反对法家的"以利诱之"。在礼俗之治下，因为"仁"是人的本性，所以"礼者，法之大分"（《荀子·劝学》），法律最终要根据道德来判断，德治有着比法治更加优越的地位。

然而，以个人德性为基础，将德治置于比法治更加优越的地位来

---

① 费孝通：《乡土中国》，北京大学出版社 2012 年版，第 39—57 页。

建立德治的方式"坚信个人道德力量的自我纯净必然会有社会实效性的思想"①，极易使个人德性缺乏必要的法律制度约束，导致德治成为一种极具主观随意性的思想压迫和文化控制活动。在传统的中国乡土社会，德治得不到法治的有效约束，个人德性的作用被无限放大，甚至具备了某种神圣性，并通过"内仁外礼"路径异化为少数所谓"有德者"对于多数所谓"无德者"的压迫性统治。德治不再是人民共同意志下的德治，而是少数人意志支配下的"人治"，原本应当是"善"的支配最终以"恶"的形式表现出来，扭曲了德治的初衷，更异化了道德的真实含义。

德治优先并非中国传统政治哲学的"专利"，西方传统政治学也存在类似的观点。如柏拉图曾说："法律在任何时候都不能完全准确地给出何为善德、何谓正确的规定。"② 不过，当西方传统德治走入"人治"歧途时，西方政治学者展开了对德治的批判。例如，霍布斯在《利维坦》中指出，"旧道德哲学家所说的那种终极的目的和最高的善根本不存在"③，以消解善恶决定论为基础，在"道德—德性—善恶论"的德治话语体系外建立了"法律—权利—是非论"的法治话语体系。之后，两种话语体系在争夺"善治"话语权的过程中，相互批判和碰撞。就"道德是否应当进入法律"展开的交锋可谓两种话语体系争论的高潮，也是争论的终章。争论中，自然法学派主张法律是最低限度的道德，法律必须接受道德"裁判"，而实证法学派则主张排除道德因素。④ 富勒将道德分为"愿望的道德"和"义务的道德"，前者意味着人"至善"

---

① ［美］杜维明：《现代精神与儒家传统》，生活·读书·新知三联书店1997年版，第392页。
② ［美］埃德加·博登海默：《法理学——法哲学及其方法》，邓正来译，中国政法大学出版社2004年版，第8页。
③ ［英］托马斯·霍布斯：《利维坦》，黎思复等译，商务印书馆2009年版，第72页。
④ 沈宗灵：《现代西方法理学》，北京大学出版社1992年版，第227页。

的某种概念，后者则指有序社会必不可少的基本原则，认为法律应当具备道德性，追求"至善"。① 随着 "法律作为一种道德规则，是既定社会'团结'的表达"② 的法社会学思想的确立，德治与法治最终在碰撞后走向现代意义上的结合。法学家们在事实上接受了 "法律应当具备最低限度的道德要求"这一观点。法律虽然以"权利"而不是"善"或者"德性"作为核心概念，但是"权利"应当包含着对于"善"或者"德性"的追求已经成为一种不言自明的价值认同。

这场争论及其结果不仅对于法治意义非凡，对于德治同样具有重要意义，因为德治在与法治的对话中经历了现代化的转型——德治不再依赖于"个人德性"，而是以"社会公德"为基础。从"愿望的道德"到"义务的道德"昭示了道德不再仅仅是关于"个人德性"的差别化、个体化规范，而是关于"社会公德"的普遍化、社会化规范。"社会公德"在保留善恶论话语体系的基础上，将道德由"个人的"扩展为"社会的"，划定了"个人德性"的有限边界，既避免了道德与法律在话语上的混同，也防范了道德成为少数人专制工具的风险。诚如学者所言："共同体内通用的善恶语言给予其成员共同的道德生活"，"社会通过共享以道德规则形式存在的集体良心获得整合"。③ 传统社会那种共同道德依赖个人德性的观念被现代社会公德是发扬个人美德的观念所取代，共同体内社会资本的积累也不再是少数个人德性的魅力所致，而是社会公德在共同体的普及。基于公德之治的德治与法治相结合也赋予了"德治优先"新的内涵。经过社会整合的公德作为共同体共享的善恶话语，蕴含着体现民主价值的自治意味，其基于"善"的判断而生发出的自觉遵守法律的内在道德义务为法治所赋予的外在义务得到履行提供

---

① ［美］富勒：《法律的道德性》，郑戈译，商务印书馆 2005 年版，第6—12 页。
② ［德］尼克拉斯·卢曼：《法社会学》，宾凯等译，上海人民出版社 2013 年版，第55 页。
③ ［德］尼克拉斯·卢曼：《法社会学》，宾凯等译，上海人民出版社 2013 年版，第55 页。

了精神资源和价值导引。"德治优先"不再意味着德治在形式或者内容上具有更优越的地位，而是意味着"德治先导"，即公德之治的实现为"良法善治"提供了前提和基础。

三 "强国家—强社会"：资源贫乏社区良法善治的必由之路

良法善治视角下城市边缘社区三治融合治理之道回应的问题是如何在具备产权关联弱、异质性强和行政性强特点的城市边缘社区通过三治融合实现社区善治。本质上，城市边缘社区的这些特点都是治理资源贫乏的具体体现，城市边缘社区是位于城市边缘劣势地带、治理资源贫乏的一种具体社区类型。本书的研究对于保障房社区、过渡型社区、老旧小区等同样存在治理资源贫乏的社区也具有启示意义。这些资源贫乏社区同城市边缘社区一样，面临救济贫困、住房保障、养老保障、促进就业、流动人口管理、紧急情况处置等问题，导致了巨大的治理压力，成为难以有效治理的社区。但是，从国家的人权保障义务来看，资源贫乏社区善治实现的意义早已超越社区内和谐政治秩序构建，成为国家治理成败的重要因素。因而，本书尝试从更加一般的资源贫乏社区良法善治视角，对本书的研究发现做进一步的理论提升，以期对资源贫乏社区三治融合的善治之道的研究有所裨益。对武汉市 Q 社区、重庆市 M 社区和深圳市 L 社区的实证研究表明，即使是同一类资源贫乏社区，也会因为地域分布、开发建设方式、主体居民构成、总体性治理模式等不同的底色而形成不同的三治融合治理模式。并且，这些不同社区的三治融合治理模式因为与其底色的适应性而实现基本型善治。因而，资源贫乏社区三治融合实现善治并不存在一个统一的一般模式。对于资源贫乏社区三治融合的善治之道的一般性思考，需要跳脱出微观细节，从更加宏观的层面关注其善治研究的理论范式，思考如何型构一个适用于资源贫乏社区三治融合实现善治的理论分析框架。基于本书的研究发现，笔者提出党领导下的"强国家—强社会"良性互动是资源贫乏社区善治的必由之路。

在资源贫乏社区这个"共同体"内，国家与社会的关系可以借助社会成员与公共权力、需求与责任、服从与命令、权利主导和权力主导这四对国家与社会的具象关系展开分析。首先，资源贫乏社区是国家公共权力作用于社会成员（居民）的场域，是行政公权与自治权交接的末梢，实现社区内自治权与行政权良性互动才能实现资源贫乏社区的善治。其次，资源贫乏社区居民的需求可以分为两个层次，第一层是基本生存保障的需求，第二层是全面发展的需求。这两个层次的需求因为居民与社区之间的"共同体—成员"关系而反映为社区治理需求。当第一层的基本生存保障需求满足时，资源贫乏社区处于基本型善治状态，而要将基本型善治改进为低成本高稳定型善治就需要满足第二层的全面发展需求。同时，这两个层次的需求分别对应着国家保障基本人权和发展人权的治理责任。正是这种需求与责任的对应关系赋予了国家干预资源贫乏社区三治融合的治理实践，推动资源贫乏社区善治实现的正当性。再次，资源贫乏社区的居民同时也是国家的公民，与国家存在命令与服从的关系，而当国家穿透社区这个共同体直接干预居民个人行为（如对居民违法行为进行惩罚）时，就会造成居民个人权利与国家公共权力之间的紧张关系。这种紧张关系发生在资源贫乏社区这个共同体内，给社区三治融合实现善治造成了压力和挑战。最后，在国家与社会的互动关系中，一直存在个人权利主导与国家公共权力主导两种理念的张力，进而会引发个人本位、社会本位，抑或国家本位的不同治理理论，导致国家与社会之间的紧张关系，影响资源贫乏社区善治的实现。

从国家治理的维度来看，国家负有实现资源贫乏社区善治的责任，同时也掌握着资源贫乏社区善治实现所必需的权力和资源，为资源贫乏社区善治的实现供给作为"元治理"依据的正式规范，因而国家对于资源贫乏社区三治融合的干预必要且正当。但是，国家干预同时会造成资源贫乏社区内的紧张关系，会侵蚀居民个人权利和社区自治权利。一旦干预过度就会导致社区自治自立意识消解、公共精神缺失等问题，造成严重的公权依赖，反而不利于资源贫乏社区善治的实现。典型的图景就是"国家（政府）推动，社会（社区）带动，居民被动甚至不动"。在资源贫乏社区，国家治理应当"强力而有限"，通过党政组织的高位推动，为社区三治融合赋权增能，实现国家治理向基层下沉，将资源贫乏社区纳入国家治理"射程"之内。从社会治理的维度来看，资源贫乏社区善治实现最终需要社区内部形成充满活力而又运行有序的多元共治主体结构，并通过多元共治主体的三治融合治理实践形成与正式规范有效衔接的非正式规范。即在资源贫乏社区稳固自治根基，建设与"强国家"相对应的"强社会"，为承接国家治理下沉提供有力的支撑，形成和谐的社区政治秩序，在实现满足居民基本生存保障需求的基本型善治的基础上，追求让居民全面发展的改进型善治。党领导着国家与社会，是形成和维系"强国家—强社会"互动关系的政治核心，为国家与社会的互动注入新的政治能量，同时提升国家和社会的治理能力。党以自身的组织体系和治理资源整合能力，凝聚资源贫乏社区内的国家与社会治理力量，整合国家与社会供给的治理资源，缓释国家与社会的紧张关系，实现国家与社会关系的快速调适，在降低资源贫乏社区善治成本的同时，增强其稳定性。

四 研究不足与展望

本书综合运用了实证研究和理论研究的方法，以求研究能够形成沟通实践经验与理论知识的逻辑闭环，既是实践性、描述性研究，也是理论性、解释性研究。本书具有尝试性，研究存在一些不足之处。首先，研究方法稍显不足。一是，田野调查法的运用不够充分，囿于时空限制，本书的调查问卷和深度访谈范围有限；二是，本书基于个案，由于个案研究方法的特点，尽管个案具有典型性，但其是否具有充分的代表性有待商榷，从个案中获得的知识是否具有普遍性仍有待进一步检验。其次，研究结论有待推进。城市边缘社区治理作为学术研究中的一片洼地，使本书对城市边缘社区三治融合治理的研究具有一定的理论价值和现实意义。然而，囿于本人的学识和文章篇幅，对于良法善治视角下城市边缘社区三治融合的具体制度设计尚未做完整的回答。这也是研究下一步所要关注的重点。

基于本书的研究，笔者认为以下主题还值得进一步深入研究：

第一，城市边缘社区治理研究。公租房政策的重心从前期开发建设向后期运营管理转移和城市边缘社区的公共事务治理活动的经验累积，牵引着公租房政策的研究逐步聚焦于城市边缘社区治理。相应地，城市边缘社区治理的研究也会拓展和深化：其一，将城市边缘社区的生活秩序重建，如邻里互动、社会融入、社区积极老龄化等，与良好的社区政治秩序塑造相融合；其二，从政策环境、治理资源、参与主体和治理方式等更为广阔的维度寻求实现城市边缘社区善治之道，解决城市边缘社区的综合性治理问题；其三，沿着公共政策自上而下的执行与基层社会组织自下而上的探索两条道路，找寻城市边缘社区治理基层实践与住房保障政策顶层设计相互作用的一般规律，在城市边缘社区治理的政策制度与实践经验之间架设桥梁；其四，在发现城市边缘社区三治融合治理实践所蕴含的"中国智慧"的同时，吸收借鉴域外保障房社区治理的有益经验，完善我国的城市边缘社区治理。这种拓展和深化的积极意义并不限于城市边缘社区的治理，对于那些同样处于边缘劣势地带、治理资源匮乏的"过渡型社区"也会有所启示。

第二，善治理论研究。善治作为一种国家治理和社会治理的理想形态，绝不是可以"一言以蔽之"的，学者们对此存在不同的认识且有所龃龉。本书以善治为研究的理论视角，对善治与城市边缘社区进行了界定，并提出了"强国家—强社会"的城市边缘社区善治研究理论新范式和城市边缘社区三治融合的善治新理路。但是，无论是对国家治理层面作为政治合法性的善治，还是社会治理层面作为研究视角的善治，客观上都需要更多的理论证据和实践支撑。特别是在基层社会，善治与三治融合存在复杂而密切的联系，值得我们"眼睛向下""盯住基层"，展开实证和理论研究，充分挖掘基层社会善治的要件、模式、类型、理路、范式，丰富善治理论。否则，诸如"善治将取代西式民主成为人类在 21 世纪最重要的政治合法性来源"的论断将难以成为一种社会科学知识。

第三，三治融合的研究。三治融合在理论上和实践中的不断更新，为三治融合的研究提出了有待解决的新问题。一方面，爆炸式增长的基层实践，如浙江"枫桥经验"、安徽肥西模式和湖北宜都模式等，在为三治融合提供了丰富的实践样本的同时也提出了新的问题，如何从经验中提取有价值的一般性理论知识用以解决纷繁复杂的具体问题将成为研究的一个重要方向；另一方面，党和国家顶层设计的推陈出新也为三治融合的研究不断提出新的课题，如党的十九届四中全会在党的十九大报告的基础上为基层治理体系建构增加了"民主协商"和"科技支撑"的新内涵，处理"民主协商""科技支撑"与三治融合的关系需要具有创新性和洞见性的观点。此外，经验描述与规范陈述之间存在巨大的张力①，三治融合的经验描述与规范陈述之间同样存在巨大的张力。面对这种张力，怎样处理社区三治融合"应当是什么"和"现实是什么"的关系，例如对于社区自治相对薄弱的现象，究竟是根据行政强干预的

---

① Bell C. and Newby H, *Community Studies：An Introduction to the Sociology of the Local Community*, New York：Praeger, 1979, p. 21.

事实"顺势而为"，继续强化政府行政力量进行补位、兜底甚至予以替代，还是应当将其理解为"成长的烦恼'和"发展的困境"，由国家建构相应的权利保障和救济机制？① 这仍是值得进一步探究的问题。

① 徐勇：《村民自治的深化：权利保障与社区重建——新世纪以来中国村民自治发展的走向》，《学习与探索》2005 年第 4 期。

参考文献

一 中文专著

《习近平谈治国理政》第三卷，外文出版社 2020 年版。

李建华：《现代德治论：国家治理中的法治与德治关系》，北京大学出版社 2015 年版。

瞿同祖：《中国法律与中国社会》，中华书局 1981 年版。

苏力：《法治及其本土资源》，北京大学出版社 2018 年版。

汪世荣、褚宸舸：《枫桥经验：基层社会治理体系和能力现代化实证研究》，法律出版社 2018 年版。

徐勇：《关系中的国家》第一卷，社会科学文献出版社 2019 年版。

俞可平：《治理与善治》，社会科学文献出版社 2000 年版。

袁方成：《国家治理与社会成长：中国城市社区治理 40 年》，上海交通大学出版社 2018 年版。

二 中文译著

［德］斐迪南·滕尼斯：《共同体与社会——纯粹社会学的基本概念》，林荣远译，北京大学出版社 2010 年版。

［美］曼瑟尔·奥尔森：《集体行动的逻辑》，陈郁等译，格致出版社

2014 年版。

［德］尼克拉斯·卢曼：《法社会学》，宾凯等译，上海人民出版社 2013
年版。

三 中文期刊

陈柏峰：《中国法治社会的结构及其运行机制》，《中国社会科学》2019
年第 1 期。

陈进华：《治理体系现代化的国家逻辑》，《中国社会科学》2019 年第
5 期。

陈伟东：《社区行动者逻辑：破解社区治理难题》，《政治学研究》2018
年第 1 期。

丁文、冯义强：《论"三治结合"乡村治理体系的构建——基于鄂西南
H 县的个案研究》，《社会主义研究》2019 年第 6 期。

方亚琴、夏建中：《社区治理中的社会资本培育》，《中国社会科学》
2019 年第 7 期。

顾培东：《当代中国法治共识的形成及法治再启蒙》，《法学研究》2017
年第 1 期。

郭定平：《政党中心的国家治理：中国的经验》，《政治学研究》2019 年
第 3 期。

贺东航、孔繁斌：《公共政策执行的中国经验》，《中国社会科学》2011
年第 5 期。

江必新、王红霞：《法治社会建设论纲》，《中国社会科学》2014 年第
1 期。

李克武、聂圣：《论我国公租房使用退出激励机制的立法构建》，《华中
师范大学学报》（人文社会科学版）2021 年第 2 期。

李友梅等：《当代中国社会建设的公共性困境及其超越》，《中国社会科

学》2012 年第 4 期。

钱锦宇：《从法治走向善治的中国特色社会主义治理模式》，《法学论坛》2020 年第 1 期。

孙冲：《村庄"三治"融合的实践与机制》，《法制与社会发展》2021年第 4 期。

徐勇：《历史延续性视角下的中国道路》，《中国社会科学》2016 年第7 期。

郁建兴、任杰：《中国基层社会治理中的自治、法治与德治》，《学术月刊》2018 年第 12 期。

周庆智：《改革与转型：中国基层治理四十年》，《政治学研究》2019 年第 1 期。

四　外文文献

Bell Stephen and Alex Hindmoor, *Rethinking Governance：The Centrality of the State in Modern Society*, Cambridge：Cambridge University Press，2009.

Chen J.，Pan J. and Xu Y.，"Source of Authoritarian Responsiveness：A Field Experiment in China"，*American Journal of Political Science*，Vol. 60，No. 2，2016，pp. 383 – 400.